L'entretien d'embauche en 202 questions...

... toutes les bonnes réponses pour décrocher le job

L'EXPRESS EMPLOI

Le guide du CV et de la lettre de motivation

200 CV commentés et corrigés

Réussir ses entretiens d'embauche

Les bonnes réponses aux 200 questions clés de l'entretien d'embauche

Femmes, tous les conseils pour réussir vos entretiens d'embauche

Réussir les tests de sélection

500 tests psychotechniques, de logique et d'intelligence

Le guide complet du nouveau manager

5 outils pour bien gérer sa carrière

MasterManager : le guide complet du manager performant

Le guide de l'expatriation

S'installer et travailler au Québec

S'installer et travailler aux États-Unis

S'installer et travailler en Grande-Bretagne

S'installer et travailler en Chine

Bien négocier avec votre employeur

Réussir ses interventions en public

Développer son réseau professionnel

Reprendre ses études

Valider ses acquis

Daniel Porot

L'entretien d'embauche en 202 questions

... toutes les bonnes réponses pour décrocher le job

L'EXPRESS

Remerciements :

Ce livre n'aurait pas pu être écrit sans la contribution :

- *de milliers de personnes en mutation professionnelle (demandeurs d'emploi, candidats sur le départ, personnes en poste...) qui ont participé activement à nos cours, stages et autres séminaires ;*

- *de centaines de CP (Conseillers en Personnel), consultants des secteurs public et privé et autres bénévoles prescripteurs de nos interventions ;*

- *des responsables d'organismes publics, d'entreprises privées, d'instituts/universités/centres de formation qui nous soutiennent et nous font confiance ;*

- *des animateurs et intervenants de notre groupe ;*

- *et enfin de l'équipe administrative de notre groupe (Silvana, Catherine, Choumissa, Dominique, Ilyas, Alain et Adel).*

Avertissement

Avis aux Dames et Demoiselles

Le masculin a été choisi pour tous les acteurs de cet ouvrage.

C'est pourquoi vous y trouverez : il, le, celui-là, le candidat, le recruteur, l'ami, l'époux, le secrétaire, l'assistant…

L'autre formule : elle/il ou il/elle, celle-ci/celui-ci ou celui-ci/celui-là, la/le ou le/la, candidat(e), ami(e), assistant(e)… aurait rendu la lecture lourde et plus pénible.

Nous avons donc opté pour une formule légère et plus souple.

Merci de votre compréhension.

Sommaire

Introduction **15**
Auto-évaluation/Connaissance de soi **31**
1. Combien de temps vous faudra-t-il pour contribuer au succès de notre organisation ? 32
2. Combien de temps vous faudra-t-il pour être pleinement opérationnel ? 34
3. Comment pensez-vous assumer ce poste/job/emploi avec votre handicap ? 36
4. Comment vous jugez-vous ? Quels sont vos plus grandes qualités et vos plus grands défauts ? 38
5. Dans quelle mesure pensez-vous que ce job est différent du dernier que vous avez eu ? 40
6. Êtes-vous fait pour ce poste ? Qu'est-ce qui vous attire dans cet emploi ? Dans ce métier ? Dans notre société ? 42
7. Ne pensez-vous pas être un peu trop âgé (trop jeune) pour ce poste ? 44
8. Que pensez-vous de votre progression de carrière à ce jour ? 46
9. Quelle a été votre contribution à l'équipe de direction ? 48
10. Quelles caractéristiques possédez-vous qui vous font penser que vous réussirez dans ce poste ? 50
11. Quels éléments vous permettent de croire que vous réalisez un bon travail ? 52
12. Qu'est-ce qui vous permet de croire que vous allez pouvoir occuper avec succès ce poste qui demande une grande gamme de compétences et d'expériences ? 54

Brise-glace **57**
13. Avez-vous eu des difficultés à trouver notre bureau/usine ? Votre train était-il à l'heure ? Comment est votre hôtel ? 58
14. Je vois que vous conduisez une… (marque). Est-ce que vous l'aimez ? 60
15. Je vois que vous lisez… (journal/revue). Pourquoi ce choix ? 62
16. Puis-je avoir votre carte de visite ? 64
17. Que pensez-vous de notre bureau/site ? 66
18. Que pensez-vous de notre ville ? 68
19. Que pensez-vous du temps qu'il fait ? 70
20. Quel est votre avis sur... ? 72
21. Souhaiteriez-vous boire quelque chose ? 74

Compétences/Maîtrises 77
22. Aimez-vous les responsabilités ? Quelles ont été vos plus grandes responsabilités (budget, hommes...) ? 78
23. Dans quelle mesure votre dernier emploi/emploi actuel vous a préparé à prendre de plus grandes responsabilités ? 80
24. Dans quelle situation avez-vous utilisé… (telle compétence) ? 82
25. Décrivez-moi une situation où votre travail a été critiqué 84
26. Décrivez-moi une situation où vous n'avez pas pu atteindre votre objectif ... 86
27. Donnez-moi un exemple de situation où vous avez dû faire preuve de........ 88
28. Parlez-moi d'une responsabilité (dans votre emploi actuel/dernier emploi) que vous aimeriez vraiment assumer de nouveau. 90
29. Parlez-vous des langues étrangères ? Quel est votre niveau ? Avez-vous vécu dans les pays dont vous parlez les langues ? Quels journaux étrangers lisez-vous ? 92
30. Pourquoi et comment pensez-vous contribuer positivement au développement de notre société ? 94
31. Que m'apportez-vous de plus qu'un autre candidat ? 96
32. Quel a été le résultat de votre dernière évaluation ? 98
33. Quelles sont, parmi vos aptitudes et expériences, celles qui vous permettent de penser que vous réussirez dans ce poste ? 100
34. Vous avez reçu une évaluation moyenne dans votre dernier job. Pouvez-vous m'expliquer ? 102

Difficultés (Gestion des) **105**
35. Comment feriez-vous pour prendre une décision non couverte par notre livre de procédures ? 106
36. Dans quelles circonstances avez-vous dû prendre une décision très difficile/pénible ? 108
37. Décrivez-moi des situations où vous avez dû travailler sous pression/ contre la montre 110
38. Décrivez-moi une situation/un problème complexe que vous avez eu à résoudre 112
39. Nous rencontrons une difficulté avec… (cas/problème/situation). Comment vous y prendriez-vous pour la résoudre ? 114
40. Parlez-moi d'une décision impopulaire que vous avez dû prendre........ 116
41. Quelle est, à votre avis, la chose la plus difficile à faire quand on est manager ? 118
42. Quelles sont les choses que vous trouvez difficiles à faire ? Pourquoi ? 120
43. Quelles sont les décisions qui vous ont été les plus difficiles à prendre ?.... 122

Fonctionnement **125**
44. Avez-vous jamais changé la nature de votre job et son contenu ? Comment vous y êtes-vous pris ? 126

45. Comment réagiriez-vous si votre employeur actuel faisait une contre-proposition ? 128
46. Comment vous organisez-vous et planifiez-vous les tâches lorsque vous êtes impliqué dans un projet important/à long terme ? 130
47. Décrivez une situation où votre équipe s'est démobilisée. Quel a été votre rôle ? 132
48. Décrivez une situation où vous avez dû prendre une décision rapide et quasiment intuitive 134
49. Décrivez une situation où vous avez eu besoin d'un point de vue extérieur. Comment avez-vous procédé ? 136
50. Décrivez-moi une situation où vous avez dû exceller en tant que leader 138
51. Décrivez-moi une situation où vous avez réussi à insuffler un esprit d'équipe 140
52. Pensez-vous avoir un potentiel managérial ? 142
53. Préférez-vous déléguer ou contrôler en permanence ? 144
54. Qu'avez-vous appris des emplois précédemment occupés ? 146
55. Qu'éprouvez-vous comme sentiment quand on vous demande de faire un travail de routine ? 148
56. Quelles sont vos capacités de commandement ? Avez-vous déjà dirigé des personnes ? 150
57. Si vous alliez sur la Lune, que prendriez-vous avec vous ? 152
58. Vendez-moi cet objet ! (objet sur le bureau du recruteur) 154

Formation 157

59. J'ai vu que vous aviez suivi des cours à… Qu'en pensez-vous ? 158
60. Jusqu'à quand avez-vous fait des études ? Qu'avez-vous appris ? Avez-vous suivi un cycle de formation permanente ? 160
61. Pourquoi avez-vous choisi tel institut/telle université/école ? 162
62. Qu'avez-vous appris au cours de ces 12 derniers mois ? 164
63. Qu'avez-vous appris durant vos études, qui vous sera utile dans cet emploi ? 166
64. Qu'avez-vous eu le plus de plaisir à étudier ? 168
65. Quel est votre mode d'apprentissage ? 170
66. Quelle est votre formation ? 172
67. Quelle est votre méthode d'apprentissage ? 174
68. Quelle formation permanente avez-vous trouvé particulièrement utile au cours des 3 dernières années ? 176
69. Quelle relation existe-t-il entre vos études et cet emploi ? 178

Goûts/Préférences 181

70. Aimeriez-vous avoir mon emploi ? 182
71. Décrivez le meilleur emploi que vous n'ayez jamais eu ! 184
72. Décrivez-moi une mission clé ou un projet indépendant que vous avez récemment mené à bien 186

73. Êtes-vous prêt à voyager ? Acceptez-vous de vous déplacer fréquemment ? 188
74. Pouvez-vous faire des heures supplémentaires ? Travailler tôt le matin, tard le soir, les week-ends, voyager ? ... 190
75. Préférez-vous travailler pour un homme ou pour une femme ? ... 192
76. Qu'aimez-vous faire en dehors du travail ? ... 194
77. Quel genre de tâche vous intéresse particulièrement/vous enflamme ? ... 196
78. Quelles sont les choses que vous n'aimiez pas dans votre dernier emploi ? 198
79. Quelles sont vos activités extra-professionnelles (sports, lectures, violons d'Ingres...) ? Comment passez-vous vos vacances ? ... 200

Hiérarchie (Relation à la) ... 203

80. À quelle fréquence rencontrez-vous votre boss/chef/patron ? De quoi parlez-vous ? ... 204
81. Avec combien de niveaux hiérarchiques avez-vous dû communiquer ? Sur quels sujets ? ... 206
82. Comment acceptez-vous la hiérarchie ? ... 208
83. Comment vivrez-vous le fait de devoir travailler pour quelqu'un de beaucoup plus jeune que vous ? ... 210
84. Décrivez-moi le meilleur boss/chef/patron que vous ayez eu... 212
85. Que pensez-vous de votre boss/chef/patron actuel ? De votre dernier boss/chef/patron ? ... 214
86. Quel est le responsable/chef le plus difficile que vous ayez eu dans le passé ? ... 216
87. Quel genre de personne vous gère le mieux ? ... 218
88. Vous avez rencontré votre chef, aimeriez-vous travailler pour lui ? ... 220

Motivation/Détermination ... 223

89. Accepteriez-vous de prendre un emploi non payé ? ... 224
90. Aimeriez-vous vivre en/à… (nom du pays/de la ville) ? ... 226
91. Avez-vous envie de venir travailler dans notre ville ? ... 228
92. Combien de temps allez-vous rester chez nous ? ... 230
93. Comment évaluez-vous cet emploi par rapport aux propositions que vous avez pu étudier ? ... 232
94. Ne pensez-vous pas que vous seriez mieux dans une société de taille différente/de type différent ? (Passé/Formation) ... 234
95. Pourquoi avez-vous choisi de devenir… ? ... 236
96. Pourquoi avez-vous porté votre choix sur une grande/petite société ? Pourquoi êtes-vous attiré par une société régionale/nationale/multinationale ? ... 238
97. Pourquoi nous avez-vous écrit spontanément ? Pourquoi avez-vous répondu à notre annonce « offre d'emploi » ? ... 240
98. Pourquoi quelqu'un ayant votre expérience/profil aimerait travailler chez nous ? ... 242

99. Qu'aimez-vous le plus dans cet emploi ? Qu'aimez-vous le moins ? 244
100. Que devons-nous faire pour entretenir votre motivation ? 246
101. Que savez-vous de nous, de notre société, de nos produits, de notre marché, de nos clients, de nos concurrents ? 248
102. Quel élément négatif voyez-vous, si vous deviez travailler chez nous ? 250
103. Quelle est votre détermination pour ce poste ? 252
104. Quelle est votre impression/sentiment concernant notre société ? 254
105. Si vous le pouviez, que changeriez-vous dans le poste à pourvoir ? 256
106. Si vous pouviez choisir n'importe quelle organisation, vers laquelle vous orienteriez-vous ? 258

Objectif professionnel 261

107. Comment vous voyez-vous progresser chez nous ? 262
108. Décrivez un objectif récent que vous vous êtes fixé. 264
109. Où espérez-vous être dans cinq ans ? 266
110. Pourquoi voulez-vous changer d'emploi ? 268
111. Quel choix/objectif de carrière avez-vous en ce moment ? 270
112. Quel est votre plan de carrière ? Quels sont vos objectifs à court, moyen et long terme ? Que voulez-vous devenir dans notre société ? 272
113. Quels sont vos objectifs à long terme ? 274

Passé (Votre)/Expérience professionnelle 277

114. Dans votre passé, quels sont les projets/tâches/missions que vous n'avez pas pu terminer et que vous auriez aimé porter à terme ? 278
115. Décrivez l'organisation de votre dernier emploi 280
116. Décrivez-moi une action où vous avez eu une réelle contribution 282
117. Il semble y avoir un trou de 6 mois dans votre CV. Qu'avez-vous fait pendant ce temps-là ? 284
118. Parlez-moi de votre expérience professionnelle (vos anciens postes, vos employeurs...) 286
119. Peut-on contacter votre employeur actuel/dernier employeur pour obtenir des informations sur vous ? 288
120. Pouvez-vous décrire une journée typique de votre dernier emploi ? 290
121. Quel a été le point culminant de votre carrière ? 292
122. Quelle a été votre réalisation la plus importante ? 294
123. Quelle est votre charge de travail dans votre job actuel/dernier job ? 296
124. Quelles expériences ont le plus contribué à la formation de votre personnalité ? Quelles ont été vos plus grandes difficultés ou joies dans le passé ? 298
125. Quelles ont été vos décisions les plus importantes dans le cadre de votre travail ? 300
126. Quelles sont vos relations avec votre dernier employeur ? 302

127. Quelles tâches avez-vous menées à bien dans votre dernier job et quel temps y avez-vous passé ? 304
128. Quels sont les projets les plus importants que vous avez menés à bien dans votre dernier emploi ? 306
129. Racontez-moi un peu votre histoire. Quel a été votre parcours ? 308

Personnalité/Style 311

130. Comment définissez-vous le succès ? 312
131. Êtes-vous créatif ? 314
132. Êtes-vous tenace/persévérant ? 316
133. Parlez-moi de vous ! 318
134. Quel est votre style de travail ? 320
135. Quel est votre niveau de résistance ? Qu'est-ce qui vous fait craquer ? 322
136. Quelles compétences/talents pensez-vous que votre boss/chef/patron devrait idéalement posséder ? 324
137. Quelles sont vos forces et vos faiblesses ? 326
138. Qui êtes-vous ? 328
139. Rester trop longtemps dans un poste est parfois perçu comme un manque d'initiative. Quel est votre avis ? 330
140. Si je questionnais votre dernier boss/chef/patron, quels atouts et vulnérabilités vous attribuerait-il ? 332

Question piège/délicate 335

141. Avez-vous besoin d'autre chose ? 336
142. Avez-vous des objections à passer des tests ? 338
143. Avez-vous jamais été licencié ? Pourquoi ? 340
144. Comment préférez-vous que l'on vous appelle ? 342
145. Devrai-je vous faire une proposition ferme d'embauche ? 344
146. Il semble que vous n'ayez pas la qualification/l'expérience nécessaire pour cet emploi. Qu'avez-vous à répondre ? 346
147. Pourquoi avez-vous quitté votre dernier emploi ? 348
148. Pourquoi avez-vous quitté votre dernier employeur ?... et les employeurs précédents ? 350
149. Pourquoi êtes-vous sans emploi ? 352
150. Pourquoi n'avez-vous pas pensé à quitter votre dernier emploi plus tôt ? .. 354
151. Pourquoi vous a-t-on licencié de votre dernier emploi ? 356
152. Que diriez-vous si je vous disais que vous êtes surqualifié pour ce job ? 358
153. Quel est votre avis sur votre dernier employeur ? Que pensez-vous de lui ? 360
154. Quelle est la question que vous n'aimeriez pas que je vous pose ? 362
155. Si nous inversions nos rôles, quelles questions poseriez-vous ? 364
156. Souhaitez-vous me poser des questions ? 366
157. Vous a-t-on jamais demandé de donner votre démission ? 368

Recherche d'emploi (Techniques de) 371
158. Aimez-vous rechercher un emploi ? 372
159. Avez-vous d'autres offres en cours ? 374
160. Avez-vous reçu des propositions fermes d'embauche ? 376
161. Comment avez-vous entendu parler de nous ? 378
162. Comment avez-vous trouvé votre dernier emploi ? 380
163. Décrivez-moi votre recherche d'emploi. Comment vous y prenez-vous pour trouver un emploi ? 382
164. Depuis combien de temps recherchez-vous un emploi ? 384
165. Qu'allez-vous faire si cet emploi ne vous est pas proposé ? 386
166. Quand serez-vous disponible ? Quelle est votre activité actuelle ? 388
167. Quelles autres entreprises/organisations avez-vous approchées ? 390
168. Quelles raisons donneriez-vous à votre employeur lors de votre démission, si l'on vous offrait cet emploi ? 392

Relations aux autres/Communication 395
169. Aimez-vous le travail en groupe ? Comment vous insérez-vous dans une équipe ? 396
170. Avez-vous jamais eu des difficultés dans vos relations avec les autres ? 398
171. Comment contribuez-vous à la vie d'une équipe ? 400
172. Comment pensez-vous intégrer notre société ? 402
173. Comment vous entendiez-vous avec votre dernière équipe ? 404
174. Comment vous positionnez-vous parmi vos pairs ? 406
175. Dans votre dernier emploi/emploi actuel, quel pourcentage de temps avez-vous travaillé seul ou en groupe ? 408
176. Décrivez-moi une équipe dont vous avez été membre. Comment fonctionnait cette équipe ? Comment contribuiez-vous à la vie de cette équipe ? 410
177. Je vais vous décrire l'équipe que vous pourriez rejoindre. Comment pensez-vous vous y intégrer ? 412
178. Quand vous commencez à travailler avec de nouvelles personnes, comment vous y prenez-vous ? Savez-vous prévoir leurs réactions ? 414
179. Quel type de personnes vous conviennent le mieux et le moins ? 416
180. Quelle importance donnez-vous à la communication avec les autres dans le travail ? 418
181. Quelles sont vos relations aux autres ? 420
182. Trouvez-vous important de communiquer avec les autres dans votre travail ? 422

Salaire 425
183. Combien doit-on vous offrir pour que vous acceptiez notre proposition ? Quelles sont vos prétentions de salaire ? 426
184. Le salaire est-il important pour vous ? 428

185. Nous avons le choix entre le salaire fixe et le salaire au mérite. Avez-vous une préférence ? 430
186. Quel est le salaire minimum que vous êtes prêt à accepter ? 432
187. Quel était votre dernier salaire/est votre salaire actuel ? 434
188. Quelle répartition entre salaire et avantages en nature souhaitez-vous avoir ? 436
189. Vous a-t-on jamais demandé de réduire votre salaire ? Pourquoi ? 438

Statut/État civil 441

190. Avez-vous, à la maison, des personnes dont vous devez vous occuper ? 442
191. Cet emploi nécessite de travailler de longues heures. Cela posera-t-il un problème à votre conjoint ? 444
192. Envisagez-vous d'avoir des enfants ? 446
193. Êtes-vous marié ? Que dira/pensera votre conjoint si vous acceptez de travailler chez nous ? 448
194. Où êtes-vous né ? 450
195. Quelle est votre situation de famille ? Que font votre conjoint et vos enfants ? 452
196. Vos enfants ne vont-ils pas vous obliger à vous absenter de temps en temps ? 454
197. Votre accent me plaît. Où avez-vous été élevé ? D'où viennent vos parents ? 456

Vision/évaluation 459

198. Où pensez-vous que réside notre plus grande opportunité ? Quel est notre plus grand atout par rapport à nos concurrents ? 460
199. Précisez la façon dont votre (dernier) emploi correspond aux objectifs généraux de notre département/organisation 462
200. Quel est, cette année, le projet majeur de votre employeur ? 464
201. Quelle tendance ou évolution majeure voyez-vous dans notre secteur/industrie ? 466
202. Puisque vous avez vu notre site Internet, que devons-nous faire pour l'améliorer ? 468

Et maintenant, entraînez-vous avec nos 200 tests 470

Introduction

Toutes nos félicitations, vous avez réussi à obtenir un entretien !

Quel qu'ait été votre parcours : bref, intense, long, difficile, vous êtes actuellement face à un enjeu de taille... obtenir une proposition ferme d'embauche.

Alors que faut-il faire ? Mettre un tailleur élégant, un costume neuf et espérer que vos qualités indéniables feront le reste. C'est possible. Mais si vous souhaitez mettre toutes les chances de votre côté, il faut vous préparer avant d'entrer dans le bureau de votre recruteur.

Il y a quatre étapes essentielles à observer avant de vous rendre à cet entretien.

Première étape : bien vous connaître

Socrate (dont la philosophie est souvent citée) a prononcé la fameuse phrase « connais-toi toi-même ». Cette recommandation date de plus de 2 000 ans et est toujours d'actualité. Elle est même fondamentale si vous voulez réussir votre entretien embauche. Écrire un curriculum vitæ, répondre à une annonce, envoyer une lettre spontanée lorsqu'on ne sait pas vraiment ce que l'on veut dire sur soi, c'est vraiment difficile et pourtant cela constitue pour le recruteur une information capitale afin qu'il puisse prendre sa décision. Lorsque vous vous trouverez face à une personne qui observe, regarde, écoute, juge, fait attention à ce que vous dites, à ce que vous ne dites pas, à ce que vous faites et à ce que vous ne faites pas, vous n'aurez pas une deuxième chance de faire une première bonne impression. Par conséquent, préparez ce que vous souhaitez dire et ne pas dire et soyez clair dans vos propos.

Si vous ne prenez pas le temps de réfléchir et d'anticiper les questions qui vous seront posées en entretien, vous ne saurez pas mettre en valeur vos talents, vos savoirs, votre enthousiasme, vos meilleurs traits de personnalité et votre expérience.

Sans préparation, vous risquez de bégayer, de vous étendre inutilement, d'organiser votre discours au fur et à mesure de votre présentation. Vous terminerez certainement en donnant une bonne réponse mais elle viendra un peu tard.

Alors, que devez-vous faire pour mieux vous connaître ?

1. Faites une liste de vos 5 à 15 réalisations professionnelles. Dans chacune de ces réalisations (petit paragraphe) efforcez-vous d'inclure :
   - la tâche ;
   - les moyens utilisés ;
   - le lieu ;
   - le titre et les responsabilités assumées ;
   - le fait que vous l'ayez fait seul ou en équipe ;
   - la raison pour laquelle cette tâche est difficile ;
   - la façon dont vous avez surmonté la difficulté ;
   - une preuve tangible ou chiffrée et les résultats atteints.
2. Énumérez les conditions de travail que vous préférez.
3. Notez sur une feuille de papier vos 3 à 5 valeurs clés de travail.
4. Faites une liste des caractéristiques et traits de personnalité que vous recherchez chez :
   - votre supérieur
   - vos collègues
   - vos subordonnés
   - les clients/fournisseurs
5. Ensuite établissez une liste de vos compétences et talents préférés.
6. Clarifiez votre style de prise de décision et préparez-vous à le présenter dans différentes situations.

7. Recensez les différentes formations que vous avez suivies, les séminaires de formation auxquels vous avez participé durant votre carrière.
8. Listez aussi les différentes personnes pour lesquelles vous avez travaillé et notez, pour chacune d'elles, ce qu'elles vous ont apporté et ce que vous avez appris à leur contact.
9. Hiérarchisez les raisons qui vous poussent à produire un travail de qualité.
10. Répertoriez vos objectifs professionnels et les raisons qui les motivent.
11. Inventoriez les questions qui vous embarrassent et notez par écrit les réponses que vous leur donneriez.
12. Notez vos attentes salariales et en particulier le seuil minimum au-dessous duquel vous n'accepteriez pas le job. Pensez également à faire une liste des éventuels avantages en nature.
13. Décrivez votre job idéal. Incluez tout ce que vous souhaitez y trouver. Ne vous censurez pas et notez vraiment tout.

Faites ce travail de recherche sur vous-même et cela vous donnera un avantage sur tous les autres concurrents « demandeurs d'emplois ». Vous aurez de l'information pertinente à utiliser, si besoin est. Vous serez prêt à parler de vous de façon tout à fait naturelle et spontanée. Vous ne serez pas tendu ou stressé.

DEUXIÈME ÉTAPE : MAÎTRISEZ LES TECHNIQUES DE L'ENTRETIEN

Il n'est pas suffisant de bien se connaître. Il est également nécessaire d'investir un peu de temps pour vous familiariser avec les questions qui risquent de vous être posées au cours d'un entretien.
Il existe des centaines de sites Internet et de livres qui présentent les questions les plus fréquemment posées par les recruteurs. C'est

une bonne chose de les connaître car vous pouvez vous y préparer et être beaucoup plus performant.

Ces questions sont importantes, non pour leur forme, mais pour leur signification. La plupart des questions, hormis certaines questions « brise-glace » (servant au début de l'entretien à créer un climat convivial), ont un sens plus profond et sont posées afin d'obtenir des informations extrêmement précises.

Les recruteurs ont des raisons précises de poser les questions qu'ils formulent et la plupart d'entre eux savent parfaitement obtenir l'information recherchée.

Notre livre *101 questions pièges de l'entretien d'embauche* (édité par le Groupe Express Éditions) précise quels sont les 4 soucis d'un recruteur lorsqu'il s'adresse à un candidat.

Il souhaite sincèrement vous poser les 4 questions suivantes :

1. Pouvez-vous effectivement faire ce travail ? Votre expérience, formation, compétences et intérêts sont-ils suffisants pour que vous soyez productif dans cette fonction ?
2. Qui êtes-vous ? Qu'aimez-vous ? Quelles sont vos caractéristiques, vos traits de personnalité ?
3. Allez-vous vous insérer aisément dans notre société ? Allez-vous faire partie des problèmes ou des solutions ?

Si vous surmontez ces 3 difficultés avec succès, il vous en restera une dernière :

4. Combien allez-vous me coûter ?

Votre rôle consiste à deviner ce que votre interlocuteur recherche et à y répondre. Pour cela :

- posez des questions pour préciser les choses ;
- définissez certains termes de façon à clarifier la communication ;
- décrivez vos réalisations ;

- détaillez certaines missions illustrant vos compétences ;
- présentez vos expériences passées ;
- décrivez des tâches correspondant à la fonction ;
- donnez des exemples de développement personnel ;
- fournissez des réponses précises ;
- citez des activités et des domaines d'intérêt ;
- faites un inventaire de vos talents et/ou compétences ;
- décrivez des réalisations personnelles ;
- énumérez des tâches que vous avez assumées ;
- citez les délais pour réaliser certaines missions ;
- apportez la preuve de votre aptitude relationnelle ;
- décrivez vos connaissances ;
- mettez en valeur vos plus fortes compétences ;
- repoussez la discussion si nécessaire ;
- présentez des méthodes que vous avez utilisées pour gérer des personnes ;
- prouvez votre passion ;
- donnez rapidement les informations négatives pour décrire ensuite les choses beaucoup plus positives ;
- suggérez d'échanger des idées dans le domaine professionnel ;
- proposez des stratégies pour résoudre certains problèmes ;
- parlez des autres uniquement de façon positive ;
- faites part des points positifs que l'on vous reconnaît ;
- utilisez des faits et les chiffres ;
- transmettez des exemples quantifiés de votre expérience passée ;
- utilisez des fourchettes de chiffres lors de négociations de salaire ;
- appuyez-vous sur des données statistiques.

Une fois réalisé votre travail préparatoire sur vous-même et compris le sens profond de certaines questions, vous pouvez mettre en place des stratégies pour transmettre à votre interlocuteur les raisons de vous embaucher.

Alors, comment allez-vous vous préparer ?

Commencez par pratiquer. Puis continuez à pratiquer encore plus, enfin pratiquez une dernière fois. Vous pouvez établir une liste des 20 à 40 questions que vous souhaitez préparer. Écrivez-les et entraînez-vous à répondre face à un miroir. Une fois que vous serez à l'aise, demandez à un membre de votre famille ou à un ami de vous les poser. Il est important de pratiquer avec un tiers de façon à avoir du feed-back sur votre prestation. Si vous vous limitez à pratiquer seul, vous n'aurez pas l'interaction et l'entraînement nécessaires pour convaincre au cours d'un entretien.

Plus vous vous entraînerez plus vous serez à l'aise. Ceci est capital, car c'est uniquement à cette condition que votre vraie personnalité émergera durant l'entretien. Soyez vrai et spontané. Si vous avez de l'humour, laissez-le de côté. Si vous ne comprenez pas quelque chose, n'hésitez pas à demander une clarification. Si vous aimez les métaphores, utilisez-les à une ou deux reprises. Valorisez vos atouts au maximum. Ayez confiance en vous, vous êtes prêt et capable de traiter pratiquement toutes les questions.

N'oubliez pas les règles de base. Elles sont très évidentes. Néanmoins pour être sûr de n'en oublier aucune, passons-les en revue ensemble.

- Établissez un bon contact visuel. Maintenez-le. Vous devez montrer votre aisance. Regardez votre interlocuteur dans les yeux. Si cela vous intimide, regardez plutôt ses sourcils !
- Ayez une poignée de main ferme.
- Souriez !
- Habillez-vous correctement.
- N'arrivez surtout pas en retard. Rendez-vous sur les lieux la veille pour découvrir le parcours pour vous y rendre et le code vestimentaire des employés.
- Présentez-vous d'une façon élégante et discrète.
- Si l'on vous fait attendre profitez-en pour lire la documentation de l'entreprise.

- Surveillez votre langage non verbal. Que révèle-t-il de vous ?
- Remerciez votre interlocuteur (ainsi que toute personne qui a été agréable avec vous). Faites-le verbalement sur l'instant, puis envoyez une lettre.

Troisième étape : prenez connaissance du poste et de l'entreprise

Le poste

Vous devez vous assurer de comprendre parfaitement ce que l'on attend de vous dans le poste à pourvoir (le contenu du poste et ses tâches). La majorité des recruteurs pose des questions spécifiques durant l'entretien qui tournent autour de ce sujet, à savoir :

- compétences transférables ;
- tâches ;
- responsabilités assumées ;
- formation de base ;
- formation permanente ;
- connaissances spécifiques ;
- traits de personnalité.

Autant de sujets qui constituent un poste de travail et sont nécessaires pour le rendre productif.

Ces questions sont particulièrement spécifiques pour une industrie donnée et varient en fonction du secteur.

Pouvez-vous réellement assumer ce job ?

Il est impossible d'écrire un livre couvrant l'ensemble des questions spécifiques posées pour tous les jobs existants. C'est la raison pour laquelle il faut vous habituer aux questions s'adressant à un type de fonction et à un secteur. Ces questions sont souvent très techniques et elles sont posées sous une forme dite « comportementale ».

Supposons que vous posiez votre candidature pour un poste d'assistant administratif. Vous devinez probablement quelles sont les questions relatives à ce poste. Assurez-vous cependant d'être en accord avec votre recruteur et de donner la même signification que lui au titre d'« Assistant administratif ». De son côté, peut-être interprète-t-il : « Coordinateur », « Responsable logistique », « Responsable du suivi des commandes »… ?

Avant de vous rendre à un entretien, renseignez-vous le plus possible sur le job pour lequel vous postulez. Allez tout d'abord visiter le site Internet de l'entreprise et imprimez toutes les informations que vous pouvez récolter concernant le poste que vous visez. Si le poste n'apparaît pas sur leur site, visitez les sites des concurrents et voyez si ce même type de fonction est décrit. Récoltez également de l'information sur le poste qui vous attire. Pour cela, lisez les 10 à 50 annonces « offre d'emploi » des journaux. Vous obtiendrez ainsi une liste exhaustive des tâches et compétences inhérentes à cette fonction.

■ L'entreprise

Vous approchez du but ! Cependant, avant de vous présenter à l'entretien, renseignez-vous encore sur l'entreprise qui vous accueille. Les recruteurs sont favorablement impressionnés par un candidat qui connaît bien leur organisation. Ceci prouve votre détermination et votre enthousiasme, vous rapproche du recruteur et crée un climat de complicité.

Recherchez des informations, consultez leur site Web, lisez les articles publiés dans la presse sur l'entreprise. Si, par chance, vous connaissez une personne qui travaille dans cette entreprise, approchez-la et demandez-lui de recueillir pour vous de l'information. Peut-être pourra-t-elle vous donner des renseignements supplémentaires sur votre interlocuteur, vous communiquer les questions qu'il aime bien poser. Ainsi vous pourrez vous y préparer.

Sur Internet vous disposez de plusieurs moteurs de recherche (tels que Google) qui peuvent également vous aider dans vos recherches. Il suffit de taper sur votre clavier le nom de l'entreprise et de choisir ensuite les informations qui vous sont fournies.

Voici une liste partielle des informations qu'il est utile de recueillir sur une entreprise :

- principaux produits ou services offerts ;
- produits ou services accessoires ;
- noms des dirigeants ou responsables ;
- principaux clients, fournisseurs, revendeurs ;
- historique et philosophie de la société ;
- contrats récents et importants ;
- nouveaux développements ;
- nombre d'employés ;
- implantation ;
- mode de recrutement ;
- concurrents ;
- rapport annuel ;
- catalogue produits ;
- citations dans la presse ;
- prix et distinctions ;
- cotation en bourse ;
- mission.

Si vous ne possédez pas d'ordinateur, allez dans un café Internet, dans une bibliothèque publique ou une chambre de commerce. Vous y trouverez du matériel gratuit ou à louer à l'heure ainsi que des répertoires sur les organisations.

Quatrième étape : développez votre stratégie

Vous êtes prêt. Vos savez qui vous êtes, vous connaissez les questions qui risquent de vous être posées, vous avez préparé vos réponses, vous êtes au clair sur le contenu de la fonction et détenez des informations sur l'entreprise.

Que vous reste-t-il à faire ? Réfléchir et mettre au point votre stratégie.

Pour une même question, certaines réponses sont plus efficaces que d'autres. Avant de définir, question par question la meilleure stratégie à utiliser, arrangez-vous pour préparer des réponses variées. Évitez d'utiliser l'humour sans pour cela paraître trop sérieux, voire pontifiant.

Commencez par le commencement.

■ Écoutez !

Écoutez avec soin la question que l'on vous pose, prenez une ou deux secondes pour préparer votre réponse avant de répondre. Tenaillées par l'anxiété, de nombreuses personnes répondent précipitamment et ne se rendent pas compte qu'elles n'ont pas vraiment répondu aux interrogations de leurs interlocuteurs. Prenez votre temps. Écoutez. Si vous n'êtes pas sûr de vous, demandez à votre interlocuteur : « Ai-je répondu à votre question ? ».

■ Offrez l'information la plus pertinente

Lors de questions du style « Parlez-moi de vous » ou « Quelle est votre passion » ou « Pourquoi devrais-je vous embaucher » ?... demandez-vous quelle information cette personne désire véritablement obtenir ?

À ce moment, communiquez une ou deux informations importantes à votre interlocuteur.

Dans votre réponse, efforcez-vous de communiquer plusieurs informations

Utilisez votre temps de parole pour donner le maximum d'informations en un minimum de temps. Ne vous limitez pas à utiliser une question pour présenter vos compétences mais profitez-en pour souligner votre personnalité. En illustrant ce que vous avancez grâce à des exemples précis, vous fournirez à votre interlocuteur une réponse bien plus riche que celle qu'il attendait.

Ne donnez aucune information inutile ou qui risque de vous nuire

Il n'est pas toujours souhaitable de donner trop d'informations de nature personnelle. Certaines questions sont illégales, mais on vous les pose tout de même ! Si vous trouvez que la question est trop embarrassante, restez silencieux et ne répondez pas. Vous n'êtes pas tenu, par exemple, de dire à votre interlocuteur que vous avez cinq enfants. Méfiez-vous des informations qui ne sont pas pertinentes.

Soyez concis

Efforcez-vous de faire court. Vos interventions doivent durer entre 30 secondes et 2 minutes (parfois plus pour des questions à caractère très technique). Si votre interlocuteur est vraiment intéressé, laissez-le vous demander de développer plus en détail votre réponse.

Reformulez la question ou posez une autre question

Parfois il est judicieux de ne pas répondre tout de suite, en particulier lorsque vous n'êtes pas sûr du vrai sens de la question posée.
Il vaut mieux poser une question pour clarifier une demande que vous n'avez pas bien comprise, plutôt que de donner une réponse inappropriée.

■ Donnez des exemples concrets

N'importe qui peut prétendre qu'il a parfaitement exécuté telle ou telle mission… les superlatifs sont faciles. Mais pour convaincre, il est préférable d'utiliser des exemples concrets prouvant la qualité de votre travail. Préparez dans ce but des petits textes présentant vos réalisations de façon à pouvoir répondre spécifiquement et éviter ainsi les généralités. Utilisez des exemples stratégiques qui montrent que vous avez tout à fait le profil pour le poste. Il vous suffit alors de dire : « Oui, je l'ai déjà fait. Voici un exemple…».

■ Utilisez l'humour

Certaines questions appellent des réponses plus légères, en particulier lorsqu'une réponse trop rationnelle ne peut pas sécuriser votre interlocuteur. En utilisant l'humour, vous démontrez que le sujet soulevé par votre interlocuteur ne représente pas une difficulté pour vous. Restez prudent, n'offensez pas votre interlocuteur et ne prenez pas son point de vue à la légère. Le moment propice pour utiliser l'humour, est celui où vous souhaitez établir un rapport convivial et sympathique avec votre interlocuteur.

■ Soyez honnête

La plus grande erreur d'un candidat en entretien est celle de vouloir cacher une vérité qui risque d'être découverte après son engagement et qui peut lui coûter son nouveau poste ! Vous n'arriverez pas à convaincre si vous tergiversez lors de questions difficiles. Votre interlocuteur comprendra que vous souhaitez lui cacher quelque chose et prendra peut-être un malin plaisir à approfondir le sujet. Vous avez toujours intérêt à dire la vérité. Présentez-la de façon élégante et stratégique et vous vous en sortirez toujours mieux.

■ Contrôlez votre langage non verbal

Votre langage non verbal peut vous trahir. C'est souvent une réponse immédiate et inconsciente que vous apportez. Certaines personnes, lorsqu'elles font face à une question gênante ou embarrassante, se mettent à tousser, à rougir, à regarder le sol, à jouer avec leurs cheveux, à se tordre les mains… les recruteurs sont en général experts pour remarquer ces gestes inconscients, même s'il s'agit de mouvements imperceptibles tels que les petits déplacements de muscles. La meilleure façon de combattre ce comportement inconscient est de vous entraîner à l'avance de façon à être à l'aise en toute circonstance.

■ Soyez professionnel en tout temps

Certains recruteurs sont très sérieux et, en général, vous les repérez rapidement. D'autres sont plus détendus et vous mettent à l'aise dès le début. Ceux-ci sont les plus dangereux car face à eux vous avez tendance à baisser la garde et à trop parler. Restez prudent, tout en leur faisant confiance.

■ Utilisez une approche proactive dans vos réponses

À travers les réponses que vous donnez, démontrez que vous avez su maîtriser les situations difficiles et les résoudre. Dès que l'occasion se présente, citez une réalisation qui illustre les comportements que vous savez adopter. Ce sont des indicateurs de succès futur. Alors votre recruteur pensera : « S'il a fait cela pour quelqu'un d'autre, il peut le faire également pour moi ».

■ Souriez, détendez-vous et surtout ayez l'air heureux

Rien n'est plus puissant que le sourire. Utilisez-le souvent. Néanmoins, évitez de « sourire idiot » ou de faire une grimace du style « Hollywood ». Regardez votre interlocuteur et montrez-lui que vous êtes détendu. Vous pouvez vous entraîner à sourire (de la même façon que vous vous entraînez pour votre langage non verbal). Si vous montrez à votre interlocuteur que vous êtes ravi de répondre à sa question, il lui sera difficile de rester neutre envers vous.

■ Posez de bonnes questions

Lorsque vous approcherez de la fin de l'entretien, votre interlocuteur vous demandera probablement si vous avez une question à lui poser. C'est votre minute de chance, ne la laissez pas passer ! Réitérez votre intérêt pour le poste et posez une dernière bonne question. Rien n'est plus décevant pour un recruteur d'entendre : « Non, je n'ai pas de questions... Vous m'avez dit tout ce que je souhaitais entendre ».

Ainsi, lorsque vous préparez votre entretien pensez à ce que vous voulez découvrir sur le poste, l'entreprise, le recruteur ou la procédure de recrutement. Listez ces points et pensez également à poser des questions qui demandent un certain courage, ainsi que des questions bien réfléchies montrant que vous connaissez bien le sujet. Montrez votre enthousiasme et votre intérêt pour le job, votre curiosité d'esprit, votre persévérance et votre détermination. Enfin prouvez-lui par 2 ou 3 phrases que vous l'avez écouté et entendu.

■ Comment avons-nous organisé ce livre ?

Ce livre a été écrit pour vous aider à préparer vos entretiens. Il est exhaustif et présente les 202 questions les plus fréquemment posées en entretien. Il vous permettra de vous préparer en toutes situations.

Nous avons regroupé ces 202 questions en 18 familles.

Pour chacune de ces questions et pour rendre la lecture la plus riche possible et agréable, vous trouverez :

- ce que le recruteur veut vraiment savoir. Ceci vous est présenté sous la forme de trois questions différentes qui servent de « sous-titre » à la question posée. Ces « sous-titres » vous permettent de préparer votre réponse de façon à être sûr d'aborder avec précision le sujet qui préoccupe votre interlocuteur ;
- un « mini quiz ». Cinq réponses vous seront suggérées et il vous suffira de trouver la bonne. Celle-ci apparaît à l'envers en bas de chaque page de droite. Ces réponses ont toutes été recueillies auprès de candidats à la recherche d'un emploi. Dans certains cas, celles-ci sont surprenantes et vous aurez même du mal à croire qu'elles sont véridiques !
- ce qu'il ne faut vraiment pas faire et ne surtout ne pas dire ;
- enfin ce qu'il faut vraiment faire et dire ;

Sentez-vous libre de lire ce livre comme bon vous semble. Commencez par le début, le milieu ou la fin.

Arrêtez-vous sur une question qui vous intrigue, ou qui vous dérange. Traitez 3 questions faciles puis 2 questions difficiles...
Plus vous passerez de temps de façon décontractée, à intégrer les réponses, plus l'entretien vous semblera facile... et aura de chances de déboucher sur une proposition ferme d'embauche.

Auto-Évaluation/
Connaissance de soi

N° 1

Combien de temps vous faudra-t-il pour contribuer au succès de notre organisation ?

Ce que votre interlocuteur veut vraiment savoir :

- Êtes-vous ambitieux ?
- Pensez-vous job ou résultats ?
- Serez-vous opérationnel tout de suite sans formation ?

Les réponses possibles

(bonne réponse en bas ci-contre)*

- 3 à 5 ans, si les choses sont faciles, plus de 5 ans si vous avez de gros problèmes.
- Cela dépend de vous.
- Peu de temps, il me semble. Entre… et… semaines/mois.
- Pourquoi ? Je ne vois pas le but de votre question.
- Un certain temps.

À NE PAS FAIRE

- *Dire qu'il faut du temps pour vous adapter.*
- *Répondre avec précipitation.*
- *Vous aventurer à avancer des promesses que vous ne tiendrez pas.*

À NE PAS DIRE

- *C'est une question qui demande une longue réflexion.*
- *Comme ça, je ne peux pas dire.*
- *Il me faudra un temps plutôt long, je crois.*
- *Je suis quelqu'un de rapide.*

À FAIRE

- Approfondir par une autre question.
- Assouplir et raisonner avec prudence tout en faisant comprendre que vous êtes l'employé de la situation donnée.
- Citer des exemples dans lesquels vous vous êtes vite adapté.
- Citer certaines de vos réalisations récentes.
- Montrer votre ambition.

À DIRE

- En règle générale de 3 à 6 mois.
- Quels sont les projets moteurs actuels ?
- Rapidement ! Après une courte période d'adaptation.
- Très vite si : 1, vous m'engagez et, 2 me confiez des responsabilités.

Peu de temps, il me semble. Entre… et… semaines/mois.

N° 2

Combien de temps vous faudra-t-il pour être pleinement opérationnel ?

Ce que votre interlocuteur veut vraiment savoir

- Apprenez-vous rapidement ? Quelles sont vos capacités d'adaptation ?
- Avez-vous besoin d'une formation ?
- Êtes-vous prêt à prendre des initiatives ?

Les réponses possibles

(bonne réponse en bas ci-contre)*

- À votre convenance.
- Je le serai immédiatement. N'ayez pas peur.
- Le temps de prendre mes marques, et d'être sûr d'être efficace.
- Je peux faire court, ou long. C'est comme vous voulez !
- Un certain temps. Ça dépend de beaucoup de choses. Donc, j'ai du mal à vous répondre.

À NE PAS FAIRE

- *Avoir l'air inquiet/perturbé.*
- *Mentionner une durée précise.*
- *Solliciter une longue formation.*

À NE PAS DIRE

- *En très peu de temps.*
- *J'ai besoin de temps pour m'adapter à un nouvel environnement.*
- *Je ne sais pas.*
- *Plus vite que vous croyez.*
- *Tout de suite.*

À FAIRE

- Demander à recevoir toute la documentation disponible.
- Organiser des entretiens d'évaluation réguliers.
- Proposer de prolonger la période d'essai.

À DIRE

- Je le serai le plus rapidement possible.
- Je m'investirai afin d'être dans les temps.
- Laissez-moi un court temps d'évaluation et je pourrai vous répondre avec plaisir.

Le temps de prendre mes marques, et d'être sûr d'être efficace.

N° 3

Comment pensez-vous assumer ce poste/job/emploi avec votre handicap ?

Ce que votre interlocuteur veut vraiment savoir :

- Comment vivez-vous le regard des autres ?
- Êtes-vous capable d'assumer ce poste avec votre handicap ?
- Pourrez-vous faire face aux critiques et réserves que vous risquez de rencontrer ?

Les réponses possibles

(bonne réponse en bas ci-contre)*

- Quelles sont, les tâches/opérations qui, selon vous, pourraient poser problème ?
- Cela vous pose-t-il un problème ?
- Cette question est illégale, mais je peux vous certifier que vous n'aurez pas de problème.
- Je pense que mon handicap peut permettre à votre société d'être perçue comme très ouverte et avant-gardiste.
- On a quand même le droit de travailler ! Je suis surpris par votre question car j'avais une bonne image de votre société.

À NE PAS FAIRE

- *Douter de vos compétences.*
- *Vous étaler longuement sur le sujet.*
- *Vous mettre en situation d'infériorité.*
- *Vous justifier.*

À FAIRE

- Citer des situations positives vécues.
- Montrer des réalisations réussies malgré le handicap.
- Parler de vos atouts pour le poste.
- Répondre rapidement et changer de sujet en posant une question.

À NE PAS DIRE

- *C'est pour cela que je change fréquemment d'emploi !*
- *Ceci est ma vie privée et j'en souffre déjà assez !*
- *Est-ce que cela changera mon salaire ?*
- *J'ai déjà eu des litiges avec des employeurs à cause de cela !*
- *Je n'ai pas de handicap.*
- *Je refuse de répondre à cette question indiscrète.*
- *Je vais avoir besoin d'aide en permanence.*
- *Vous avez raison, je ne sais pas si je vais y arriver.*

À DIRE

- Avec mon expérience dans le domaine, je peux maîtriser ce handicap.
- Dans une fonction similaire, j'ai réussi à…
- J'ai toujours réussi à gérer les situations difficiles. Par exemple lors du…
- Je peux vous apporter mes connaissances dans le domaine…
- Je vis avec ce handicap depuis longtemps et je sais faire face aux difficultés.

Quelles sont, les tâches/opérations qui, selon vous, pourraient poser problème ?

N° 4

Comment vous jugez-vous ? Quels sont vos plus grandes qualités et vos plus grands défauts ?

Ce que votre interlocuteur veut vraiment savoir :

- Avez-vous le profil du poste ?
- Êtes-vous capable de faire votre autocritique ?
- Vous connaissez-vous bien ? Quelle perception avez-vous de vous ?

Les réponses possibles

(bonne réponse en bas ci-contre)*

- J'ai de la peine à faire mon autocritique. Je peux, par contre, vous faire lire mes certificats de travail.
- J'ai tendance à dire ce que je pense, et ça m'a fait louper mes deux dernières négociations.
- Je n'ai pas de défauts majeurs. Quant à mes qualités, je pense avoir celles qu'il faut pour le poste à pourvoir.
- Je gère très bien le stress et les priorités et j'aime l'efficacité. J'ai les défauts de mes qualités.
- On est comme on est, chacun a ses défauts et ses qualités.

À NE PAS FAIRE

- *Citer les défauts avant les qualités.*
- *Être incapable de répondre à cette question.*
- *Ne pas avoir réfléchi à la question avant l'entretien.*
- *Noyer votre interlocuteur avec vos qualités ou vos défauts.*
- *Vous laisser déstabiliser par la question.*
- *Vous polariser sur vos faiblesses.*

À NE PAS DIRE

- *C'est très personnel.*
- *Je n'ai pas de défauts. Je n'ai que des qualités.*
- *Je ne comprends pas le but de votre question.*
- *Je ne sais pas/je ne trouve pas.*
- *Je ne sais pas me mettre en avant, demandez à mes employeurs précédents.*

À FAIRE

- Citer des compétences, talents ou traits de personnalité étayés par des faits ou des preuves.
- Commencer par parler des qualités et terminer par un point positif.
- Démontrer, par des exemples, que vous possédez les compétences nécessaires pour la fonction.
- Étayez chacun des traits de votre personnalité par des exemples, des preuves ou des réalisations.
- Identifier et citer les qualités les plus utiles et les défauts les moins graves pour ce poste.
- Montrer que le défaut que vous choisissez de citer peut avoir un aspect positif selon le contexte.

À DIRE

- J'ai les 3 qualités suivantes.
- J'ai un défaut mais il ne touche pas ma sphère professionnelle.
- Laissez-moi vous parler d'une réalisation qui illustre bien mes qualités pour ce poste.
- Une de mes faiblesses était… mais j'ai réussi à la dépasser en…
- Voici les 3 qualités que mes supérieurs m'ont reconnues.

Je gère très bien le stress et les priorités et j'aime l'efficacité. J'ai les défauts de mes qualités.

N° 5

Dans quelle mesure pensez-vous que ce job est différent du dernier que vous avez eu ?

CE QUE VOTRE INTERLOCUTEUR VEUT VRAIMENT SAVOIR :

- Parlez-moi de votre dernier emploi !
- Que pensez-vous trouver de plus chez nous que dans votre dernier emploi ?
- Saurez-vous faire face aux difficultés qui vous attendent ?

LES RÉPONSES POSSIBLES

(bonne réponse en bas ci-contre)*

- C'est une question difficile ! Pour moi tous les jobs se ressemblent. De toute façon, un job est un job.
- Je n'en sais rien !
- Vous êtes moins loin de chez moi !
- Vous payez mieux !
- Deux points : je pourrai m'y impliquer davantage et vos objectifs sont ambitieux.

À NE PAS FAIRE

- *Exposer votre méconnaissance totale.*
- *Dire que ce nouveau job n'a rien de spécial.*
- *Montrer une grande inquiétude face au changement.*

À FAIRE

- Affirmer votre volonté d'évoluer dans le cadre du poste proposé.
- Montrer l'adéquation du poste avec vos projets.
- Rappeler votre ambition pour ce poste.

À NE PAS DIRE

- *Ce n'est pas du tout ce que j'ai appris dans mon ancien poste.*
- *Cela dépend de la proposition qui me sera faite.*
- *Chez vous, on a le 13e salaire.*
- *En cas de surcharge de travail, je risque de ne pas me plaire chez vous.*
- *Le travail fait ici est totalement différent.*
- *Si l'ambiance ne me plaît pas, je m'en vais.*
- *Vous êtes sympathique.*
- *Vous payez mieux.*

À DIRE

- Je pense trouver chez vous une équipe sympathique et un agréable contact avec la clientèle.
- Le cahier des charges pourrait m'aider à mieux vous répondre.
- Les similitudes sont grandes et les ressemblances nombreuses.

Deux points : je pourrai m'y impliquer davantage et vos objectifs sont ambitieux.

N° 6

Êtes-vous fait pour ce poste ? Qu'est-ce qui vous attire dans cet emploi ? Dans ce métier ? Dans notre société ?

CE QUE VOTRE INTERLOCUTEUR VEUT VRAIMENT SAVOIR :

- Comment allez-vous vous intégrer chez nous ?
- Êtes-vous vraiment fait pour ce poste ?
- Quelle va être votre contribution dans ce poste ?

LES RÉPONSES POSSIBLES

(bonne réponse en bas ci-contre)*

- C'est un poste bien payé et c'est près de chez moi.
- La possibilité d'utiliser à fond mes compétences.
- C'est une société de renom qui fait bien sur un curriculum vitæ.
- Tout !
- Une bonne ambiance et d'excellentes conditions matérielles.

À NE PAS FAIRE

- *Être négatif, hésitant.*
- *Flatter l'entreprise ou le recruteur de façon trop ostentatoire.*
- *Vouloir montrer que vous êtes « le meilleur » sans pouvoir le justifier.*

À NE PAS DIRE

- *C'est l'emploi et le métier que je connais depuis toujours.*
- *Oui, bien sûr, vérifiez sur mon CV.*
- *Votre société a bonne réputation et ses prestations sociales sont performantes.*

À FAIRE

- Démontrer votre connaissance du métier et de la société.
- Étayer votre détermination par 2 ou 3 preuves.
- Montrer votre enthousiasme en posant des questions prouvant votre implication.

À DIRE

- Le poste que vous offrez est exactement dans l'axe de l'évolution de mon parcours.
- Oui, j'aime mon métier et je le fais bien.
- Votre organisation est l'exemple type de société que je recherche.

La possibilité d'utiliser à fond mes compétences.

N° 7

Ne pensez-vous pas être un peu trop âgé (trop jeune) pour ce poste ?

Ce que votre interlocuteur veut vraiment savoir :

- Allez-vous supporter votre hiérarchie ?
- Avez-vous confiance en vous ?
- Êtes-vous toujours dynamique et motivé ?

Les réponses possibles

(bonne réponse en bas ci-contre)*

- C'est vrai. Mais que voulez-vous, il faut bien que tout le monde travaille ! Ils le disent même à la radio et à la télévision.
- Pensez-vous qu'une personne plus jeune puisse avoir suffisamment d'expérience ?
- Quel âge me donnez-vous ?
- Quelle est, selon vous, la principale contre-indication d'une personne de plus de 50 ans… de moins de 25 ans ?
- Votre question n'est pas très correcte !

À NE PAS FAIRE

- *Contre-attaquer ou vous mettre sur la défensive.*
- *Retourner la question.*
- *Vous mettre en avant au détriment des jeunes/des vieux.*
- *Vous vexer.*

À FAIRE

- Argumenter sur l'avantage d'avoir des personnes d'expérience/ jeunes/âgées au sein de l'entreprise.
- Garder votre sang-froid.
- Parler de votre expérience par le biais des réalisations chiffrées.
- Rassurer le recruteur.

À NE PAS DIRE

- *Ah, c'est toujours la même chose. On est toujours soit trop vieux, soit trop jeune.*
- *Non, pourquoi ?*
- *Peut-être, mais il faut bien que je travaille pour gagner ma vie.*

À DIRE

- La valeur n'attend pas le nombre des années.
- Oui, je suis jeune. Voici toutefois 2 réalisations qui démontrent que je possède les savoir-faire que vous recherchez pour ce poste.
- Pouvez-vous me préciser ce qui vous fait penser cela !
- Une personne plus âgée dans une équipe jeune, apporte souvent un élément stabilisant dans l'équipe.
- Voici 2 exemples de résultats que j'ai réalisés au sein d'une équipe d'une moyenne d'âge de 27 ans…

Quelle est, selon vous, la principale contre-indication d'une personne de plus de 50 ans... de moins de 25 ans ?

N° 8

Que pensez-vous de votre progression de carrière à ce jour ?

CE QUE VOTRE INTERLOCUTEUR VEUT VRAIMENT SAVOIR :

- Êtes-vous ambitieux ?
- Comment envisagez-vous la suite de votre progression ?
- Qu'est-ce-qui vous motive à venir travailler chez nous ?

LES RÉPONSES POSSIBLES

(bonne réponse en bas ci-contre)*

- Il y a du bon et du moins bon.
- Pas trop de mal.
- J'en suis très fier, car j'ai progressé plus vite que prévu malgré mon peu d'expérience.
- Pour être très honnête, je dois vous dire je n'ai pas vraiment progressé. J'ai toujours fait la même chose.
- Votre question est un peu embarrassante. Je crois avoir bien progressé. Mais c'est toujours difficile de se juger.

À NE PAS FAIRE

- *Montrer un manque d'ambition, ou de l'autosatisfaction.*
- *Expliquer dans le détail tous les postes tenus.*
- *Montrer une ambition démesurée.*
- *Faire preuve de frustration, regrets, amertume.*

À FAIRE

- Donner des exemples de réalisations.
- Rester objectif.
- Selon le poste et votre expérience, vous montrer plus ou moins ambitieux.

À NE PAS DIRE

- *À cause d'un collègue, je n'ai pu progresser…*
- *J'ai l'impression d'être resté sur place, de ne pas avoir évolué.*
- *J'aime bien faire mon travail sans me poser trop de questions.*
- *Je n'ai pas vraiment d'ambition personnelle, ce n'est pas une qualité !*
- *Je veux être promu très prochainement.*

À DIRE

- J'aime affronter les problèmes et apporter des solutions nouvelles lorsque c'est possible.
- J'aime beaucoup développer mes compétences et améliorer mes connaissances.
- Je ne suis pas mécontent de mon évolution, mais j'ai envie de relever de nouveaux défis.
- Je souhaite participer activement au développement de votre entreprise.
- Pourquoi cette question, pensez-vous me confier un poste à responsabilités ?

J'en suis très fier, car j'ai progressé plus vite que prévu malgré mon peu d'expérience.

N° 9

Quelle a été votre contribution à l'équipe de direction ?

Ce que votre interlocuteur veut vraiment savoir :

- Qu'avez-vous proposé comme atouts à la direction ?
- Quel est votre rapport avec l'autorité ?
- Quelles ont été vos responsabilités ?

Les réponses possibles

(bonne réponse en bas ci-contre)*

- J'étais la colonne vertébrale du service. Je me suis rendu irremplaçable et là, ça a marché.
- J'exécutais les ordres et c'est déjà une bonne chose.
- Je les ai laissés se débrouiller ! Eux, c'est eux. Moi, c'est moi.
- J'effectuais mes tâches sans en référer à ma hiérarchie.
- J'ai suggéré d'améliorer 3 points en leur soumettant les idées suivantes…

À NE PAS FAIRE

- *Dire du mal de la direction précédente.*
- *Faire croire que toutes les décisions importantes venaient de vous.*
- *Montrer un profil dominant.*
- *Surestimer vos responsabilités passées.*

À NE PAS DIRE

- *C'étaient des incapables.*
- *J'ai été en désaccord avec ma direction.*
- *Je n'ai pas eu de chance. Je n'étais jamais là au bon moment.*
- *Je n'étais pas à la hauteur, l'entreprise n'avait pas besoin de mes services.*
- *Non, aucune contribution.*
- *Nous n'avions aucun rapport et nous ne communiquions pas.*

À FAIRE

- Apporter des résultats concrets, quantifiés.
- Citer une contribution passée qui a été déterminante pour l'entreprise.
- Citer une réalisation passée ou une décision qui a été très profitable.
- Faire préciser la question.
- Montrer que vous avez des compétences de leader.
- Montrer que vous êtes prêt à accepter une décision collégiale.
- Montrer votre intérêt à participer au comité.

À DIRE

- J'ai offert mes expériences, ma disponibilité et mon enthousiasme à la direction.
- Je les aidais à traiter des dossiers quotidiennement.
- Je prenais tous les PV aux séances de direction.
- Je privilégiais le dialogue et l'ouverture.
- Nous avions des rendez-vous mensuels pour mesurer le niveau de contribution de mon service.

J'ai suggéré d'améliorer 3 points en leur soumettant les idées suivantes...

N° 10

Quelles caractéristiques possédez-vous qui vous font penser que vous réussirez dans ce poste ?

Ce que votre interlocuteur veut vraiment savoir :

- Connaissez-vous notre hiérarchie ?
- Êtes-vous au clair avec le cahier des charges de ce poste ?
- Savez-vous valoriser et exposer vos expériences ?

Les réponses possibles

(bonne réponse en bas ci-contre)*

- J'ai recueilli pas mal d'informations sur le poste et les tâches que vous allez me confier et je peux déjà vous dire que…
- J'ai le bon profil. J'ai celui qui est décrit dans l'annonce. Avec moi vous ne prenez pas de risque.
- J'en ai beaucoup et vous n'aurez pas de problème.
- Je sais tout faire, je suis polyvalent. J'ai peut-être même trop d'expérience pour le poste.
- Mon ancien employeur les a décrites dans mon certificat de travail. Il vous suffit de le lire.

À NE PAS FAIRE

- *Bluffer.*
- *Donner des réponses types.*
- *Rester trop humble.*
- *Trouver une excuse pour cacher que vous n'avez pas ciblé le poste.*
- *Vous exprimer de façon prétentieuse et radicale.*
- *Vous justifier.*

À FAIRE

- Démontrer votre adaptabilité.
- Être très précis.
- Mettre en avant vos compétences ciblées.
- Parler de résultats similaires.
- Poser des questions afin de préciser certaines tâches.
- Présenter des résultats transférables pour le poste.
- Rebondir sur un de leurs besoins que vous pouvez combler.

À NE PAS DIRE

- *J'ai toujours réussi jusqu'à présent, pourquoi pas dans ce poste ?*
- *J'ai travaillé dans le passé dans des entreprises plus exigeantes que la vôtre !*
- *Je ne vois aucun problème, je pense que oui.*
- *Je suis plutôt surqualifié pour ce poste.*
- *Je suis sûr que ce poste me correspond.*
- *Parce que je suis à la hauteur de ce poste.*
- *Quand on est le meilleur…*

À DIRE

- J'ai bien analysé les besoins de votre poste et mes compétences les corroborent.
- J'aime prendre des initiatives !
- Je vérifie mes résultats en fonction des objectifs fixés.
- Ma motivation pour relever des défis.
- Ma volonté est de réussir, d'où mes résultats.
- Mon ambition, mes compétences, ma disponibilité.

J'ai recueilli pas mal d'informations sur le poste et les tâches que vous allez me confier et je peux déjà vous dire que…

N° 11

Quels éléments vous permettent de croire que vous réalisez un bon travail ?

CE QUE VOTRE INTERLOCUTEUR VEUT VRAIMENT SAVOIR :

- Allez-vous être vraiment efficace ?
- Avez-vous des preuves montrant que vous avez bien accompli vos tâches dans le passé ?
- Avez-vous reçu des félicitations de vos employeurs dans le passé ?

LES RÉPONSES POSSIBLES

(bonne réponse en bas ci-contre)*

- C'est moi qui juge si mon travail est bon, j'écoute aussi les critiques des autres.
- J'ai travaillé pendant 20 ans dans la même entreprise.
- La recherche du « parfait ».
- Mon implication et mon souci permanent de la mesure de mes résultats.
- Quand je décide de travailler, je le fais bien, sinon je ne le fais pas !

À NE PAS FAIRE

- *Critiquer leur organisation, leur méthode de travail.*
- *Faire croire que vous êtes le meilleur.*
- *Montrer que ce que l'on pense de votre travail vous est complètement égal.*
- *Signifier que vous ne supportez pas la critique.*

À NE PAS DIRE

- *J'essaie de faire au mieux.*
- *Je ne m'occupe pas des commentaires sur la qualité de mon travail.*
- *Je possède de très bons certificats.*
- *Ma méthode et mon style sont reconnus par mes employeurs précédents.*

À FAIRE

- Donner des références.
- Faire part de vos réalisations bénéfiques à l'entreprise.
- Proposer des exemples de votre motivation et de votre investissement.
- Transmettre les résultats obtenus.

À DIRE

- J'ai obtenu une promotion suite à mon travail.
- J'ai reçu des félicitations de mon supérieur.
- J'ai reçu une forte augmentation de salaire.
- Je m'investis pleinement dans mon travail.

Mon implication et mon souci permanent de la mesure de mes résultats.

N° 12

Qu'est-ce qui vous permet de croire que vous allez pouvoir occuper avec succès ce poste qui demande une grande gamme de compétences et d'expériences ?

Ce que votre interlocuteur veut vraiment savoir :

- Avez-vous confiance en vous ?
- Êtes-vous motivé et/ou qualifié pour ce poste ?
- Qu'avez-vous de plus qu'un autre candidat ?

Les réponses possibles

(bonne réponse en bas ci-contre)*

- Avec mon expérience ça devrait aller ! Et si ça ne va pas, vous pourrez bien me le dire.
- Étant donné mes expériences et les réalisations que je viens d'évoquer, je suis convaincu de pouvoir occuper ce poste avec succès.
- Je ferai de mon mieux, mais on ne peut jamais garantir des résultats positifs.
- Le salaire est très attractif.
- Si vous pouvez me former… j'en serai peut-être capable. Et si vous n'êtes pas satisfait, je m'en irai.

À NE PAS FAIRE

- *Adopter une position défensive.*
- *Hésiter trop longtemps avant de répondre.*
- *Vous justifier trop longuement.*

À NE PAS DIRE

- *Je ne sais pas, c'est à vous de voir, vous avez lu mon CV.*
- *Rien ne me fait peur, ne vous inquiétez pas, tout ira bien.*
- *Vous avez peut-être raison.*

À FAIRE

- Dire que vous en êtes capable et donner un exemple.
- Donner des chiffres.
- Expliquer votre intérêt et vos capacités en rapport avec le poste.
- Parler en utilisant le « Nous » plutôt que le « Je ».
- Rester serein.

À DIRE

- J'ai déjà eu l'occasion de faire cela par le passé. Par exemple…
- J'ai déjà occupé un poste semblable. Voici 3 résultats atteints en moins de 6 mois : …
- Quels sont les objectifs pour la personne en place ?
- Voici une situation dans laquelle j'ai dû faire preuve des 3 compétences clés pour ce poste.

Étant donné mes expériences et les réalisations que je viens d'évoquer, je suis convaincu de pouvoir occuper ce poste avec succès.

Brise-glace

N° 13

Avez-vous eu des difficultés à trouver notre bureau/usine ? Votre train était-il à l'heure ? Comment est votre hôtel ?

CE QUE VOTRE INTERLOCUTEUR VEUT VRAIMENT SAVOIR :

- Êtes-vous bien organisé ?
- Notre entreprise est-elle bien située ?
- Savez-vous vous orienter/vous débrouiller ?

LES RÉPONSES POSSIBLES

(bonne réponse en bas ci-contre)*

- J'ai eu un peu de peine à trouver, mais je vous ai finalement découvert.
- J'ai tourné un moment pour trouver une place.
- Je n'ai pas très bien dormi et la route était mal indiquée.
- Oui, c'est très mal signalé.
- Tout s'est très bien passé, vos indications étaient très claires. Je vous remercie.

À NE PAS FAIRE

- *Arriver en retard.*
- *Donner des détails négatifs.*
- *Vous plaindre*

À NE PAS DIRE

- *J'ai eu beaucoup de mal à trouver, même avec un GPS…*
- *J'ai raté le train.*
- *J'ai rencontré des difficultés.*
- *Je suis exténué.*
- *Mal, merci.*
- *Oh oui ! C'était très compliqué.*

À FAIRE

- Être succinct et ne pas donner trop de détails.
- Montrer que vous êtes prévoyant.
- Rester positif.

À DIRE

- J'avais déjà repéré votre usine/siège et suis venu un peu en avance.
- Je connaissais déjà le quartier.
- Merci, j'ai fait bonne route.
- Non, car les explications étaient très claires.
- Oui, l'hôtel était calme et j'ai très bien dormi.
- Très bien, je vous remercie.

Tout s'est très bien passé, vos indications étaient très claires. Je vous remercie.

N° 14

Je vois que vous conduisez une… (marque). Est-ce que vous l'aimez ?

Ce que votre interlocuteur veut vraiment savoir :

- Comment portez-vous un jugement ? Faites-vous plutôt des remarques positives ou négatives ?
- Quelles sont vos vraies valeurs ?
- Savez-vous argumenter ?

Les réponses possibles

(bonne réponse en bas ci-contre)*

- Elle roule, ça me suffit.
- Oui. Mais maintenant je n'achèterai plus ce modèle, le mois prochain je verserai un acompte pour une nouvelle voiture ! Une voiture qui présentera plus d'avantages. Là, je m'étais trompé dans mon choix.
- Elle fait du 50 dans les localités et du 120 sur l'autoroute ; et cela avec une consommation d'essence minimale. Un excellent rapport « qualité/prix ».
- Pour moi, la voiture, c'est une façon d'affirmer sa personnalité.
- Vous n'aimez pas les XYZ ? Vous préférez les plus grosses cylindrées ?

À NE PAS FAIRE

- *Critiquer un autre modèle de voiture. C'est peut-être celui de votre interlocuteur…*
- *Dire que vous êtes fier parce qu'elle fait des envieux (tuning).*
- *Évoquer ses performances.*
- *Montrer des sentiments exagérés pour un objet tel qu'une voiture.*
- *Parler en termes d'argent, avec des chiffres précis.*
- *Relever des points négatifs du véhicule.*
- *Vous vanter de votre façon de conduire.*

À FAIRE

- Décrire les critères qui vous ont guidé à choisir ce modèle.
- Expliquer que vous avez évalué plusieurs modèles et que vous êtes satisfait de votre choix.
- Mettre en avant les avantages de ce type de voiture.
- Montrer que votre achat était basé sur une réflexion.
- Si vous possédez une voiture qui se remarque particulièrement, la parquer hors de vue…

À NE PAS DIRE

- *À personne modeste, voiture modeste !*
- *C'est toujours mieux qu'une 2CV !*
- *Ce n'est pas moi qui ai choisi, c'est mon conjoint.*
- *Elle m'a coûté 27800 euros et les taxes et assurances me reviennent à 1200 euros par an. Je fais le plein pour moins de 70 euros.*
- *Est-ce que vous pensez qu'on achète une voiture que l'on n'aime pas ?*
- *Je compte bien m'en débarrasser dès que je trouve un job.*
- *Je n'ai pas pu me payer mieux !*

À DIRE

- C'est une voiture économique.
- Elle est pratique et utile.
- Elle présente le meilleur rapport « qualité/prix ».

Elle fait du 50 dans les localités et du 120 sur l'autoroute ; et cela avec une consommation d'essence minimale. Un excellent rapport « qualité/prix ».

N° 15

Je vois que vous lisez... (journal/revue). Pourquoi ce choix ?

Ce que votre interlocuteur veut vraiment savoir :

- Avons-nous des domaines d'intérêt similaires ?
- Quelles sont vos capacités d'analyse... de synthèse ?
- Quels sont vos centres d'intérêts ?

Les réponses possibles

(bonne réponse en bas ci-contre)*

- Il y a un article très intéressant du syndicat XYZ sur les droits de l'employé en cas de maladie.
- C'est un journal que j'achète régulièrement. J'y trouve des articles très pertinents sur des sujets qui m'intéressent. Là, je lis une étude comparative sur...
- Je lis un article sur les plus grosses fortunes du monde. Je trouve ces gens complètement idiots. Pendant ce temps-là, il y a des pauvres qui n'ont même pas de quoi manger !
- Je ne lis pas, je regarde juste les photos.
- Je voulais voir s'il y avait des offres d'emploi. Mais en fait comme d'habitude il n'y a rien !

À NE PAS FAIRE

- *Confesser qu'en réalité vous ne lisez pas beaucoup.*
- *Critiquer ce que vous lisez.*
- *Être étonné, car vous avez oublié l'avoir indiqué dans votre CV.*
- *Hausser les épaules.*
- *Indiquer que ce n'est pas un choix délibéré.*
- *Ranger, cacher le journal en question et vous sentir désarçonné.*
- *Regarder l'interlocuteur d'un air surpris.*
- *Rester muet.*

À FAIRE

- Commenter la qualité de la revue.
- La reposer avec soin sur la table.
- Mentionner votre intérêt pour un article dont vous maîtrisez bien le thème.
- Montrer que vous accordez de l'importance à l'information.
- Relier vos lectures et l'emploi pour lequel vous postulez.
- Retourner une question sur un thème du journal.
- Si les revues sont classées, la remettre à sa place.

À NE PAS DIRE

- *C'est juste pour passer le temps.*
- *C'est pour m'occuper l'esprit car l'entretien me stresse.*
- *En fait, je n'ai lu ce magazine/cette revue qu'une fois.*
- *Il n'y a rien de bien intéressant dedans.*
- *Il paraît qu'il faut mettre des hobbies sur un CV, alors j'ai mis la lecture.*
- *J'aime les reportages « choc ».*
- *Pourquoi ? Vous n'aimez pas ?*

À DIRE

- C'est un des trois journaux que je lis régulièrement.
- Dans cette revue, la rubrique de... est toujours intéressante.
- J'y trouve souvent des informations intéressantes relatives à mon métier.
- Je profite toujours des moments d'attente pour m'informer.
- Je regardais si je trouvais votre publicité.
- Je viens de découvrir un article intéressant sur...
- Oui, j'ai beaucoup apprécié l'article sur...

C'est un journal que j'achète régulièrement. J'y trouve des articles très informatifs sur des sujets qui m'intéressent. Là, je lis une étude comparative sur...

N° 16

Puis-je avoir votre carte de visite ?

Ce que votre interlocuteur veut vraiment savoir :

- Avez-vous le sens des relations publiques ?
- Comment réagissez-vous face à une question surprenante ?
- Soignez-vous votre image ?

Les réponses possibles

(bonne réponse en bas ci-contre)*

- Je n'ai plus de papier approprié pour imprimer mes cartes sur mon imprimante.
- Je n'en ai plus, car je suis maintenant au chômage. Ça n'a pas de sens.
- Pourquoi ? Je ne pense pas que ce soit nécessaire. Vous avez mes coordonnées sur mon CV.
- Voici : elle n'est plus à jour, car je ne suis plus dans cette entreprise. Mais le numéro de téléphone portable est le bon !
- Avec plaisir ! Puis-je me permettre également de vous demander la vôtre ?

À NE PAS FAIRE

- *Avoir oublié d'en prendre avec soi !*
- *Devoir se justifier par rapport au titre, à la fonction choisie sur la carte.*
- *Posséder encore une carte de l'ancienne entreprise.*
- *Tendre une carte avec des coordonnées obsolètes.*

À FAIRE

- Donner votre carte actualisée.
- Proposer votre carte vocationnelle (sur laquelle figure votre spécialité).
- Tendre 2 cartes.
  Une pour le recruteur,
  l'autre qu'il fera circuler.

À NE PAS DIRE

- *J'ai oublié d'en prendre, mais mes coordonnées sont sur mon CV.*
- *Je suis confus, je n'y avais pas pensé (se noyer dans l'embarras).*
- *Je viens de donner la dernière.*
- *Non, je n'utilise jamais de carte de visite ; mais voici un post-it !*
- *Vous avez un stylo, svp ?*

À DIRE

- Je n'ai malheureusement plus de carte sur moi, toutefois, voici mes coordonnées. Je serai ravi de répondre à vos questions, à votre invitation à un prochain entretien.
- Je vous la donne de suite et vous la confirmerai par e-mail et/ou lettre.
- Voici ma carte, n'hésitez à me contacter pour de plus amples informations.
- Voici ma carte. À ce propos, comment va se dérouler la suite de la procédure de recrutement ?
- Volontiers, la voici.

Avec plaisir ! Puis-je me permettre également de vous demander la vôtre ?

N° 17

Que pensez-vous de notre bureau/site ?

CE QUE VOTRE INTERLOCUTEUR VEUT VRAIMENT SAVOIR :

- Aimeriez-vous travailler dans notre bureau ? Vous sentez-vous à l'aise ici ?
- Quels sont vos critères de choix ?
- Vous intéressez-vous à notre entreprise ? Vous attire-t-elle ?

LES RÉPONSES POSSIBLES

(bonne réponse en bas ci-contre)*

- Ce n'est pas la porte à côté ! J'habite à l'autre bout de la ville et il y a des travaux dans le tunnel qui ralentissent le trafic. Mais je suis content d'être là maintenant.
- J'ai été retenu au contrôle par la sécurité. Je pense qu'ils en font un peu trop.
- Tout le monde doit porter l'uniforme chez vous ?
- Votre site paraît très complexe. Néanmoins, je ne sais pas, je ne connais pas encore assez bien votre entreprise.
- C'est un site très vaste mais particulièrement bien structuré et convivial. Ça me ferait plaisir de travailler ici.

À NE PAS FAIRE

- *Annoncer que vous trouvez l'entreprise un peu éloignée.*
- *Dire que vous trouvez le site un peu complexe.*
- *Émettre une critique négative, même sur un détail.*
- *Faire des compliments exagérés.*
- *Indiquer que le matériel est un peu obsolète.*

À FAIRE

- Affirmer que c'est engageant, accueillant.
- Assurer que l'environnement correspond bien au style de l'entreprise.
- Démontrer de l'enthousiasme pour les locaux et le matériel.
- Faire comprendre au travers de votre réponse que vous avez déjà recueilli des informations sur l'entreprise.
- Indiquer que vous allez pouvoir vous intégrer facilement.
- Montrer que vous avez remarqué un détail précis et positif.
- En profiter pour demander s'il est possible d'avoir une visite guidée du site.

À NE PAS DIRE

- *J'espère pourvoir me sentir à l'aise ici. On verra bien.*
- *Je préfèrerais travailler dans un bureau fermé (si c'est un open space).*
- *La cafétéria est-elle à l'étage ?*
- *Les lieux sont-ils propres… ?*

À DIRE

- C'est le genre de lieu qui me plaît.
- Il est très bien structuré.
- J'aime le style de la décoration.
- On se sent à l'aise !
- Très agréable.

C'est un site très vaste mais particulièrement bien structuré et convivial.
Ça me ferait plaisir de travailler ici.

N° 18

Que pensez-vous de notre ville ?

Ce que votre interlocuteur veut vraiment savoir :

- Êtes-vous diplomate ?
- Êtes-vous vraiment mobile ou sédentaire ?
- Vous plaisez-vous ici ?

Les réponses possibles

(bonne réponse en bas ci-contre)*

- À vrai dire je ne la connais pas bien ; je ne m'y rends pratiquement jamais.
- Elle a les qualités et les défauts de toute ville.
- Cette ville est magnifique ; elle a tant de facettes et on y trouve tout. Je m'y plais beaucoup.
- Je ne vais pas vous le dire, sinon vous n'allez pas m'engager…
- Je préfère les grandes villes (si c'est une petite ville)… et vice versa.

À NE PAS FAIRE

- *Afficher une totale indifférence à la ville.*
- *Critiquer la ville, son stress, son manque de vie…*
- *Faire comprendre que vous préféreriez travailler dans une autre ville.*
- *Laisser entendre que vous venez travailler dans cette ville parce que vous n'avez pas eu le choix.*
- *Parler de manière euphorique et exagérée de cette magnifique ville…*
- *Vous montrer trop attaché à la ville.*

À FAIRE

- Associer la ville à un accomplissement professionnel.
- En profiter pour établir un contact privilégié avec le recruteur en lui demandant des conseils si vous arrivez dans une nouvelle ville.
- Expliquer que vous pouvez y faire ce que vous aimez.
- Faire une appréciation objective.
- Montrer que vous connaissez certaines particularités de la ville.
- Transmettre que vous êtes sensible à ses qualités et ses défauts.

À NE PAS DIRE

- *Elle me convient car elle a de très bonnes liaisons ferroviaires pour…*
- *F. Dürrenmatt qui habitait Neuchâtel et à qui l'on posait la question…*
- *Je ne la connais pas.*
- *Je ne la quitterais pour rien au monde !*
- *Je ne m'y plais pas trop.*
- *Je rêve de partir à l'étranger.*
- *Les gens sont un peu renfermés ; mais la ville me plaît.*

À DIRE

- Elle m'a tout de suite plu.
- J'aime cette ville, j'y ai mes attaches.
- J'apprécie l'accueil chaleureux.
- Je l'aime beaucoup et je découvre chaque semaine de nouvelles choses.
- Je m'y sens bien, on y trouve tout.
- Je me suis déjà renseigné sur les facilités de transport.

Cette ville est magnifique : elle a tant de facettes et on y trouve tout. Je m'y plais beaucoup.

N° 19

Que pensez-vous du temps qu'il fait ?

Ce que votre interlocuteur veut vraiment savoir :

- Allez-vous vous étaler sur un sujet qui ne nous intéresse pas, ou souhaitez-vous parler du poste ?
- Comment répondez-vous aux questions que vous n'attendez pas ?
- Est-ce que le temps influence votre façon de vivre ?

Les réponses possibles

(bonne réponse en bas ci-contre)*

- Il fait un temps de chien. Avec ce mauvais temps, je déprime.
- Le temps est une chose relative : au-dessus des nuages, il fait toujours beau !
- J'adore quand il fait beau, je passe toutes mes journées à vélo (ou à ski, à marcher…) C'est l'avantage d'être inscrit au chômage, on profite plus du beau temps que quand on travaille.
- Pour une fois qu'il fait beau, je suis coincé à l'intérieur en entretien ! J'aimerais être à la plage par un soleil pareil !
- Vous savez, les heures supplémentaires que je fais tous les jours m'empêchent de voir la lumière du jour.

À NE PAS FAIRE

- *Attacher trop d'importance à une telle question.*
- *Dénigrer les éléments de façon grossière.*
- *Dire que vous ne pensez rien de particulier.*
- *Faire une grimace.*
- *Hausser les épaules.*
- *Montrer que vous êtes oisif.*
- *Rester muet.*
- *Vous montrer particulièrement réactionnaire.*

À NE PAS DIRE

- *Au fait savez-vous que la Suisse est le seul pays au monde où il pleut autant ?*
- *De toute façon ici, il fait soit trop froid, soit trop chaud !*
- *Eh bien aujourd'hui je suis de bonne humeur : il fait beau !*
- *Il faut faire avec.*
- *J'ai failli être en retard à cause du temps.*
- *Je n'aime pas quand il fait trop chaud/trop froid.*
- *Quand on n'a pas d'emploi, le temps n'est pas une priorité !*

À FAIRE

- En profiter pour briser la glace avec le recruteur et établir le contact.
- Montrer que le temps n'est pas un élément qui vous influence.
- Ne pas vous laisser surprendre par cette question non professionnelle.
- Répondre de manière brève ; ne pas vous étaler sur cette question.
- Rester positif, quoi qu'il en soit.
- Voir s'il y a un lien entre la question et l'activité proposée. Répondre alors de manière ciblée (fabrique de parapluies, station de ski, etc.).
- Vous rattacher à un fait d'actualité (canicule, vague de froid).

À DIRE

- J'apprécie particulièrement les saisons bien marquées.
- Chaque temps apporte ses joies.
- Je suis à l'aise par n'importe quel temps, il suffit de s'adapter.
- On est obligé de prendre le temps comme il est. Autant apprécier la pluie quand elle tombe et le soleil quand il brille.
- Pour s'épanouir, la nature a besoin du changement de temps, nous aussi.

Le temps est une chose relative : au-dessus des nuages, il fait toujours beau !

N° 20

Quel est votre avis sur… ?

Ce que votre interlocuteur veut vraiment savoir :

- Comment donnez-vous votre avis ? Êtes-vous prudent ?
- Qui êtes-vous ? Que pensez-vous ?
- Suivez-vous l'actualité ?

Les réponses possibles

(bonne réponse en bas ci-contre)*

- Les informations que je possède sur ce sujet me font penser que… Mais peut-être que je ne dispose pas de tous les éléments.
- Ah, c'est une question piège ! Vous voulez que je vous dise que…
- C'est un véritable scandale. C'est le genre de truc qui me donne envie de faire la justice moi-même !
- Je ne sais pas. C'est le genre de sujet qui ne m'intéresse pas du tout ! Je pense néanmoins que… Mais de toute manière, mon avis n'y changera rien.
- Je préfère me taire car je ne me suis pas toujours fait des amis en disant mon point de vue.

À NE PAS FAIRE

- *Être catégorique.*
- *Faire une critique uniquement négative.*
- *Parler trop.*
- *Vous emporter/vous enflammer.*

À FAIRE

- Essayer de répondre succinctement, puis passer à une autre question.
- Être concis.
- Rester neutre

À NE PAS DIRE

- *Ce sujet me passionne et tous ceux qui pensent autrement n'ont rien compris.*
- *Je ne connais pas le sujet du tout.*
- *Je ne me sens pas trop concerné par cela.*
- *Je préfère ne pas donner mon opinion sur le sujet.*
- *Pourquoi me demandez-vous mon avis sur cela ?*

À DIRE

- C'est un sujet très controversé. Il est difficile d'avoir une position radicale.
- Il est difficile d'être objectif.
- J'essaye toujours d'envisager des éclairages différents.
- Je connais les arguments pour et contre, mais je n'ai pas encore vraiment tranché.
- L'institut « Untel » a fait une étude sur ce cas…

Les informations que je possède sur ce sujet me font penser que… Mais peut-être que je ne dispose pas de tous les éléments.

N° 21

Souhaiteriez-vous boire quelque chose ?

Ce que votre interlocuteur veut vraiment savoir :

- Avez-vous des compétences sociales ? Quel est votre sens de la convivialité ?
- Avez-vous soif ? (Il ne faut pas toujours chercher midi à quatorze heures…)
- Êtes-vous détendu ? À l'aise ?

Les réponses possibles

(bonne réponse en bas ci-contre)*

- Non merci, je suis sobre comme un chameau au travail, je ne bois jamais, ce n'est pas bon pour la santé.
- Non, ça me fait transpirer !
- Volontiers si vous prenez également quelque chose. Je viens de prendre un café, mais je vous accompagnerai avec plaisir.
- Oh oui certainement. Cela me permettra de vérifier si vos produits sont à la hauteur de votre publicité !
- Volontiers un soda avec des glaçons, une tranche de citron si possible. C'est comme ça que je l'aime !

À NE PAS FAIRE

- *Demander une boisson atypique.*
- *En profiter pour plaisanter.*
- *Oublier de remercier, quelle que soit la réponse.*
- *Répondre très négativement.*
- *Vous montrer indécis, embarrassé, ne pas savoir.*

À FAIRE

- Accepter si l'interlocuteur vous accompagne.
- Boire finalement ce que vous avez demandé.
- Demander une boisson courante.
- Montrer que vous êtes touché par l'accueil.
- Ne pas boire quand l'interlocuteur parle.
- Ne pas trembler quand vous prenez la tasse.
- Remercier.
- Remuer votre boisson discrètement.
- Répondre simplement à la question ; inutile de vous perdre dans des précisions inutiles.

À NE PAS DIRE

- *Je boirai quelque chose après l'entretien, Je préfère m'abstenir avant.*
- *Je désire une boisson alcoolisée.*
- *Je meurs de soif !*
- *Je suis dépendant du café… (ou de toute autre boisson).*
- *Le café est un excitant qui encrasse le sang !*
- *Retourner la question comme si l'on offrait nous-même une boisson.*
- *Seulement si vous avez du…*

À DIRE

- Avec plaisir !
- Est-ce que vous prenez vous-même quelque chose ?
- Non, merci.
- Oui ! Volontiers !
- Volontiers, si je vous accompagne.

Volontiers si vous prenez également quelque chose. Je viens de prendre un café, mais je vous accompagnerai avec plaisir.

Compétences/
Maîtrises

N° 22

Aimez-vous les responsabilités ? Quelles ont été vos plus grandes responsabilités (budget, hommes...) ?

CE QUE VOTRE INTERLOCUTEUR VEUT VRAIMENT SAVOIR :

- Avez-vous réellement été responsable de projets/personnes/budgets/matériels ?
- Êtes-vous un meneur/leader ?
- Pouvez-vous prendre des décisions difficiles ?

LES RÉPONSES POSSIBLES

(bonne réponse en bas ci-contre)*

- J'ai toujours réussi dans ma profession. Ne vous faites pas de souci. Avec moi, ça marche. Je sais m'imposer.
- J'avais un employeur qui gérait très bien son entreprise tout seul…
- Je suis quelqu'un de très responsable, croyez-moi !
- Les grandes responsabilités, apportent souvent de grands soucis, donc je suis parfois tiraillé…
- J'ai commencé au bas de l'échelle et en 3 ans j'ai été nommé responsable d'une équipe de 10 personnes avec un budget de…

À NE PAS FAIRE

- *Donner l'impression que vous n'avez jamais eu de responsabilités ou êtes incapable d'en assumer.*
- *Être vague, tourner autour du pot.*
- *Exagérer.*
- *Montrer des signes de nervosité, soupirer ou rire nerveusement.*
- *Passer vos mains dans les cheveux.*
- *Regarder le plafond ou vos mains.*
- *Rester longtemps silencieux ou fixer du regard le recruteur.*

À FAIRE

- Citer les responsabilités de plus en plus importantes qui vous ont été confiées.
- Décrire brièvement votre parcours professionnel.
- Décrisper votre visage en souriant.
- Montrer votre assurance par des silences (avant de répondre).
- Prouver votre motivation par des questions précises.

À NE PAS DIRE

- *Je n'ai jamais vraiment eu de grandes responsabilités.*
- *Je pense que je suis une personne responsable car je... je... je...*
- *Je suis capable de tout faire, mettez-moi à l'épreuve.*
- *Oh ! Je ne sais pas trop quoi vous dire !*

À DIRE

- En tant que responsable des ventes, j'ai diminué de 15 % les frais de stockage en utilisant...
- J'ai eu 3 enfants qui ont tous réussi leur examen d'apprentissage et d'entrée à l'université.
- Transmettre les pièces comptables le 28 de chaque mois était une priorité dont j'étais le garant.

J'ai commencé au bas de l'échelle et en 3 ans j'ai été nommé responsable d'une équipe de 10 personnes avec un budget de...

N° 23

Dans quelle mesure votre dernier emploi/emploi actuel vous a préparé à prendre de plus grandes responsabilités ?

Ce que votre interlocuteur veut vraiment savoir :

- Aimez-vous les risques et/ou savez-vous en prendre ? Pensez-vous être prêt à prendre des responsabilités ?
- Êtes-vous prêt à rebondir ?
- Quel est votre niveau d'ambition ?

Les réponses possibles

(bonne réponse ci-dessous)*

- J'ai toujours voulu de plus grandes responsabilités. Je m'adapterai à la nouvelle situation.
- Dans mon dernier emploi, j'ai développé mon autonomie, ma faculté à gérer des priorités et ma capacité à prendre des décisions.
- J'étais sous-utilisé. J'ai, par conséquent, décidé de changer d'emploi pour prendre de plus grandes responsabilités !
- Je cherche un travail avec de belles responsabilités, car je trouve que j'ai - trop souvent - eu des postes d'exécutant.
- Je ne souhaite pas un emploi avec plus de responsabilités, je ne me sens pas encore prêt.

À NE PAS FAIRE

- *Chercher dans votre CV quelles responsabilités vous avez tenues et les citer.*
- *Déplorer que l'on ne vous ait pas fait suffisamment confiance.*
- *Montrer votre crainte de ne pas être à la hauteur.*

À FAIRE

- Décrire comment vous avez assumé les risques inhérents à une diversification de produits.
- Donner un exemple concret et positif d'une responsabilité que vous avez su gérer.
- Montrer votre progression professionnelle.

À NE PAS DIRE

- *J'ai démissionné parce que je n'avais pas de grandes responsabilités.*
- *Je n'ai jamais eu de responsabilités auparavant, j'étais subalterne et non chef.*
- *Je n'aime pas prendre des risques.*
- *Je refuse les responsabilités, ça m'a toujours procuré des ennuis.*

À DIRE

- J'ai débuté dans la société comme responsable d'équipe et j'ai eu 2 promotions en 4 ans.
- J'étais responsable du contrôle des factures et gestion du budget ; grâce aux résultats obtenus, j'ai été promu chef du département.
- Je m'occupais des ouvertures et fermetures journalières de 2 magasins et de la formation des 4 apprentis qui ont tous réussi.
- On m'a confié après 1 an la réorganisation du parc informatique de plus de 500 postes.

Dans mon dernier emploi, j'ai développé mon autonomie, ma faculté à gérer des priorités et ma capacité à prendre des décisions.

N° 24

Dans quelle situation avez-vous utilisé... (telle compétence) ?

Ce que votre interlocuteur veut vraiment savoir :

- Aimez-vous et avez-vous utilisé cette compétence ?
- Dans votre dernier emploi, vos tâches demandaient-elles cette compétence ?
- Quel niveau de maîtrise possédez-vous ?

Les réponses possibles

(bonne réponse en bas ci-contre)*

- Je ne l'ai pas réellement utilisée professionnellement.
- Je peux dire que j'ai plutôt une approche théorique de cette compétence.
- Rarement car on contrôlait tout ce que je faisais.
- C'est une compétence que j'utilise autant professionnellement qu'extra-professionnellement.
- Vous pouvez contacter Mme/Mr… (référence) qui pourra mieux vous en parler que moi.

À NE PAS FAIRE

- *Citer une tâche approximative.*
- *Donner d'amples détails pouvant être mal interprétés.*
- *Énumérer superficiellement plusieurs situations.*
- *Être incapable de citer un exemple.*
- *Immédiatement mentionner des noms de personnes pouvant vous créditer.*
- *Indiquer un exemple trop ancien.*
- *Mentionner une situation extra-professionnelle.*
- *Omettre de développer.*

À FAIRE

- Coller aux besoins de l'entreprise.
- Mettre en avant vos activités professionnelles par le biais de réalisations.
- Montrer le positif de la situation actuelle et vos résultats.
- Préparer un portfolio.

À NE PAS DIRE

- *C'est une compétence qui n'est pas la plus développée chez moi.*
- *Cette compétence peut aisément être remplacée par d'autres.*
- *Je n'utilise pas souvent cette compétence que je délègue si je me retrouve confronté à des situations la requérant.*
- *Je ne me souviens plus. Cela fait tellement longtemps !*
- *Je ne suis pas sûr de moi lorsque je dois appliquer cette compétence.*
- *Professionnellement, je n'ai jamais dû utiliser cette compétence.*
- *Vous pouvez contacter ma référence qui pourra mieux vous en parler que moi.*

À DIRE

- Cette compétence est l'un de mes points forts.
- J'ai un réel attrait pour cette compétence et serai ravi de pouvoir la développer encore plus.
- J'utilise régulièrement cette compétence. Pouvez-vous me dire si je devrai l'appliquer chez vous ?
- Je suis content que vous me posiez cette question car je l'ai développée lors d'un entretien récent.
- Le cahier des charges du poste que vous me proposez requiert cette compétence que j'ai appliquée hebdomadairement avec mon supérieur, M. X.

C'est une compétence que j'utilise autant professionnellement qu'extra-professionnellement.

N° 25

Décrivez-moi une situation où votre travail a été critiqué.

Ce que votre interlocuteur veut vraiment savoir :

- Acceptez-vous les critiques ?
- Êtes-vous facilement déstabilisé ?
- Savez-vous tirer parti des critiques ?

Les réponses possibles

(bonne réponse en bas ci-contre)*

- Ça m'est souvent arrivé. Non pas parce qu'il était foncièrement mauvais, mais chez XYZ c'était un véritable « sport national ».
- Ce serait trop long à vous raconter !
- Je n'ai jamais été critiqué dans mon travail. Si on le faisait, ça irait mal !
- On n'ose pas critiquer mon travail ! Je suis un bon élément.
- Dans un travail de groupe, il est arrivé qu'on critique certaines de mes idées. Mais se remettre en question fait toujours du bien.

À NE PAS FAIRE

- *Dramatiser les choses.*
- *Expliquer en entrant trop dans les détails.*
- *Vous énerver, devenir impoli ou rigide.*
- *Vous défiler et esquiver la question.*

À FAIRE

- Décrire la situation en la remettant dans le contexte.
- Insister sur les résultats finaux atteints.
- Tirer une leçon de cette critique.

À NE PAS DIRE

- *Je n'ai jamais rien fait de faux.*
- *Je ne me souviens pas.*
- *Oui mais ça s'est fini en justice et j'ai gagné !*
- *Oui, de nombreuses fois.*

À DIRE

- Il y a eu des points à revoir. L'employeur me les a communiqués et je me suis amélioré.
- Le travail en équipe est forcément critiqué, mais il aboutit grâce à l'écoute qui permet son amélioration.
- Lorsque j'ai… certaines remarques étaient justifiées. J'ai corrigé les choses et nous avons réalisé le projet dans les temps.

Dans un travail de groupe, il est arrivé qu'on critique certaines de mes idées. Mais se remettre en question fait toujours du bien.

N° 26

Décrivez-moi une situation où vous n'avez pas pu atteindre votre objectif.

Ce que votre interlocuteur veut vraiment savoir :

- Comment gérez-vous les situations d'échec ?
- Êtes-vous capable de reconnaître vos limites ?
- Êtes-vous persévérant ?

Les réponses possibles

(bonne réponse en bas ci-contre)*

- Nous avons vécu une situation délicate/difficile… Avec la bonne volonté et l'implication de chacun nous avons surmonté les difficultés et atteint les objectifs fixés.
- Je n'ai pas eu le soutien de mes collaborateurs qui faisaient bande à part, car je suis une personne exigeante et efficace.
- Quand on m'a demandé d'exécuter des tâches qui ne faisaient pas partie de mon cahier des charges.
- Un jour, à cause d'une mauvaise communication de l'équipe due à 2 anciens collègues,…
- Une fois pour non-respect des délais de livraison de matériel à cause d'une soirée bien arrosée la veille. C'est le genre de chose qui marque et qu'on n'a pas envie de refaire.

À NE PAS FAIRE

- *Décrire un échec grave qui pourrait faire peur au recruteur.*
- *Démontrer que si vous n'atteignez pas vos objectifs, c'est avant tout par la faute des autres.*
- *Minimiser l'échec.*
- *Vous laisser désarçonner.*

À FAIRE

- Choisir de parler d'une situation très ancienne.
- Citer une expérience où l'objectif n'a pu être atteint, mais où vos compétences n'étaient pas à remettre en question.
- Expliquer comment vous êtes parvenu à surmonter l'échec.
- Garder une attitude positive.
- Mettre l'accent sur ce que vous avez retiré de positif de cette situation.
- Parler d'une situation sans gravité.
- Positiver l'échec en faisant ressortir des compétences acquises grâce à cette situation.

À NE PAS DIRE

- *Ce n'était pas de ma faute. C'était à cause de…*
- *J'ai laissé tomber.*
- *Je n'ai jamais échoué dans mes objectifs.*

À DIRE

- C'est arrivé 2 fois : la première…
- Quand j'ai vu qu'il était trop risqué de poursuivre, j'ai réduit l'objectif.
- Si l'objectif me semble impossible à atteindre, je demande alors de travailler à plusieurs.

Nous avons vécu une situation délicate/difficile... Avec la bonne volonté et l'implication de chacun nous avons surmonté les difficultés et atteint les objectifs fixés.

N° 27

Donnez-moi un exemple de situation où vous avez dû faire preuve de...

Ce que votre interlocuteur veut vraiment savoir :

- Citez-moi des réalisations correspondant à votre personnalité.
- Pensez-vous être la personne de la situation ?
- Savez-vous analyser vos réalisations passées ?

Les réponses possibles

(bonne réponse en bas ci-contre)*

- Il y a 15 ans, alors que…
- Je n'ai pas d'exemple à vous citer. Moi j'ai une spécialité dans…
- Je ne pense pas posséder cette qualité.
- Lors de mon précédent poste, j'ai été amené à… (citer un exemple d'une réalisation passée en phase avec la qualité requise).
- Je pense posséder ce que vous recherchez. Je vous propose que nous regardions mon curriculum vitæ tous les deux.

À NE PAS FAIRE

- *Donner un exemple flou ou qui n'est pas en rapport avec la qualité recherchée.*
- *Être trop démonstratif et expliquer en détail un cas de conflit.*
- *Laisser parler son ego, se mettre trop en avant.*
- *Parler de généralités sans valeur.*

À FAIRE

- Citer une réalisation professionnelle précise.
- Rechercher la meilleure preuve qui corresponde à l'entreprise.
- Utiliser en exemple une ou deux compétences valorisantes.

À NE PAS DIRE

- *Je n'ai pas d'exemple à vous citer.*
- *Je ne pense pas avoir eu la possibilité d'employer ce talent.*
- *Je ne vois pas ce que vous voulez dire.*
- *Je ne vois pas en quoi ce talent est important pour le poste à repourvoir.*
- *Je travaillais toujours seul basé sur les ordres de notre patron.*
- *Malheureusement, je suis un exécutant pas un créatif.*

À DIRE

- Avec plaisir, en tant que responsable j'ai formé une équipe de 9 personnes.
- Dans le secteur de votre entreprise, j'ai…
- J'ai dû faire appel à cette qualité lors de mon dernier poste, lorsque…
- À de nombreuses reprises, cette qualité a été requise dans mon travail, notamment…
- Préférez-vous un exemple au niveau professionnel ou extra-professionnel ?

Lors de mon précédent poste, j'ai été amené à… (citer un exemple d'une réalisation passée en phase avec la qualité requise).

N° 28

Parlez-moi d'une responsabilité (dans votre emploi actuel/dernier emploi) que vous aimeriez vraiment assumer de nouveau.

CE QUE VOTRE INTERLOCUTEUR VEUT VRAIMENT SAVOIR :

- Avez-vous eu des responsabilités ?
- Comment avez-vous mené à bien vos tâches ?
- Êtes-vous vraiment motivé pour ce poste ?

LES RÉPONSES POSSIBLES

(bonne réponse en bas ci-contre)*

- C'est une question un peu indiscrète.
- J'aimerais continuer à faire ce que j'ai toujours fait.
- J'en ai eu beaucoup. Et j'aurais du mal à choisir. Mes jobs étaient tous différents et les responsabilités qui m'étaient confiées étaient inégales.
- Je n'ai jamais eu de vraies responsabilités.
- Lors de mon dernier emploi, j'occupais aussi la fonction de médiateur, j'aimerais pouvoir le faire pour vous.

À NE PAS FAIRE

- *Inventer une réponse.*
- *Ne pas trouver d'exemple.*
- *Parler trop longtemps.*
- *Réfléchir trop longuement avant de répondre.*

À FAIRE

- Décrire brièvement une situation vécue prouvant que vous avez le bon profil.
- Expliquer que vous avez du plaisir à assumer des responsabilités.
- Parler avec enthousiasme.
- Vous décrire comme quelqu'un appréciant les responsabilités.

À NE PAS DIRE

- *J'avais trop de responsabilités.*
- *Je cherche un poste avec peu de responsabilités.*
- *Je ne cours pas après les responsabilités.*
- *Voici mes 3 points faibles : …*

À DIRE

- J'ai beaucoup apprécié les défis, tels que…
- J'assumais avec succès la responsabilité de…
- Je mets toujours un point d'honneur à assumer mes responsabilités.
- Une de mes responsabilités actuelles/passées que j'aimerais assumer chez vous est…

Lors de mon dernier emploi, j'occupais aussi la fonction de médiateur, j'aimerais pouvoir le faire pour vous.

N° 29

Parlez-vous des langues étrangères ? Quel est votre niveau ? Avez-vous vécu dans les pays dont vous parlez les langues ? Quels journaux étrangers lisez-vous ?

Ce que votre interlocuteur veut vraiment savoir :

- Avez-vous été en contact avec d'autres cultures, d'autres environnements humains que le nôtre ?
- Êtes-vous capable de comprendre les courriers, rapports, directives venant de notre maison mère à l'étranger ?
- Pourrai-je vous envoyer en mission à l'étranger ? Pourrai-je vous mettre en contact avec nos clients étrangers ?

Les réponses possibles

(bonne réponse en bas ci-contre)*

- J'ai appris l'allemand et l'anglais à l'école, mais j'ai peu eu l'occasion de les utiliser.
- J'ai vécu dans divers pays et je maîtrise plusieurs langues.
- Je maîtrise très bien le… et le… et j'ai débuté le… J'aime perfectionner mes langues étrangères.
- Les langues ce n'est pas mon fort, mais s'il faut les apprendre je le ferai.
- Oui, je suis polyglotte et de très bon niveau.

À NE PAS FAIRE

- *Bluffer sur votre niveau.*
- *Ne mettre en avant qu'un diplôme pour preuve de votre niveau.*
- *Ne pas préciser votre disposition à vous perfectionner si nécessaire.*
- *Vous limiter à évaluer votre niveau de connaissance par « Lu, parlé, écrit » ou « Connaissances scolaires : bon niveau, excellent niveau ».*

À FAIRE

- Demander quelle sera l'utilité de cette langue dans le poste en question.
- Donner un exemple du type et du contexte d'utilisation de la langue.
- Mentionner votre disponibilité à vous perfectionner en suivant des cours, si nécessaire.
- Répondre à la question posée dans la langue dont il est question.

À NE PAS DIRE

- *Aucun problème ! Je parle 3 langues.*
- *Il y a 10 ans, j'ai décroché un diplôme de...*
- *J'ai beaucoup voyagé à l'étranger.*
- *Je comprends le... mais ne le parle pas.*
- *Je comprends une conversation courante.*
- *Je me débrouille assez bien.*

À DIRE

- J'ai formé des collaborateurs dans cette langue.
- J'ai suivi une formation supérieure.
- J'ai traduit en... et en... toutes les procédures de notre société.
- J'ai travaillé dans cette langue.
- J'ai vécu au... et travaillé dans ce pays où il fallait traiter des contrats avec 3 nationalités.
- Je suis allé me former dans le pays.
- Je travaille depuis 6 ans avec des clients de 4 nationalités différentes : ...
- Mon conjoint est de nationalité... et nous parlons indifféremment le... et le...

Je maîtrise très bien le... et le... et j'ai débuté le... J'aime perfectionner mes langues étrangères

N° 30

Pourquoi et comment pensez-vous contribuer positivement au développement de notre société ?

Ce que votre interlocuteur veut vraiment savoir :

- Quels efforts avez-vous faits pour découvrir et comprendre nos besoins ?
- Quels sont vos talents, compétences, connaissances ?
- Quels sont, selon vous, les besoins de notre organisation ?

Les réponses possibles

(bonne réponse en bas ci-contre)*

- Avec les nombreuses années d'expérience que j'ai accumulées auprès d'une multitude d'entreprises, je sais faire énormément de choses qui me rendent polyvalent et dynamique.
- Parce que j'en ai les compétences et le savoir-faire.
- Je ne sais pas, je ne me suis pas posé la question. Il me semble que vous êtes mieux placé que moi pour me dire en quoi je peux vous être utile. Vous avez mon CV sous les yeux.
- Je sais diriger et le personnel me respecte.
- Je suis le meilleur dans mon domaine !

À NE PAS FAIRE

- *Dévaluer l'organisation que vous approchez avec des solutions trop simples/évidentes.*
- *Mésestimer la société avec laquelle vous négociez.*
- *Vous surévaluer en termes de compétences.*

À FAIRE

- Montrer votre connaissance du poste/de l'entreprise/du secteur.
- Nommer vos savoir-être spécifiques et amorcer 2 ou 3 objectifs possibles.
- Prouver par de brefs exemples votre motivation/détermination/intérêt.
- Rester offreur et non demandeur.
- Vous concentrer sur le « mariage » entre leurs besoins et vos contributions.

À NE PAS DIRE

- *Grâce à ma polyvalence… (polyvalence ne signifie rien de concret).*
- *Je ne vais pas pouvoir vous apporter grand-chose, compte tenu du fait que je viens seulement de terminer mes études. Ce dont j'ai vraiment besoin à l'heure actuelle, c'est d'une première expérience avec une formation à l'appui.*
- *Vos objectifs seront les miens. (Je ne prends pas d'initiative).*
- *Vous êtes l'employeur et c'est vous qui distribuez le travail.*
- *Vu la situation dans laquelle vous vous trouvez depuis plus d'un an, je pense que mon savoir et les connaissances que j'ai du marché vous aideront à vous tirer d'un mauvais pas.*

À DIRE

- J'ai constitué un dossier complet sur la zone géographique dans laquelle vous souhaitez étendre vos services.
- Selon votre plan de développement, je peux vous apporter…
- Votre savoir-faire est… et le mien est… donc…
- Vous m'avez indiqué que vous allez développer un nouveau produit, et il se trouve que j'ai développé l'année dernière le produit phare de la compagnie XYZ.

Parce que j'en ai les compétences et j'ai du savoir-faire.

N° 31

Que m'apportez-vous de plus qu'un autre candidat ?

Ce que votre interlocuteur veut vraiment savoir :

- Avez-vous compris quels sont les critères prioritaires du poste ?
- Avez-vous une valeur « ajoutée » à m'offrir qui m'aurait échappé ?
- Êtes-vous vraiment déterminé ou flirtez-vous avec différents employeurs ?

Les réponses possibles

(bonne réponse en bas ci-contre)*

- Étant donné que je ne connais pas les autres candidats, il m'est difficile de vous répondre.
- Mon profil correspond exactement à mes critères de sélection.
- Vous avez mon curriculum vitæ. Vous m'avez reçu deux fois. Je vous ai tout dit sur moi. Je pense que vous connaissez parfaitement la réponse !
- J'ai le profil requis pour ce poste et je souhaite vraiment travailler pour vous. Vous pouvez compter sur mon enthousiasme et ma détermination.
- En plus de coller au profil, j'ai acquis une compétence supplémentaire qui sera utile à votre organisation.

À NE PAS FAIRE

- *Être incapable d'annoncer un point fort particulièrement utile pour le poste et qui vous est propre.*
- *Mentionner qu'il ne vous est pas possible de répondre à la question puisque vous ne connaissez pas les autres candidats.*
- *Vous comparer avec d'autres candidats que vous connaissez.*

À FAIRE

- Développer un point fort sous forme de « plus-value ».
- Profiter de cette question pour amener ou préciser un point fort que vous apportez à l'entreprise (réalisation à l'appui).
- Puiser éventuellement dans vos activités extra-professionnelles, ou dans votre histoire de vie, pour rendre votre candidature plus personnalisée.

À NE PAS DIRE

- *Je ne connais pas les autres candidats.*
- *Je ne sais pas. Que recherchez-vous de plus ?*
- *Je suis le meilleur, avec moi vous n'aurez aucun problème.*
- *Je vous apporte des compétences supplémentaires hors profil mais utiles.*

À DIRE

- En plus des compétences, mon caractère positif et mes qualités relationnelles.
- Je possède tous les critères que vous recherchez.
- Mes expériences passées réussies.

J'ai le profil requis pour ce poste et je souhaite vraiment travailler pour vous. Vous pouvez compter sur mon enthousiasme et ma détermination.

N° 32

Quel a été le résultat de votre dernière évaluation ?

Ce que votre interlocuteur veut vraiment savoir :

- Connaissez-vous votre valeur ?
- Quel est votre niveau de qualification ?
- Savez-vous vous remettre en question ?

Les réponses possibles

(bonne réponse en bas ci-contre)*

- C'est confidentiel.
- Très bonne ! Mon point fort était notamment : …
- Je ne sais plus.
- Pardon ? ! De quoi parlez-vous ?
- Relationnel bon, rendement moyen. Mais la personne qui me jugeait…

À NE PAS FAIRE

- *Trop argumenter.*
- *Vous focaliser sur vos points faibles.*
- *Vous justifier.*
- *Vous perdre dans les détails.*
- *Vous vanter.*

À FAIRE

- Adopter un profil bas.
- Décrire votre contribution à votre employeur.
- Dire comment vous étiez perçu par votre dernier employeur.
- Être concis.
- Présenter des faits, des chiffres.
- Souligner vos points forts.

À NE PAS DIRE

- *De toute façon, ces évaluations ne veulent rien dire ; ça ne sert qu'à justifier un salaire.*
- *Je n'ai jamais eu d'évaluation.*
- *Je n'ai que des échecs.*
- *Je n'en ai pas.*
- *Je suis tenu au secret professionnel.*

À DIRE

- Bonne, voici entre autres un point positif : …
- Bonne. Ce fut de plus l'occasion de recevoir des feed-backs constructifs.
- Bonne. J'ai atteint tous mes objectifs. De plus ce fut un très bon échange avec mon supérieur.
- Bonne. J'ai réussi à atteindre tous les objectifs fixés.
- Bonne. Voici les 3 résultats atteints : …

Très bonne ! Mon point fort était notamment : …

N° 33

Quelles sont, parmi vos aptitudes et expériences, celles qui vous permettent de penser que vous réussirez dans ce poste ?

CE QUE VOTRE INTERLOCUTEUR VEUT VRAIMENT SAVOIR :

- Connaissez-vous bien le contenu du poste (tâches, critères de performance…) ?
- Êtes-vous le candidat que je dois choisir ?
- Vous connaissez-vous ? Savez-vous qui vous êtes ?

LES RÉPONSES POSSIBLES

(bonne réponse en bas ci-contre)*

- C'est à vous de me le dire. Nous avons passé plus de 40 minutes ensemble. Je suis sûr que vous vous êtes fait votre opinion.
- Je ne sais vraiment pas. On n'est jamais certain du futur.
- Je ne suis pas sûr de réussir, mais je vais essayer. Vous pouvez compter sur moi j'ai de la bonne volonté.
- Si vous m'engagez, vous les verrez.
- Dans un poste très semblable j'ai toujours atteint les objectifs fixés par ma direction.

À NE PAS FAIRE

– *Être trop spécifique si vous ne connaissez pas exactement les exigences du poste.*
– *Ignorer les tâches critiques de la fonction.*
– *Mentionner des caractéristiques ou événements qui n'ont rien à voir ou ne sont pas pertinents.*

À NE PAS DIRE

– *Je n'aime pas me vanter.*
– *Je ne peux pas vous le dire à l'avance.*
– *Qu'est-ce que je dois réussir ?*

À FAIRE

– Citer des talents et des expériences en rapport avec les exigences du poste.
– Mettre en avant des expériences réussies, similaires aux demandes du poste.
– Montrer que vous avez rassemblé un maximum d'informations avant l'entretien sur : le poste, le recruteur, la société et le secteur.

À DIRE

– Je connais bien les tâches à exécuter. En tant que responsable de…, j'ai réussi…
– La formation que je viens de terminer me donne les outils nécessaires et me permet de relever ce défi avec sérénité.
– Mon expérience dans un poste similaire chez… et mon aptitude à…

Dans un poste très semblable j'ai toujours atteint les objectifs fixés par ma direction.

N° 34

Vous avez reçu une évaluation moyenne dans votre dernier job. Pouvez-vous m'expliquer ?

Ce que votre interlocuteur veut vraiment savoir :

- Assumez-vous vos faiblesses ?
- Quelles difficultés avez-vous rencontrées ?
- Vous impliquez-vous vraiment dans votre travail ?

Les réponses possibles

(bonne réponse en bas ci-contre))*

- Ça, j'aimerais bien le savoir ! Mon boss ne me l'a pas expliqué. Pourtant j'ai toujours réussi ce que j'ai entrepris. Je pense qu'il y avait de la jalousie dans l'air.
- Mon employeur était trop sévère !
- Mon supérieur et moi avions quelques divergences de points de vue.
- J'ai eu un problème familial difficile qui a diminué mon rendement. La situation est maintenant parfaitement rétablie et sous contrôle.
- Vous en savez certainement plus que moi !

À NE PAS FAIRE

- *Critiquer votre ancien employeur.*
- *Être de mauvaise foi.*
- *Vous justifier.*

À FAIRE

- Être précis sur les circonstances de l'évaluation.
- Parler des points forts du dernier emploi, compétences, qualités…
- Tourner l'expérience en positif (échec + enseignement = expérience).

À NE PAS DIRE

- *J'étais souvent malade.*
- *Je n'étais pas très intéressé par ce poste.*
- *Je ne m'entendais pas bien avec mon chef.*
- *Je préfère ne pas en parler.*
- *Oui, j'étais mauvais.*

À DIRE

- J'ai eu un petit passage à vide après un décès dans ma famille. Maintenant ça va !
- Nous avons vécu une diminution de personnel et avons dû travailler souvent sous tension.
- Que voulez-vous exactement savoir ?

J'ai eu un problème familial difficile qui a diminué mon rendement. La situation est maintenant parfaitement rétablie et sous contrôle.

Difficultés
(Gestion des)

N° 35

Comment feriez-vous pour prendre une décision non couverte par notre livre de procédures ?

Ce que votre interlocuteur veut vraiment savoir :

- Acceptez-vous la hiérarchie ?
- Respectez-vous les procédures ?
- Savez-vous prendre des initiatives ?

Les réponses possibles

(bonne réponse en bas ci-contre)*

- Je soumets un projet à mon supérieur hiérarchique pour créer une nouvelle procédure.
- Je décide et j'agis.
- Je réfléchis longuement et si je suis inspiré, je prends une initiative.
- Je suis mon instinct. Il me trompe rarement.
- Si cela n'est pas dans mon cahier des charges, je ne le fais pas. C'est un bon principe de base. Sinon on ne sait plus où l'on va.

À NE PAS FAIRE

- *Cacher le problème.*
- *Déborder des responsabilités définies.*
- *Déléguer la décision à un tiers.*
- *Dire que vous faites très souvent ce genre de chose.*
- *Mettre la hiérarchie devant le fait accompli.*
- *Montrer que cela n'est pas un problème pour vous.*

À FAIRE

- Compléter l'information.
- Étudier les risques.
- Éviter de prendre position sur les questions hiérarchiques.
- Poser des questions, vérifier.
- Prendre le temps de joindre votre supérieur hiérarchique direct.
- Présenter une alternative possible.
- Proposer des solutions à votre supérieur.
- Signaler le problème.

À NE PAS DIRE

- *Il faut évoluer au gré des opportunités.*
- *Il ne faut pas s'enfermer dans des procédures.*
- *J'aime improviser.*
- *J'aime prendre des initiatives.*
- *Je dois garder mon libre arbitre professionnel et ma créativité.*
- *Je ne vois pas pourquoi je n'aurais pas un pouvoir décisionnel.*
- *Je trouve qu'il ne faut pas avoir un esprit trop fonctionnaire.*
- *La liberté d'expression est un droit fondamental.*

À DIRE

- Il m'arrive de le faire après concertation avec mes collègues et supérieurs.
- J'en référerais à mon supérieur.
- J'essaierais de temporiser et de faire valider mes propositions.
- Je comprends la nécessité d'un code de procédure et je fais des propositions pour le faire évoluer.
- Je prendrais le risque en informant les personnes concernées.
- Je proposerais d'intégrer ce point dans notre livre de procédures.
- Je souhaiterais avoir une concertation avec mes collègues et supérieurs.

Je soumets un projet à mon supérieur hiérarchique pour créer une nouvelle procédure.

N° 36

Dans quelles circonstances avez-vous dû prendre une décision très difficile/pénible ?

Ce que votre interlocuteur veut vraiment savoir :

- Comment gérez-vous les tâches pénibles ?
- Comment réagissez-vous en période de stress ?
- Qu'avez-vous fait de plus pénible dans votre emploi ?

Les réponses possibles

(bonne réponse en bas ci-contre)*

- Cette question est un peu trop personnelle ! Je préférerais ne pas y répondre sauf si vous y tenez absolument.
- Chaque fois que mon chef s'absentait. C'est-à-dire très souvent… quand il y avait des problèmes.
- Il y a 15 ans ! J'ai dû…
- Lorsque j'ai dû congédier un collègue et néanmoins ami. Je l'ai fait, puis je l'ai aidé à se réinsérer avec succès.
- J'ai du mal à me le rappeler. Ce sont des choses que je chasse vite de ma mémoire.

À NE PAS FAIRE

- *Divulguer des affaires privées.*
- *Parler de votre passé dans les détails.*
- *Vous faire passer pour une victime.*
- *Vous plaindre de vos collègues*

À FAIRE

- Demander des précisions sur la question.
- Expliquer la gestion de cette décision, avec un but précis.
- Répondre toujours par quelque chose en rapport avec le travail, donner des exemples positifs.
- Vous valoriser en disant comment cette décision vous a permis de grandir.

À NE PAS DIRE

- *Je n'arrive pas à prendre des décisions difficiles.*
- *Je ne prenais aucune initiative.*
- *Non, je laissais les décisions à la direction générale.*
- *Quand j'ai quitté mon job…*

À DIRE

- Au moment de ma mutation j'ai dû, en l'espace d'une heure, décider qui avait les compétences pour me remplacer.
- J'ai toujours réussi à prendre des décisions difficiles après une bonne réflexion.
- Parfois la vie nous réserve des surprises ! Pour ne pas me retrouver dans une impasse, je fais face.

Lorsque j'ai dû congédier un collègue et néanmoins ami. Je l'ai fait, puis je l'ai aidé à se réinsérer avec succès.

N° 37

Décrivez-moi des situations où vous avez dû travailler sous pression/contre la montre.

Ce que votre interlocuteur veut vraiment savoir :

- Comment travaillez-vous sous stress ?
- Demandez-vous de l'aide en cas de besoin ?
- Savez-vous déléguer ?

Les réponses possibles

(bonne réponse en bas ci-contre)*

- J'ai de la peine à supporter le stress car je commets vite des erreurs. D'ailleurs une année, ça a été tellement loin que j'ai fait une dépression.
- J'aime bien faire une chose après l'autre.
- Je n'ai jamais vécu de telles situations.
- Lorsque j'ai beaucoup de travail, je demande de l'aide. Comme ça, cela se passe toujours bien.
- Je fixe des priorités tout en organisant mon cadre extra-professionnel pour avoir plus de temps le soir ou le week-end afin de finir ce qui m'est demandé.

À NE PAS FAIRE

- *Avouer que vous ne savez pas déléguer.*
- *Dire que vous n'auriez pas demandé de l'aide.*
- *Montrer que vous devenez agressif en période de stress.*
- *Révéler que vous avez quitté votre travail à cause du stress.*

À FAIRE

- Démontrer que des périodes de stress existent dans chaque entreprise et que vous savez y faire face.
- Expliquer comment vous déléguez.
- Montrer que le stress n'est pas quelque chose qui vous angoisse, mais qui vous stimule plutôt.
- Préciser que dans une situation de stress vous cherchez des solutions pour le diminuer.
- Prouver que vous savez fixer des priorités.

À NE PAS DIRE

- *J'ai besoin de temps pour bien faire mon travail.*
- *Je suis totalement insensible au stress.*
- *Je tombe souvent malade en période de stress.*
- *Le stress ? Je ne connais pas !*
- *Sous stress, je bâcle mon travail.*
- *Tout stress un peu intense me fait perdre mes moyens.*

À DIRE

- J'ai appris à déléguer et à faire confiance à mon équipe.
- J'ai l'habitude de fixer des priorités et de gérer le stress.
- Je trouve plutôt stimulant d'avoir un peu de stress.
- Le stress stimule ma créativité.
- Tout dépend de la raison pour laquelle existe une pression : est-ce un manque d'organisation passager ou une habitude chronique ?

Je fixe des priorités tout en organisant mon cadre extra-professionnel pour avoir plus de temps le soir ou le week-end afin de finir ce qui m'est demandé.

N° 38

Décrivez-moi une situation/ un problème complexe que vous avez eu à résoudre.

Ce que votre interlocuteur veut vraiment savoir :

- Comment vous y prenez-vous pour résoudre un problème complexe ?
- De quoi êtes-vous le plus fier ?
- Quelles sont les initiatives que vous avez su prendre ? Avez-vous déjà pris des risques ?

Les réponses possibles

(bonne réponse en bas ci-contre)*

- Dans mon dernier emploi, j'ai dû décider seul de… (citer une réalisation passée réussie).
- Heureusement, il y a toujours un supérieur pour ce genre de situation !
- Je n'ai jamais réellement été confronté à ce type de problème. Heureusement !
- Je suis sans cesse confronté à des problèmes complexes.
- Je suis un bosseur, rien ne me fait peur et quand il faut trancher, je tranche !

À NE PAS FAIRE

- *Citer un problème évident à résoudre.*
- *Reprocher à vos supérieurs de ne pas assumer leurs fonctions.*
- *Laisser entrevoir que vous rencontrez fréquemment des difficultés.*
- *Montrer des signes d'épuisement ou avoir l'air ébahi.*
- *Signifier que vous n'aimez pas prendre des risques.*

À FAIRE

- Donner des exemples avec résultats de votre expérience professionnelle.
- Mentionner un défi que vous avez relevé (seul ou en équipe) et le résultat obtenu.
- Valoriser votre travail avec des exemples.

À NE PAS DIRE

- *Il faut que je regarde mon dossier.*
- *Je n'ai rien de particulier. Je me donne de la peine partout.*
- *Non, je laisse ce travail à mon supérieur.*
- *Qu'est-ce que vous entendez par problème complexe ?*

À DIRE

- Dans ma vie professionnelle, j'ai eu à résoudre…
- En réunion de travail, je devais assurer le suivi des décisions prises que j'assumais grâce à un système de communication que j'ai développé.
- La complexité du problème venait du nombre de personnes impliquées dans le projet. Je les réunissais donc en petits groupes.
- On m'a donné carte blanche pour réorganiser le service.
- Par ordre d'importance, je citerai…

Dans mon dernier emploi, j'ai dû décider seul de… (citer une réalisation passée réussie).

N° 39

Nous rencontrons une difficulté avec… (cas/problème/situation). Comment vous y prendriez-vous pour la résoudre ?

Ce que votre interlocuteur veut vraiment savoir :

- Comment réagissez-vous face aux imprévus ?
- Êtes-vous un décideur ?
- Quels sont vos principaux traits de caractère ?

Les réponses possibles

(bonne réponse en bas ci-contre)*

- Il ne faut pas se prendre la tête dans la vie !
- Je ne me mêle pas des affaires des autres. C'est un bon principe de gestion que je respecte toujours.
- Je pratique souvent la politique de l'attentisme et ça marche bien. Il y a toujours une idée qui ressort après un certain temps.
- En organisant une réunion. En exposant le problème et en recherchant un compromis.
- On devrait trouver la solution sans difficulté… J'en suis sûr !

À NE PAS FAIRE

- *Demander un temps de réflexion.*
- *Dire que sans personnel qualifié vous ne pouvez rien résoudre.*
- *Donner en exemple un conflit passé.*
- *Regretter de ne pouvoir répondre !*

À FAIRE

- Analyser le problème et suggérer des mesures de sauvegarde pour éviter le pire.
- Demander d'être dépanné en urgence par le service compétent.
- Écouter, observer, analyser, fixer des objectifs et agir !
- Éviter d'appliquer la politique de l'autruche.

À NE PAS DIRE

- *Bah, mettez-le à la porte !!!*
- *Ce n'est pas mon problème.*
- *J'ai du mal à m'imposer.*

À DIRE

- Cela dépend de ma fonction et de mes responsabilités au sein de l'entreprise.
- En cas de gros problème, je crée une task-force.
- Je cherche les raisons pour trouver une solution rapide.
- Nous allons tout mettre en œuvre pour trouver une solution satisfaisante.
- Si cela était dans mon domaine de fonction, je prendrai les mesures nécessaires (citer 1 ou 2 exemples).

En organisant une réunion. En exposant le problème et en recherchant un compromis.

N° 40

Parlez-moi d'une décision impopulaire que vous avez dû prendre

Ce que votre interlocuteur veut vraiment savoir :

- Avez-vous su gérer une équipe ?
- Êtes-vous prêt à licencier ?
- Quels rapports entretenez-vous avec vos supérieurs hiérarchiques ?

Les réponses possibles

(bonne réponse en bas ci-contre)*

- C'est un peu l'histoire de ma vie.
- Licencier, pour restructuration, un collaborateur apprécié par moi-même et par ses collègues.
- Ça, c'est une bonne question.
- Je l'ai fait une fois et je ne tiens pas à en parler. C'est une chose personnelle et je trouve votre question un peu indiscrète.
- Je ne l'ai jamais fait.

À NE PAS FAIRE

- *Détailler inutilement.*
- *Faire porter la responsabilité d'une telle décision sur les autres.*
- *Réfléchir trop longtemps.*

À FAIRE

- Donner un exemple et dire comment vous avez géré la situation.
- Être concis.
- Montrer votre capacité d'allier rigueur et humanité.

À NE PAS DIRE

- *Être venu aujourd'hui à cet entretien.*
- *Il n'y a pas de raison que l'on me demande une chose pareille.*
- *Je déteste les ordres.*
- *Je refuse systématiquement de prendre des décisions impopulaires.*

À DIRE

- Avec une bonne communication, les décisions même impopulaires sont bien passées (citez un exemple).
- Étant adepte de la concertation, je n'ai jamais eu à prendre de décisions impopulaires.
- J'ai toujours essayé de faire preuve de beaucoup de psychologie. Par exemple…

Licencier, pour restructuration, un collaborateur apprécié par moi-même et par ses collègues.

N° 41

Quelle est, à votre avis, la chose la plus difficile à faire quand on est manager ?

Ce que votre interlocuteur veut vraiment savoir :

- Êtes-vous diplomate ? Êtes-vous à l'écoute de tout le monde ?
- Quelles sont les difficultés auxquelles vous avez été confronté ? Avez-vous été à la hauteur ?
- Savez-vous vous imposer. Savez-vous/Pouvez-vous diriger des personnes difficiles ?

Les réponses possibles

(bonne réponse en bas ci-contre)*

- Avoir des objectifs précis à atteindre.
- Gérer les petites tracasseries des collaborateurs.
- Ne pas avoir d'horaires réguliers.
- Devoir licencier des collaborateurs. J'ai été amené à devoir le faire. Voici comment je m'y suis pris…
- Travailler dans l'urgence permanente. Surtout si l'on n'a pas au-dessus de soi « la crème de la crème » !

À NE PAS FAIRE

- *Affirmer qu'il y a beaucoup de difficultés.*
- *Citer un problème sans présenter une solution à la difficulté.*
- *Être injuste, non reconnaissant.*
- *Être partial.*
- *Prétendre qu'il n'y a pas de difficulté.*

À FAIRE

- Citer au maximum 3 problèmes majeurs.
- Donner des exemples concrets et vécus.
- Être juste, égal avec tout le monde, équitable.
- Faire confiance.
- Montrer votre enthousiasme face à la résolution de problèmes.

À NE PAS DIRE

- *Beaucoup de choses.*
- *Ce n'est pas un poste que j'envie.*
- *Je n'ai pas toujours été à la hauteur.*

À DIRE

- Prendre des décisions parfois impopulaires.
- Recruter ou licencier.
- Savoir décider seul.

Devoir licencier des collaborateurs. J'ai été amené à devoir le faire. Voici comment je m'y suis pris…

N° 42

Quelles sont les choses que vous trouvez difficiles à faire ? Pourquoi ?

Ce que votre interlocuteur veut vraiment savoir :

- Connaissez-vous vos limites ?
- Quels sont vos points faibles ?
- Saurez-vous gérer les situations/tâches délicates que l'on va vous confier ?

Les réponses possibles

(bonne réponse en bas ci-contre)*

- Je trouve très difficile de travailler avec des paresseux. Voici comment j'ai réussi à gérer une telle situation dans le passé…
- Arriver à l'heure à mes rendez-vous. Je dois avoir du sang latin car je pense qu'en affaires tout peut attendre.
- Je déteste l'administratif.
- Me lever le matin.
- Rien, je sais tout faire.

À NE PAS FAIRE

- *Adopter une attitude défensive.*
- *Donner de fausses qualités.*
- *Énumérer trop d'exemples.*
- *Lister vos défauts, ce que vous ne savez pas faire.*

À FAIRE

- Citer des difficultés qui n'ont rien à voir avec le cahier des charges du poste.
- Décrire la façon dont vous avez réalisé des choses a priori difficiles.
- Prendre le temps de réfléchir, sans vous précipiter.
- Choisir une difficulté dans vos activités extra-professionnelles.

À NE PAS DIRE

- *Je ne sais pas que vous dire !*
- *Je trouve très difficile de… Je n'ai d'ailleurs jamais réussi à y faire face.*
- *Pourquoi me posez-vous cette question ?*
- *Rien n'est difficile !*

À DIRE

- J'aime les difficultés ! Voici la dernière situation délicate à laquelle j'ai dû faire face : …
- Les difficultés sont des défis et j'aime les relever.
- Que voulez-vous exactement savoir (demander de préciser) ?
- Selon le cahier des charges, a priori, il n'y a rien qui semble être un problème majeur.
- Voici 2 choses que je trouve difficiles à faire et comment j'ai réussi jusqu'ici à y faire face.

Je trouve très difficile de travailler avec des paresseux. Voici comment j'ai réussi à gérer une telle situation dans le passé…

N° 43

Quelles sont les décisions qui vous ont été les plus difficiles à prendre ?

Ce que votre interlocuteur veut vraiment savoir :

- Dans quelle situation mettez-vous plus de temps à vous décider ou êtes-vous indécis ?
- Êtes-vous capable de décider ?
- Quel processus appliquez-vous lors d'une prise de décision importante ?

Les réponses possibles

(bonne réponse en bas ci-contre)*

- Je n'aime pas les conflits alors j'évite de prendre des décisions impliquant les autres.
- Les décisions aux implications économiques évidentes.
- Mon chef les prenait pour moi.
- Toutes et aucune… Les décisions sont toujours difficiles à prendre, cela m'angoisse.
- Afin de vous donner un exemple ciblé, pouvez-vous me dire quelles sont les responsabilités en matière de décision que le poste requiert ?

À NE PAS FAIRE

- *Faire comprendre que vous n'avez jamais réellement eu de décision à prendre.*
- *Faire preuve de sincérité en donnant moult exemples.*
- *Fournir des exemples démontrant de l'orgueil ou une trop grande ambition.*
- *Laisser entrevoir que toute décision est difficile à prendre pour vous.*
- *Montrer que vous évitez les décisions.*
- *Vous déresponsabiliser sous le couvert d'une fonction sans responsabilité.*

À NE PAS DIRE

- *Dès mon enfance, on a toujours tout décidé pour moi : ma mère puis maintenant ma femme.*
- *Je n'ai pas réellement été confronté à la décision dans le monde professionnel.*
- *Les décisions importantes étaient prises par mon chef.*
- *Lorsque je dois réprimander un subalterne.*

À FAIRE

- Donner des exemples de décisions que vous avez prises en réfléchissant aux conséquences.
- Expliquer comment fonctionne votre processus de décision.
- Questionner le recruteur sur le degré de décision que le poste implique.
- Réfléchir à 1 ou 2 situations où la prise de décision a abouti à un résultat quantifiable.

À DIRE

- Avec plaisir, afin de vous donner un exemple ciblé, pouvez-vous me dire quelles sont les responsabilités en matière de décision que le poste requiert ?
- Décider de se séparer d'un collègue ou de dénoncer quelqu'un.
- Je fais appel à des avis, des personnes (sans toutefois les laisser décider à ma place).
- Lorsque la décision est difficile à prendre je m'attelle à collecter plus d'informations avant de la prendre.

Afin de vous donner un exemple ciblé, pouvez-vous me dire quelles sont les responsabilités en matière de décision que le poste requiert ?

Fonctionnement

N° 44

Avez-vous jamais changé la nature de votre job et son contenu ? Comment vous y êtes-vous pris ?

Ce que votre interlocuteur veut vraiment savoir :

- Avez-vous plusieurs cordes à votre arc ?
- Êtes-vous capable de faire passer vos idées ?
- Savez-vous faire reconnaître vos compétences ?

Les réponses possibles

(bonne réponse en bas ci-contre)*

- Cela n'était pas nécessaire car tout était bien rodé.
- Je ne suis pas du genre « rouspéteur ». Je fais ce que l'on me dit. J'aime l'ordre et qu'on le respecte.
- Mon chef était autoritaire et ne me laissait pas d'autonomie. Pourtant, j'en aurais changé des choses !
- En accord avec mon supérieur j'ai présenté un projet pour modifier le contenu de ma fonction et nous avons réussi à…
- Non, je connaissais mon job et mon engagement et je n'ai rien changé.

À NE PAS FAIRE

- *Dire que vous n'avez jamais essayé de modifier le contenu de votre fonction.*
- *Faire penser que vous ne proposez jamais rien.*
- *Laisser entrevoir que vous êtes plutôt rigide.*
- *Montrer que vous n'avez pas réussi à imposer vos idées.*
- *Préciser que vous n'avez jamais atteint les limites du job.*

À NE PAS DIRE

- *J'ai essayé mais sans succès.*
- *Je n'en vois pas la raison.*
- *Je n'ai pas osé.*
- *Je ne voyais aucune possibilité.*
- *Non, je n'en vois pas la nécessité.*
- *On n'avait pas le droit !*

À FAIRE

- Démontrer en quoi vous avez amélioré le quotidien de votre dernier job.
- Dire comment vous avez su rendre votre job plus intéressant et plus utile.
- Expliquer que vous avez su évoluer.
- Parler des idées que vous avez réussi à faire passer.
- Prouver que vos compétences étaient utiles à l'entreprise.

À DIRE

- Grâce à mes compétences dans le domaine XXX, j'ai pu soumettre un projet d'amélioration à mon employeur.
- J'aime évoluer avec l'entreprise. Par exemple…
- J'aime partager mes idées et faire avancer les choses. Entre autres choses, j'ai…
- Le job et moi avons évolué ensemble.
- Oui, je trouve nécessaire d'évoluer.

En accord avec mon supérieur j'ai présenté un projet pour modifier le contenu de ma fonction et nous avons réussi à…

N° 45

Comment réagiriez-vous si votre employeur actuel faisait une contre-proposition ?

Ce que votre interlocuteur veut vraiment savoir :

- Avez-vous agi par impulsion en nous approchant ?
- Êtes-vous intéressé par le poste ou par le salaire ?
- Quelles sont vos véritables motivations à travailler chez nous ?

Les réponses possibles

(bonne réponse en bas ci-contre)*

- Ça me surprendrait.
- Je discuterais avec lui en détail des conditions de cette nouvelle proposition.
- C'est chez vous que je souhaite travailler.
- Je l'accepterais sur-le-champ !
- Je ne sais pas vraiment.

À NE PAS FAIRE

- *Avoir un air suffisant.*
- *Dire que cela dépend du salaire.*
- *Révéler que vous êtes effectivement en négociation avec ce dernier.*
- *Refuser catégoriquement en critiquant l'autre entreprise.*
- *Vous montrer hésitant.*

À FAIRE

- Ne pas vous étendre et changer de sujet en posant une question.
- Opter pour un argumentaire qui prouve que vous n'avez pas agi par impulsion mais en fonction d'objectifs sains.
- Positiver votre expérience passée, mais expliquer que vous avez besoin d'un nouveau défi professionnel.
- Utiliser l'humour.

À NE PAS DIRE

- *Il a été tellement ignoble avec moi, c'est exclu.*
- *Il vaut mieux traiter avec quelqu'un qu'on connaît, c'est rassurant !*
- *Je lui dirais : « Allez vous faire soigner ».*
- *Je pense que j'accepterais car c'est plus près de chez moi.*
- *Pourquoi pas !*

À DIRE

- Ce n'est pas mon style de faire machine arrière.
- Je n'aime pas le réchauffé.
- La contre-proposition sera toujours de nature à me faire douter. Alors que proposeriez-vous à sa place ?
- Ma décision est prise, c'est avec vous que je veux travailler.

C'est chez vous que je souhaite travailler.

N° 46

Comment vous organisez-vous et planifiez-vous les tâches lorsque vous êtes impliqué dans un projet important/ à long terme ?

CE QUE VOTRE INTERLOCUTEUR VEUT VRAIMENT SAVOIR :

- Comment gérez-vous les responsabilités et le stress ?
- Savez-vous déléguer ?
- Êtes-vous une personne organisée et structurée ?

LES RÉPONSES POSSIBLES

(bonne réponse en bas ci-contre)*

- J'attends le dernier moment avant de me mettre en route. Le stress rend efficace. On liste les tâches, les responsables et on lance les choses.
- Je dois avouer que je ne suis pas très bon en planification/organisation.
- Je n'ai jamais eu la responsabilité de gérer un projet, ni de planifier, je suis plutôt un bon exécutant. Si je devais le faire, voici comment je m'y prendrais…
- Mon point faible, c'est la délégation.
- J'établis un agenda, liste les tâches, identifie les ressources nécessaires et répartis le travail dans l'équipe. Par exemple…

À NE PAS FAIRE

- *Être très désorganisé dans sa façon de répondre.*
- *Montrer que l'on ne sait pas tenir les timings.*
- *Ne pas avoir d'exemple sur lequel s'appuyer.*
- *Se perdre dans les détails de ses procédures personnelles.*

À NE PAS DIRE

- *Instinct et improvisation sont deux de mes atouts.*
- *J'aime mon désordre organisé, il n'y a que moi pour m'y retrouver.*
- *Je préfère être dirigé.*
- *Je suis quelqu'un de bordélique au possible, mais je finis toujours par y parvenir.*
- *Je travaille au coup par coup.*

À FAIRE

- Donner 1 ou 2 exemples de projets précis et concrets.
- Être très structuré dans sa réponse.
- Mettre l'accent sur les résultats en termes de respect des timings, budgets et objectifs.
- Montrer que vous savez déléguer efficacement ou que vous avez le sens de la collaboration.
- Questionner sur le type de projets que vous serez amené à développer dans le poste.

À DIRE

- J'ai un esprit cartésien et structuré qui me fait bien évoluer dans ce genre de projet.
- J'aime les objectifs clairs qui permettent de m'organiser efficacement.
- Je fonctionne en utilisant l'analyse, la planification et la gestion.
- Je respecte les délais et m'organise en conséquence.

J'établis un agenda, liste les tâches, identifie les ressources nécessaires et répartis le travail dans l'équipe. Par exemple...

N° 47

Décrivez une situation où votre équipe s'est démobilisée. Quel a été votre rôle ?

Ce que votre interlocuteur veut vraiment savoir :

- Êtes-vous capable d'analyse, de critique ou d'autocritique ?
- Êtes-vous un leader, un médiateur, un messager ?
- Savez-vous rebondir ?

Les réponses possibles

(bonne réponse en bas ci-contre)*

- C'était souvent le cas lors des primes annuelles. Je leur disais que c'était comme ça la vie. Une fois c'est bon, une fois c'est mauvais.
- En situation de crise, il faut être dur. Ça marche.
- Nous nous sommes réunis. Nous avons fixé de nouveaux objectifs et nous sommes repartis sur ces nouvelles bases.
- Je suis très solidaire et je me rallie toujours à la majorité.
- Vous me posez une colle, ceci ne m'est jamais arrivé.

À NE PAS FAIRE

- *Mettre la faute sur les autres.*
- *Parler en termes de solutions toutes faites.*
- *Répondre à côté de la question.*
- *Vous attribuer toutes sortes de mérites.*

À FAIRE

- Analyser votre rôle.
- Dire que votre objectif a été d'en ressortir fortifié, de trouver des solutions.
- Mettre en exergue ce qui vous a permis de rebondir.
- Ne pas entrer en matière sur les défauts des autres.
- Ne pas rester sur une impression d'échec.
- Parler en termes de « Nous », d'équipe et pas en termes de « Je ».
- Vous centrer sur les solutions.

À NE PAS DIRE

- *Ça arrive de temps en temps.*
- *Ce sont toujours les mêmes qui provoquent les échecs.*
- *Je continue à foncer.*
- *Je ne tolère pas de râleur dans mon équipe.*

À DIRE

- J'analyse le comportement de l'équipe puis j'agis.
- Je clarifie la vision de l'entreprise auprès de l'équipe.
- Je favorise un échange régulier avec mon équipe.
- Je valorise toujours le travail de l'équipe.

Nous nous sommes réunis. Nous avons fixé de nouveaux objectifs et nous sommes repartis sur ces nouvelles bases.

N° 48

Décrivez une situation où vous avez dû prendre une décision rapide et quasiment intuitive.

Ce que votre interlocuteur veut vraiment savoir :

- Avez-vous l'esprit d'analyse ?
- Comment réagissez-vous au stress ?
- Vous faites-vous confiance ?

Les réponses possibles

(bonne réponse en bas ci-contre)*

- Voici une situation au cours de laquelle je n'avais pas eu d'autre solution que d'agir de la sorte : … (brève description). Le résultat s'est avéré efficace, puisque…, mais c'était risqué !
- C'est contre ma nature de prendre des décisions sur un coup de tête. Je trouve qu'il faut toujours bien réfléchir.
- Ce n'est pas efficace de décider ainsi !
- Cela m'arrive toujours ; je prends toutes mes décisions intuitivement.
- J'ai quitté mon dernier emploi sur un coup de tête.

À NE PAS FAIRE

- *Faire l'apologie de l'intuition.*
- *Hésiter trop longtemps (preuve d'un manque de capacité de décision).*
- *Vous montrer réfractaire à une décision rapide.*

À FAIRE

- Décrire des situations dont vous vous êtes sorti avec les honneurs.
- Donner des exemples où vous avez contribué à la réussite d'un projet.
- Montrer que vous avez une bonne capacité de décision.
- Prouver que vous pouvez réagir sans forcément recevoir d'ordres formels.

À NE PAS DIRE

- *Ce n'est pas une situation que j'apprécie.*
- *Je n'en connais pas.*
- *Lors du licenciement de certains collaborateurs.*

À DIRE

- En arrêtant une décolleteuse car la machine faisait des mauvaises pièces.
- Lors d'une exposition pour remplacer une collègue à la dernière minute et où j'ai dû improviser !
- En sauvant telle situation sans aucune aide.

Voici une situation au cours de laquelle je n'avais pas eu d'autre solution que d'agir de la sorte : ... (brève description). Le résultat s'est avéré efficace, puisque..., mais c'était risqué !

N° 49

Décrivez une situation où vous avez eu besoin d'un point de vue extérieur. Comment avez-vous procédé ?

Ce que votre interlocuteur veut vraiment savoir :

- Avez-vous l'esprit d'équipe ?
- Êtes-vous autonome dans votre travail, mais tout de même à l'écoute ?
- Savez-vous/Aimez-vous prendre des initiatives ?

Les réponses possibles

(bonne réponse en bas ci-contre)*

- C'est toujours très difficile car les gens sont très fuyants.
- Ça ne m'est jamais arrivé.
- En général, je demande à la concurrence et ils sont bons pour ça !
- Je demande très rarement un avis extérieur. Je lis beaucoup et j'ai eu la chance de bénéficier d'une bonne formation.
- N'ayant pas la compétence requise en interne, nous avons fait appel à un consultant qui a pu nous transmettre le savoir qui nous faisait défaut.

À NE PAS FAIRE

- *Admettre que vous vous êtes trompé de consultant.*
- *Dire que vous n'avez pas trouvé de personne pouvant apporter de l'aide.*
- *Ne pas voir l'utilité de demander de l'aide à l'extérieur.*

À FAIRE

- Démontrer l'utilité de la démarche.
- Parler concrètement des résultats.
- Prouver que vous avez trouvé une solution.

À NE PAS DIRE

- *J'ai toujours eu besoin de l'avis des autres.*
- *Je ne connais personne ayant des capacités de conseil.*
- *Non, car je n'ai pas besoin d'aide extérieure.*

À DIRE

- Je fréquente un club d'experts : c'est très facile !
- Très simplement. J'ai contacté 3 hommes d'affaires que j'admire.
- Un point de vue extérieur est toujours le bienvenu.

N'ayant pas la compétence requise en interne, nous avons fait appel à un consultant qui a pu nous transmettre le savoir qui nous faisait défaut.

N° 50

Décrivez-moi une situation où vous avez dû exceller en tant que leader.

Ce que votre interlocuteur veut vraiment savoir :

- Baissez-vous les bras devant les grandes difficultés ?
- Pouvez-vous me donner un exemple car je ne suis pas convaincu !
- Savez-vous gérer les situations difficiles, votre vie ?

Les réponses possibles

(bonne réponse en bas ci-contre)*

- Je m'impose et ça marche car, en général, on me respecte ou on a peur de moi.
- Je n'ai pas assez travaillé en équipe pour pouvoir vous répondre intelligemment et je trouve que quand on ne sait pas, il vaut mieux se taire.
- On ne m'a jamais proposé d'être leader.
- J'ai eu, à maintes reprises, l'occasion de remplacer mon supérieur. L'équipe a bien fonctionné.
- Un jour j'ai rattrapé une erreur d'une collègue débutante.

À NE PAS FAIRE

- *Mentir ou inventer une situation où vous auriez été un leader.*
- *Ne pas trouver de réponse.*
- *Présenter une situation exceptionnelle et trop atypique.*

À FAIRE

- Citer un exemple de réussite tiré de votre vie privée ou personnelle.
- Décrire une situation passée proche de la situation dans laquelle se trouve l'entreprise.
- Démontrer votre maîtrise dans le domaine du management.

À NE PAS DIRE

- *Ce type de responsabilités me demande un grand effort.*
- *J'ai toujours essayé de bien faire, mais…*
- *Je n'ai jamais eu la chance d'être un leader.*
- *Je ne pense pas que j'ai excellé en tant que leader.*

À DIRE

- Dans le cadre de ma dernière mission, j'ai réorganisé mon service.
- Grâce à mes connaissances de la gestion d'équipe, j'ai réussi à faire face à la situation suivante : …
- Je fais appel à mon expérience et je reste très attentif pour gérer les défis.

J'ai eu, à maintes reprises, l'occasion de remplacer mon supérieur. L'équipe a bien fonctionné.

N° 51

Décrivez-moi une situation où vous avez réussi à insuffler un esprit d'équipe.

Ce que votre interlocuteur veut vraiment savoir :

- Avez-vous déjà dirigé une équipe ?
- Comment réagissez-vous face à l'adversité ?
- Prouvez-moi que vous êtes un leader !

Les réponses possibles

(bonne réponse en bas ci-contre)*

- C'était malheureusement souvent chacun pour soi ! Donc ça prenait du temps et je passais ensuite en force.
- Nous devions décider de…, j'ai demandé à l'équipe de participer à la prise de décision. Ça a marché.
- En mettant la pression sur mon équipe d'une façon continue.
- Je laisse discuter l'équipe et je prends la décision.
- Je m'entends bien avec tout le monde. Pas de problème !

À NE PAS FAIRE

- *Exagérer.*
- *Hésiter.*
- *Ne rien dire ou trop en dire.*
- *Vous vanter.*

À NE PAS DIRE

- *C'est difficile de créer un esprit d'équipe.*
- *C'est un défi que je n'ai pas encore pu relever.*
- *En fait, pour tout vous dire, je préfère travailler seul.*

À FAIRE

- Éviter de dire que vous n'avez pas ce genre de compétence.
- Parler avec enthousiasme.
- Vous montrer dynamique et entreprenant.

À DIRE

- Dans le cadre professionnel ou extra-professionnel ?
- J'ai géré une équipe de X personnes et nous avons réussi à…
- La participation de toute mon équipe a permis d'atteindre l'objectif suivant : …

Nous devions décider de…, j'ai demandé à l'équipe de participer à la prise de décision. Ça a marché.

N° 52

Pensez-vous avoir un potentiel managérial ?

Ce que votre interlocuteur veut vraiment savoir :

- Êtes-vous capable de gérer des situations délicates ?
- Pensez-vous avoir le potentiel d'un responsable ?
- Pouvez-vous prendre des décisions importantes/rapides/impopulaires ?

Les réponses possibles

(bonne réponse en bas ci-contre)*

- C'est à vous de me le dire !
- Ce serait un échec pour ma famille si je ne devenais pas chef de département.
- Faites-moi confiance, je suis un manager né ! Mettez-moi à l'épreuve j'ai toujours souhaité diriger.
- Non, je n'ai jamais eu à diriger dans le passé. Ça me tente beaucoup mais mon succès dépendra du contexte et des collaborateurs impliqués.
- En tant que responsable du département de… chez… j'ai géré une équipe de 5 personnes ce qui m'a permis de…

À NE PAS FAIRE

- *Donner des détails sans en connaître le cahier des charges.*
- *Montrer trop d'ambition*
- *Paraître nerveux et agacé.*
- *Vous affirmer comme le futur Bill Gates de la situation.*
- *Vous sous-estimer.*

À FAIRE

- Avoir une attitude positive.
- Citer des réalisations démontrant votre « track record ».
- Développer une expérience similaire réussie.
- Montrer votre connaissance du profil recherché et le cahier des charges du poste.

À NE PAS DIRE

- *Bien sûr, ne vous l'ai-je pas démontré ? !*
- *Je n'aime pas les situations à risques.*
- *Je préfère avoir des directives très claires et les appliquer.*
- *La gestion administrative n'est pas mon point fort.*
- *Les responsabilités, je connais… !*

À DIRE

- Dans le cadre de mon précédent emploi, j'ai assumé la responsabilité de…
- Dans mon emploi de…, j'ai démontré de nombreuses fois que j'en avais la capacité.
- J'aime les responsabilités, cela fait plusieurs années que je dirige le département de…
- La gestion d'une équipe m'intéresse et me motive.

En tant que responsable du département de… chez… j'ai géré une équipe de 5 personnes ce qui m'a permis de…

N° 53

Préférez-vous déléguer ou contrôler en permanence ?

Ce que votre interlocuteur veut vraiment savoir :

- Assurez-vous un contrôle exhaustif ?
- Osez-vous et savez-vous déléguer ?
- Quel est votre degré de confiance en vous ?

Les réponses possibles

(bonne réponse en bas ci-contre)*

- Déléguer n'est pas mon fort c'est pourquoi je préfère tout contrôler.
- Je délègue volontiers pour me décharger. J'aime bien ça, mais le contrôle n'est pas mon fort !
- L'important pour moi, c'est que mon rôle soit clair. Je m'adapterai aisément à votre style de management. Au fait, quel est-t-il ?
- Les deux si possible, puisqu'il m'incombera la responsabilité de bien former et suivre mes collègues afin de déléguer certaines tâches. Dans le cas contraire, si le travail n'est pas satisfaisant, je devrai contrôler en permanence.
- Ni l'un, ni l'autre, je suis très autonome !

À NE PAS FAIRE

- *Dire que vous êtes autocrate.*
- *Être trop catégorique.*
- *Exposer vos difficultés à gérer une équipe.*
- *Manquer de confiance.*

À FAIRE

- Montrer que vous maîtrisez les techniques mesurables de la délégation.
- Donner des exemples réussis de bonne délégation.
- Expliquer que vous aimez déléguer et contrôler.

À NE PAS DIRE

- *Il y a des gens à qui l'on ne peut rien confier. Il faut toujours tout contrôler.*
- *J'aime bien déléguer les tâches que j'aime le moins faire.*
- *Je n'ai jamais eu besoin de déléguer/la chance d'avoir à le faire.*
- *Je n'en sais rien.*
- *Nul n'accomplit le travail aussi bien que moi.*
- *On n'est jamais mieux servi que par soi-même.*

À DIRE

- Ce sont deux techniques qu'il faut appliquer lorsque l'on travaille avec une équipe. L'important est de valoriser et de motiver ses collaborateurs.
- Il faut savoir déléguer, mais assurer un bon suivi.
- J'aime les deux. Dans les deux cas, ce sont les contacts personnels que j'apprécie particulièrement.
- Je pense que pour obtenir des résultats il faut savoir déléguer et contrôler au bon moment avec doigté.
- La confiance permet la délégation, mais elle n'exclut pas le contrôle.

L'important pour moi, c'est que mon rôle soit clair. Je m'adapterai aisément à votre style de management. Au fait, quel est-il ?

N° 54

Qu'avez-vous appris des emplois précédemment occupés ?

Ce que votre interlocuteur veut vraiment savoir :

- Aimez-vous apprendre ?
- Avez-vous fait un bilan ?
- Êtes-vous capable d'apprendre de vos erreurs ?

Les réponses possibles

(bonne réponse en bas ci-contre)*

- Beaucoup de choses, mais malheureusement rien d'utile pour le poste en question.
- Pas grand-chose, je connais mon métier sur le bout des doigts.
- Pas grand-chose d'utile pour vous puisque je fais un changement radical de carrière.
- Que malgré les situations parfois complexes à gérer, il y a toujours quelque chose à apprendre. J'ai par exemple acquis les aptitudes suivantes : …
- Que dans la majorité des cas, les femmes/hommes/étrangers/jeunes sont des collègues difficiles à gérer.

À NE PAS FAIRE

- *Dénigrer les emplois précédents.*
- *Donner des exemples qui rabaissent les collègues.*
- *Énumérer les enseignements que vous avez transmis aux autres.*
- *Estimer que ce n'est pas le travail qui forge la personnalité.*
- *Faire valoir des acquis contre-productifs pour ce poste.*
- *Parler d'un échec qui n'a pas été surmonté.*

À NE PAS DIRE

- *Apprendre à écrire en français !*
- *De l'assurance.*
- *Qu'un employeur vous licencie lorsqu'il n'a plus besoin de vous.*
- *Une excellente image de moi.*

À FAIRE

- Citer l'importance d'actualiser vos outils.
- Développer la croissance des responsabilités occupées dans chaque poste.
- Donner des exemples positifs de réalisations.
- Énumérer les aptitudes acquises et celles qui sont en voie d'acquisition.
- Retracer un bilan de l'évolution de vos aptitudes professionnelles.
- Valoriser les liens comme les distinctions entre vos différentes expériences professionnelles.

À DIRE

- À gérer une planification complexe où il fallait…
- À travailler de manière autonome et à me fixer des priorités.
- La rapidité d'exécution d'une tâche inconnue que l'on ne refera peut-être pas !

Que malgré les situations parfois complexes à gérer, il y a toujours quelque chose à apprendre. J'ai par exemple acquis les aptitudes suivantes : …

N° 55

Qu'éprouvez-vous comme sentiment quand on vous demande de faire un travail de routine ?

CE QUE VOTRE INTERLOCUTEUR VEUT VRAIMENT SAVOIR :

- Allez-vous accepter tout ce que l'on vous demande ?
- Allez-vous vouloir tout changer chez nous ?
- Donnez-vous priorité à vos intérêts, plutôt qu'à ceux de l'entreprise ?

LES RÉPONSES POSSIBLES

(bonne réponse en bas ci-contre)*

- Il faut bien le faire.
- Je me sens découragé et humilié. Surtout quand c'est du mobbing. J'ai personnellement souvent été harcelé dans mon travail.
- Je n'aime vraiment pas.
- Je trouve cela discutable.
- Il m'arrive d'être ravi d'avoir du travail routinier à faire. Si ce travail doit être fait, il peut aussi être pris comme un moment de détente.

À NE PAS FAIRE

- *Annoncer votre répulsion pour le travail de routine.*
- *Montrer trop d'enthousiasme.*
- *Vous appuyer sur votre niveau de formation pour vous soustraire aux tâches routinières.*

À NE PAS DIRE

- *Avec mon niveau d'expériences et mon parcours, on ne me propose plus de tâches routinières.*
- *Je déteste les tâches routinières.*
- *Je les transmets systématiquement à mes assistants.*
- *Je trouve que les choses routinières sont dégradantes.*

À FAIRE

- Confirmer que tout travail possède une part de routine et que cela fait partie intégrante de toute fonction.
  Confirmer votre attitude professionnelle.
- Enlever le jugement de valeur sur la routine et parler de tâches.
- Éviter de parler de routine, de répétition, parler en termes de gestion quotidienne.

À DIRE

- Il y a dans tout emploi certaines tâches routinières à gérer.
- Pouvez-vous me donner quelques précisions sur le poste à pourvoir ?
- Probablement le même sentiment que vous !
- Qu'entendez-vous par routine ?

Il m'arrive d'être ravi d'avoir du travail routinier à faire. Si ce travail doit être fait, il peut aussi être pris comme un moment de détente.

N° 56

Quelles sont vos capacités de commandement ? Avez-vous déjà dirigé des personnes ?

Ce que votre interlocuteur veut vraiment savoir :

- Quelle est votre valeur ajoutée ?
- Quels sont vos points forts et vos points faibles dans ce domaine ?
- Vous laissez-vous influencer facilement ?

Les réponses possibles

(bonne réponse en bas ci-contre)*

- J'avais la responsabilité d'une équipe de 8 personnes et nous avons mené à terme plusieurs projets à l'entière satisfaction de tous.
- J'ai de la peine à m'imposer, je suis trop à l'écoute des autres. Si je dois le faire, je le ferai. Mais, comme je suis très honnête, je dois vous dire que ce n'est pas ma tasse de thé.
- Je devrais suivre une formation pour cela. En effet j'ai rencontré quelques petits problèmes dans le passé. Rassurez-vous, ils n'étaient pas graves.
- Je ne sais pas, j'ai toujours fonctionné seul.
- Lorsque je dirige, je sais me faire respecter !

À NE PAS FAIRE

- *Donner un exemple avec des réalisations inappropriées.*
- *Expliquer un échec en entrant dans les détails.*
- *Faire comprendre que vous n'aimez pas être un leader.*
- *Laisser entendre que vous ne connaissez/maîtrisez pas parfaitement la situation de manager.*
- *Montrer vos points faibles dans le domaine.*
- *Soumettre vos vulnérabilités sans souligner vos atouts correspondants.*

À FAIRE

- Citer 2 ou 3 bonnes références.
- Éviter de jouer le « chef parfait ».
- Insister sur vos compétences et votre goût pour diriger des personnes ou une équipe.
- Ne pas laisser poindre le doute.
- Préparer 3 exemples pour illustrer vos compétences de leader.

À NE PAS DIRE

- *Je n'aime pas prendre de responsabilités.*
- *Je ne pense pas avoir les compétences pour diriger des personnes.*
- *Je suis solitaire, pas leader.*
- *La seule fois où j'ai eu la direction d'une équipe, ça s'est très bien passé !*
- *Oui… je suis tout à fait capable.*

À DIRE

- J'ai suivi des cours de management qui m'ont déjà permis de faire mes preuves.
- J'ai une politique de management participative, comme vous d'après ce que je crois savoir.
- Je me suis intéressé à la stratégie de votre entreprise et mes aspirations sont en phase avec les vôtres.
- Mon ancien employeur avait remarqué mes aptitudes à diriger et m'avait confié la direction d'un service après 6 mois.
- Oui, j'ai dirigé plusieurs personnes et j'ai toujours été assez apprécié.

J'avais la responsabilité d'une équipe de 8 personnes et nous avons mené à terme plusieurs projets à l'entière satisfaction de tous.

N° 57

Si vous alliez sur la Lune, que prendriez-vous avec vous ?

Ce que votre interlocuteur veut vraiment savoir :

- Avez-vous l'esprit d'innovation/de créativité ?
- Comment réagissez-vous à l'imprévu ?
- Êtes-vous mobile ?

Les réponses possibles

(bonne réponse en bas ci-contre)*

- Ah ! Voilà une question intéressante !
- Ça ne me tente pas du tout d'aller sur la Lune ! Mais pas du tout, du tout !
- Je ne suis pas très tenté par les voyages.
- Pour quoi faire ? Il n'y a pas de travail là-bas. Moi, je cherche un emploi.
- Une grande dose d'enthousiasme et… mon appareil photo !

À NE PAS FAIRE

- *Être déstabilisé et avoir peur de répondre.*
- *Faire une longue liste exhaustive.*
- *Lister sans expliquer.*
- *Ne rien répondre, ne pas savoir.*
- *Parler de sujets trop sensibles ou en contradiction avec les activités de l'entreprise.*
- *Vous enfermer, prendre vos valeurs pour des généralités.*
- *Vous offusquer de la question et ne pas répondre.*

À FAIRE

- Faire un trait d'humour.
- Opérer un choix en fonction des qualités que vous voulez faire ressortir et expliquer ces choix.
- Parler d'objets et personnes à emmener avec vous qui mettent en évidence : savoir-faire ou savoir-être utiles pour le poste.
- Réfléchir avant de répondre et ne mentionner que 3 à 5 choses précises.

À NE PAS DIRE

- *Je me vois mal allant sur la Lune !*
- *Pourquoi voulez-vous que j'aille sur la Lune ?*
- *Rien !*

À DIRE

- Des livres sur tels sujets…
- Ma famille, mes amis.
- Un PC portable connecté à Internet.
- Une jumelle d'observation.

Une grande dose d'enthousiasme et… mon appareil photo !

N° 58

Vendez-moi cet objet ! (objet sur le bureau du recruteur)

Ce que votre interlocuteur veut vraiment savoir :

- Connaissez-vous les techniques de vente ?
- Quel type de contact établissez-vous avec un client ?
- Savez-vous gérer des situations imprévues ?

Les réponses possibles

(bonne réponse en bas ci-contre)*

- Comment ça ? Comme ça ? À froid ? Ben, ça va être difficile.
- Avec plaisir. Puis-je prendre 2 minutes pour me préparer ?
- Désolé, mais vous me prenez de court. Hors contexte, comme ça, je ne peux pas… Je pense qu'il s'agit d'un piège et si je le fais, je me torpille !
- Je vais essayer, mais je ne suis pas qualifié.
- Non car la vente n'est pas mon domaine.

À NE PAS FAIRE

- *Être déstabilisé.*
- *Refuser le défi.*
- *Utiliser une stratégie inadaptée à l'objet ou au client.*

À FAIRE

- Démontrer l'utilité de l'objet pour la personne/client.
- Faire parler le recruteur pour qu'il vous fournisse vos arguments de vente.
- Vous adapter rapidement et démarrer un processus de vente.

À NE PAS DIRE

- *J'ai besoin de pouvoir m'y préparer.*
- *Je déteste les situations imprévues.*
- *Je ne suis pas à l'aise pour démarrer à froid.*

À DIRE

- Avec plaisir ! Allons-y.
- Avec plaisir, laissez-moi quelques instants afin d'examiner soigneusement cet objet.
- J'aime préparer avec soin mes négociations. Cela me permet de décupler mes résultats.

Avec plaisir. Puis-je prendre 2 minutes pour me préparer ?

Formation

N° 59

J'ai vu que vous aviez suivi des cours à... Qu'en pensez-vous ?

Ce que votre interlocuteur veut vraiment savoir :

- Avez-vous des spécialisations dans certains domaines ?
- Êtes-vous ouvert à la formation ?
- Pourrons-nous utiliser vos compétences ?

Les réponses possibles

(bonne réponse en bas ci-contre)*

- C'était bien…
- Je les ai suivis pour m'occuper, je n'ai pas appris grand-chose.
- Oui, c'est un cours auquel mon ancien employeur m'avait inscrit. Il pensait que ça m'aiderait. Mais ça ne m'a pas apporté grand-chose.
- Oui, mais je n'ai pas terminé ma formation. J'ai une petite part de responsabilité, mais les objectifs n'étaient pas très clairs !
- Ce cours m'a été très utile pour accomplir les tableaux de bord et les statistiques mensuelles. Je pourrai facilement établir une nouvelle présentation des résultats de…

À NE PAS FAIRE

- *Décrire ce cours comme une occupation de remplissage (si sans emploi).*
- *Développer une argumentation inadéquate.*
- *Montrer que ce cours ne vous a pas apporté grand-chose.*
- *Ne rien dire, ne pas savoir.*
- *Oublier de présenter des réalisations concrètes, des résultats démontrant le bien-fondé de ces cours.*
- *Présenter ce cours comme une obligation, une contrainte.*

À NE PAS DIRE

- *Ces cours ne m'ont pas apporté ce que j'espérais.*
- *Je les ai suivis… pour les suivre.*
- *Je n'ai pas appris grand-chose : je connaissais déjà le sujet.*
- *La matière des cours n'était pas intéressante.*
- *Les professeurs n'étaient pas très compétents.*
- *On m'y a inscrit, mais je ne comprends toujours pas pourquoi.*
- *Tous les employés ont été obligés de suivre ces cours.*

À FAIRE

- Avoir un argumentaire solide sur le pourquoi du choix de ces types de cours.
- Demander s'il y a aussi des cours liés au nouveau poste.
- Faire des parallèles entre les cours et le poste.
- Mettre en évidence les nouvelles responsabilités obtenues grâce aux cours.
- Montrer comment vous pourrez les utiliser dans le poste.

À DIRE

- Cela m'a beaucoup apporté sur le plan professionnel et privé.
- Ces cours très utiles vont vous servir, et me servir.
- J'ai beaucoup apprécié ce complément de formation. À propos, y a-t-il aussi un programme de formation continue dans votre entreprise ?
- J'utilise régulièrement les connaissances acquises.
- Les enseignements de ces cours m'ont permis de…
- Oui, après ces cours j'ai été promu au poste de…

Ce cours m'a été très utile pour accomplir les tableaux de bord et les statistiques mensuelles. Je pourrais facilement établir une nouvelle présentation des résultats de…

N° 60

Jusqu'à quand avez-vous fait des études ? Qu'avez-vous appris ? Avez-vous suivi un cycle de formation permanente ?

Ce que votre interlocuteur veut vraiment savoir :

- Allez-vous nous coûter cher ?
- Êtes-vous soucieux de vous tenir à jour sur les nouvelles techniques/méthodes/ produits… de votre domaine ?
- Vous êtes-vous remis en question ? Êtes-vous motivé à évoluer, progresser ?

Les réponses possibles

(bonne réponse en bas ci-contre)*

- Étant donné mon manque de formation, j'ai suivi un cursus complet de formation continue.
- Je suis autodidacte et je consacre du temps libre pour me former. Ça me plaît !
- J'ai une formation qui couvre largement vos exigences professionnelles.
- Je n'avais pas le temps de me former, le travail était trop prenant.
- Ma formation de base est suffisante et je n'ai pas besoin de suivre une formation continue.

À NE PAS FAIRE

- *Mettre en avant des diplômes qui vont effrayer le recruteur (surqualification).*
- *Valoriser des diplômes, plutôt que des compétences et réalisations développées pour obtenir ces diplômes.*
- *Vous étendre longuement sur des formations qui n'ont aucune utilité pour le poste visé.*

À FAIRE

- Appuyer vos acquis (diplômes) par des expériences concrètes développées dans le cadre des formations ou grâce aux formations acquises.
- Citer des formations directement utiles pour le poste visé.
- Montrer que vous avez su vous tenir à jour/anticiper.

À NE PAS DIRE

- *J'ai effectué ma formation à 22 ans. Depuis, je travaille.*
- *J'étais un étudiant performant, encore aujourd'hui je collectionne les diplômes.*
- *Je n'ai jamais suivi de formation continue.*
- *Je pense avoir les compétences pour le poste puisque j'ai une licence de l'université XYZ.*
- *Ma formation couvre largement les besoins du poste.*
- *Oui, je suis un assidu des séminaires de bien-être.*

À DIRE

- Grâce à une formation intensive sur…, j'ai réussi à gérer une équipe de plus de 15 personnes et nous avons atteint nos objectifs dans les délais.
- J'ai fait valider mon plan de formation continue.
- J'ai obtenu le diplôme de… et j'ai ainsi pu mettre rapidement en pratique la théorie. D'ailleurs, voici un exemple de…
- J'ai planifié ma formation sur 5 ans.
- La formation de… m'a permis de mieux me situer au sein de la société et d'y devenir performant.

Je suis autodidacte et je consacre du temps libre pour me former. Ça me plaît !

N° 61

Pourquoi avez-vous choisi tel institut/telle université/école ?

CE QUE VOTRE INTERLOCUTEUR VEUT VRAIMENT SAVOIR :

- Aimez-vous apprendre et vous enrichir ?
- Êtes-vous prêt à vous mettre à jour ?
- Êtes-vous une personne motivée, autonome, décidée ?

LES RÉPONSES POSSIBLES

(bonne réponse en bas ci-contre))*

- D'excellents professeurs et une réputation dans les matières que j'ai étudiées.
- Ce n'est pas moi qui ai choisi mais mon « orientateur ».
- J'ai suivi mes amis. De plus j'habite à côté. Et surtout, ça me permettait de quitter au plus vite la maison et d'avoir mon indépendance.
- Je ne savais pas quoi faire. J'ai suivi les conseils de mes parents, c'est eux qui payaient ! Puis c'était la moins coûteuse et surtout la seule à m'accepter.
- On nous a dit que c'était l'école la plus réputée mais elle n'a rien de plus que les autres.

À NE PAS FAIRE

- *Faire comprendre que vous avez choisi au hasard.*
- *Laisser entendre que vous attachez peu d'importance à ce sujet.*
- *Suggérer que votre choix a été forcé.*

À FAIRE

- Citer la qualité des enseignants et de l'enseignement.
- Démontrer que vous l'avez choisi parce que le niveau enseigné est renommé.
- Mettre en avant les diversités des formations suivies.
- Valoriser les attraits culturels du lieu géographique et les compétences professionnelles de l'établissement.

À NE PAS DIRE

- *C'est la seule école qui m'ait accepté.*
- *C'était la moins chère.*
- *Je n'avais pas le choix : je devais quitter ma famille !*
- *L'ambiance y était meilleure qu'ailleurs.*
- *Les autres écoles ont une mauvaise réputation.*
- *Les horaires étaient cool.*
- *Papa a décidé…*
- *Parce que c'était le plus proche.*

À DIRE

- C'est la seule école spécialisée dans ce domaine.
- C'est une excellente école qui offre des ouvertures réelles dans le monde de l'industrie.
- Cette école m'a permis de me réaliser dans ce domaine et d'y faire un diplôme de…
- En assistant à des cours publics dans diverses universités, j'ai fait mon choix.
- J'ai choisi cet institut pour bénéficier des compétences spécifiques du lieu.
- Le programme d'échange avec l'université de XYZ était un avantage et j'ai pu en profiter.

D'excellents professeurs et une réputation dans les matières que j'ai étudiées.

N° 62

Qu'avez-vous appris au cours de ces 12 derniers mois ?

CE QUE VOTRE INTERLOCUTEUR VEUT VRAIMENT SAVOIR :

- Aimez-vous vous remettre en question ?
- Avez-vous l'esprit curieux ?
- Comment gérez-vous votre développement personnel ?

LES RÉPONSES POSSIBLES

(bonne réponse en bas ci-contre)*

- Comme j'étais en poste dans cette entreprise depuis 8 ans, je n'avais plus rien à apprendre dans ma fonction.
- Énormément…
- J'ai surtout appris à occuper mes journées comme cela fait plus d'une année que je ne travaille pas.
- Au cours de ces 12 derniers mois j'ai amélioré mes connaissances en… J'ai suivi une formation sur… dont vous allez profiter.
- Pas grand-chose. Rien de spécial.

À NE PAS FAIRE

- *Critiquer les nouveautés.*
- *Détourner le regard.*
- *Laisser entendre que vous n'avez aucune compétence à améliorer.*
- *Prendre un air étonné et répondre que vous n'avez pas eu de temps puisque vous êtes au chômage.*
- *Réfléchir trop longuement.*

À FAIRE

- Décrire vos réalisations.
- Mettre en valeur les points pertinents.
- Présenter des articles, des critiques de vos réalisations extra-professionnelles.
- Présenter les points positifs d'une période de réflexion.

À NE PAS DIRE

- *Je n'ai pas eu l'occasion de mettre en pratique ce que j'ai appris.*
- *Je n'ai rien appris de particulier.*
- *Je n'ai rien fait, je suis au chômage.*
- *Je n'y ai pas réfléchi.*

À DIRE

- Mes expériences récentes sont un plus pour la société. Par exemple…
- Mes réalisations professionnelles pourront-elles être utilisées au sein de votre société ?

Au cours de ces 12 derniers mois j'ai amélioré mes connaissances en…
J'ai suivi une formation sur… dont vous allez profiter.

N° 63

Qu'avez-vous appris durant vos études, qui vous sera utile dans cet emploi ?

CE QUE VOTRE INTERLOCUTEUR VEUT VRAIMENT SAVOIR :

- En quoi votre formation est-elle utile pour le poste ?
- Qu'avez-vous appris en théorie, que vous pouvez mettre en pratique ?
- Quelles sont vos qualités et aptitudes utiles pour ce poste ?

LES RÉPONSES POSSIBLES

(bonne réponse en bas ci-contre)*

- Beaucoup de choses.
- Je ne comprends pas votre question ! Pouvez-vous la reformuler ou me dire ce qu'elle a à voir avec ce recrutement ?
- Peu de choses car j'ai fait des études de musique.
- En plus des matières en elles-mêmes, 3 éléments essentiels : la gestion du stress, l'organisation et la capacité à collaborer au sein d'un groupe.
- Rien du tout !

À NE PAS FAIRE

- *Douter de vous.*
- *Trop parler de vos études au détriment de votre expérience.*
- *Vous lancer des fleurs…*
- *Vous perdre dans les détails.*

À FAIRE

- Décrire votre parcours scolaire et d'apprentissage.
- Donner des informations pertinentes.
- Faire le lien entre la théorie apprise et la pratique dans l'entreprise.
- Indiquer un point commun entre les deux domaines (étude et travail).
- Parler des études qui peuvent être utiles dans cette fonction.

À NE PAS DIRE

- *J'ai tout oublié.*
- *Je n'ai pas de formation dans ce domaine.*
- *Je ne sais pas…*
- *Je sais que ma formation est insuffisante.*
- *Les études sont vraiment inutiles.*
- *Ma formation n'a aucun rapport avec le poste.*
- *Mes études n'ont aucun rapport avec votre secteur d'activité !*
- *Rien ne va me servir.*

À DIRE

- J'ai appris à être très systématique.
- J'ai aujourd'hui les connaissances nécessaires pour le poste.
- Mes études m'ont formé pour ce poste.
- Mes expériences correspondent au poste proposé.

En plus des matières en elles-mêmes, 3 éléments essentiels : la gestion du stress, l'organisation et la capacité à collaborer au sein d'un groupe.

N° 64

Qu'avez-vous eu le plus de plaisir à étudier ?

Ce que votre interlocuteur veut vraiment savoir :

- Avez-vous une passion ?
- Êtes-vous ouvert à la formation continue ?
- Savez-vous apprendre des choses qui ne vous plaisent pas ?

Les réponses possibles

(bonne réponse en bas ci-contre)*

- C'est impossible d'être fort dans toutes les matières et à travers la télévision on a plus de plaisir à apprendre.
- Cela dépendait du professeur, mais je préfère travailler qu'étudier et ça depuis tout jeune.
- Je suis plutôt généraliste et aime moyennement toutes les matières.
- Un peu tout mais à vrai dire je ne me rappelle plus vraiment.
- Toutes les matières m'ont intéressé. J'aime surtout celles qui me permettent de me développer au niveau professionnel.

À NE PAS FAIRE

- *Afficher votre manque de culture générale.*
- *Être flou, hésitant ou sans avis.*
- *Être tenté d'étayer plus vos difficultés que vos réussites.*
- *Éviter la question en répondant de façon généralisée.*
- *Laisser apparaître votre manque d'intérêt pour de nouveaux sujets.*
- *Montrer une certaine lassitude ou peu d'enthousiasme.*
- *N'évoquer que l'école et non les thèmes appris en autodidacte.*
- *Parler de vos échecs scolaires.*
- *Vous dévaloriser s'il n'y a pas d'études.*

À NE PAS DIRE

- *À l'école, j'étais un cancre.*
- *Cela fait trop longtemps pour que je m'en souvienne.*
- *J'ai changé souvent d'orientation sans jamais trouver ma voie.*
- *J'ai tout aimé étudier.*
- *Justement à ce sujet j'espère qu'il n'y a pas trop de formation continue, ce n'est pas à mon âge que des jeunes vont m'apprendre ce que je dois étudier.*
- *Les professeurs étaient incompétents.*
- *Non, je n'ai jamais aimé étudier.*

À FAIRE

- Amener des résultats tangibles de votre cursus d'étude.
- Apporter des exemples de mise en application sur le terrain des techniques apprises durant les études.
- Démontrer que déjà vous aviez de la facilité pour les matières.
- Évoquer vos études comme une période ayant permis de vous surpasser.
- Mentionner vos publications ou votre travail de mémoire.
- Montrer l'évolution d'une matière qui vous a été difficile et où vous avez abouti à un bon résultat.

À DIRE

- Autant dans mon travail que dans mon hobby, j'étudie tous les jours de nouvelles matières.
- Cela m'a permis de m'enrichir de connaissances utiles pour toute la vie.
- J'ai aimé apprendre et cela m'a donné le goût d'apprendre à apprendre.
- J'ai appris à structurer mon travail pour obtenir des résultats.

Toutes les matières m'ont intéressé. J'aime surtout celles qui me permettent de me développer au niveau professionnel.

N° 65

Quel est votre mode d'apprentissage ?

CE QUE VOTRE INTERLOCUTEUR VEUT VRAIMENT SAVOIR :

- Parlez-moi de votre dernier emploi !
- Que pensez-vous trouver de plus chez nous que dans votre dernier emploi ?
- Saurez-vous faire face aux difficultés qui vous attendent ?
- Aimez-vous vous perfectionner ?
- Êtes-vous visuel ou auditif ?
- Lisez-vous un mode d'emploi ou vous jetez-vous à l'eau sans trop réfléchir ?

LES RÉPONSES POSSIBLES

(bonne réponse en bas ci-contre)*

- Je comprends vite ce que l'on m'explique bien.
- Je n'en sais rien !
- Je suis plutôt visuel et pratique. J'aime apprendre.
- Je téléphone à mes amis/connaissances/collègues quand je n'y arrive pas.
- Très rapide, n'ayez pas peur.

À NE PAS FAIRE

- *Hausser les épaules ou soupirer et ne pas avoir de réponse.*
- *Rester muet, chercher ses mots.*
- *Sembler désintéressé par cette question.*
- *Sous-estimer l'importance de votre réponse.*
- *Vous reculer.*

À NE PAS DIRE

- *Ça dépend des circonstances, mais je mémorise bien.*
- *Je n'aime pas s'il faut apprendre longtemps, je préfère le savoir « prêt à consommer ».*
- *Ma méthode est très personnelle, je ne tiens pas à en parler.*

À FAIRE

- Donner un exemple d'éléments que vous avez rapidement assimilés en expliquant comment.
- Lister les applications pratiques de ce que vous avez acquis en théorie.
- Mentionner que vous vous informez des possibilités de solutions à un problème et que vous consultez le responsable.
- Présenter des documents ou preuves que vous avez apportés avec vous.

À DIRE

- Je prends toujours des notes lorsqu'on me montre une nouveauté.
- Je reproduis rapidement ce que l'on me montre.
- Je suis un audio-visuel, donc j'enregistre plus rapidement que la moyenne des gens.
- La persévérance et la répétition.

Je suis plutôt visuel et pratique. J'aime apprendre.

Quelle est votre formation ?

Ce que votre interlocuteur veut vraiment savoir :

- Avez-vous appris à apprendre ?
- Êtes-vous pour la formation continue ? Avez-vous soif d'apprendre ?
- Êtes-vous une personne engagée/qui s'implique ?

Les réponses possibles

(bonne réponse en bas ci-contre)*

- J'ai à mon actif de multiples formations, mais aucune en relation directe avec ce poste.
- J'ai une formation que mon père m'a obligée à faire. Mais je n'ai jamais pratiqué car je n'aime pas ce métier. Par ailleurs, pour être franc, j'ai interrompu à plusieurs reprises mes études.
- La formation n'est pas le plus important, à mon avis. C'est souvent une perte de temps.
- Une bonne formation. Un diplôme de…
- En plus de ma formation initiale, j'ai suivi des formations continues spécifiques en rapport avec les postes que j'ai occupés.

À NE PAS FAIRE

- *Citer uniquement la formation liée à votre cahier des charges.*
- *Lister toutes les formations que vous avez l'intention de suivre dans les 5 prochaines années.*
- *Mettre en avant vos diplômes et dire que c'est suffisant.*
- *Rester silencieux.*
- *Vous baser uniquement sur l'acquis.*

À FAIRE

- Anticiper en demandant s'il y a des formations continues.
- Demander si cette question vous est posée en vue d'une formation interne.
- Donner les éléments positifs de votre dernière formation.
- Laisser entendre que vous diversifiez vos compétences par l'acquisition de nouveaux outils.
- Montrer que vous avez concilié votre évolution personnelle avec les exigences professionnelles.

À NE PAS DIRE

- *J'ai beaucoup travaillé et j'ai eu peu de temps pour me former.*
- *J'ai fait de longues études et cela me paraît suffisant.*
- *Je me suis formé sur le tas.*
- *Regardez mon CV, tout est mentionné.*

À DIRE

- Être ouvert à la formation continue.
- J'ai concilié travail et cours du soir.
- Je lis toutes sortes d'œuvres pour apprendre constamment.
- Par la presse, le réseau, les amis, en m'informant des nouveautés.

En plus de ma formation initiale, j'ai suivi des formations continues spécifiques en rapport avec les postes que j'ai occupés.

N° 67

Quelle est votre méthode d'apprentissage ?

Ce que votre interlocuteur veut vraiment savoir :

- Êtes-vous autonome ? Ambitieux ?
- Quel est votre style d'apprentissage ?
- Savez-vous vous remettre en question ?

Les réponses possibles

(bonne réponse en bas ci-contre)*

- Je travaille toujours en trois étapes : réflexion, action, amélioration. Cela me permet d'apprendre.
- J'ai appris tout ce que je sais sur les bancs de l'école. Maintenant je crois que j'ai fini d'apprendre.
- Je fais ce que l'on me demande de faire ! Et j'apprends ce que l'on me demande d'apprendre !
- Je n'y ai jamais vraiment réfléchi. Mais je m'arrange et cela a toujours fonctionné.
- Je suis payé pour exécuter, pas pour apprendre.

À NE PAS FAIRE

- *Citer tous les diplômes acquis.*
- *Expliquer que cela dépend de la finalité.*
- *Laisser entendre que vous n'en avez aucune.*
- *Signifier que vous n'avez jamais aimé l'école.*
- *Vous mettre trop en avant.*

À NE PAS DIRE

- *D'après mes résultats ma méthode est parfaite !*
- *J'appliquais méticuleusement les consignes de mes professeurs.*
- *J'étudiais dès que j'avais un peu de temps.*
- *Je m'investissais pour les échéances, que j'ai toujours tenues.*

À FAIRE

- Donner des exemples qui mettent en valeur des éléments de votre personnalité (esprit de collaboration, prise d'initiative...).
- Expliquer votre méthode succinctement et démentir les résultats obtenus.
- Montrer que vous êtes autodidacte.

À DIRE

- J'ai adopté une rigueur professionnelle pour étudier dans les délais que je me suis fixé.
- J'ai développé diverses méthodes d'apprentissage, qui sont...
- J'observe, j'écoute et je lis, puis je mets en pratique... et pour moi cela fonctionne très bien !
- Je planifiais mon emploi du temps pour pouvoir m'investir autant dans mes études que dans mes jobs.
- Ma méthode d'apprentissage concilie la créativité, l'esprit de synthèse et la mémorisation.

Je travaille toujours en trois étapes : réflexion, action, amélioration. Cela me permet d'apprendre.

N° 68

Quelle formation permanente avez-vous trouvé particulièrement utile au cours des 3 dernières années ?

Ce que votre interlocuteur veut vraiment savoir :

- Croyez-vous en la formation permanente ?
- Êtes-vous ambitieux ?
- Vos connaissances sont-elles à jour ?

Les réponses possibles

(bonne réponse en bas ci-contre)*

- Aucune, car je n'ai pas suivi de formation dernièrement.
- Je me forme sur le tas.
- Je ne pense pas que la formation remplace la pratique.
- Une formation sur… et j'en ai tiré… dont vous allez profiter.
- La formation n'a pas été pour moi une priorité durant ces 3 dernières années.

À NE PAS FAIRE

- *Demander quelles sont les formations qu'ils financent.*
- *Enchaîner les exemples de formations que vous n'avez pas appréciées.*
- *Faire comprendre que vous n'avez pas besoin de formation continue.*
- *Laisser entrevoir que vous ne vous êtes plus formé depuis la fin de vos études.*
- *Montrer que vous êtes réticent à la formation continue.*
- *Refuser la formation que l'on vous propose.*
- *Tenter de prouver que la formation continue ne sert à rien.*

À NE PAS DIRE

- *J'étais obligé de faire/de suivre une formation de…*
- *Je n'ai jamais suivi de formation, mais j'espère en bénéficier dans ce poste.*
- *Je n'ai suivi aucune formation, j'ai suivi de longues études, ça me paraît suffisant.*
- *Je n'aime pas suivre des cours.*

À FAIRE

- Citer 2 à 3 formations que vous avez appréciées.
- Faire savoir que vous vous êtes maintenu professionnellement à jour en consultant Internet ou les revues spécialisées.
- Faire une démonstration de vos acquis (en parlant brièvement une langue étrangère).
- Informer que vous avez suivi une formation en relation avec votre poste/secteur.
- Sortir de votre serviette les attestations ou certificats de cours ciblés.

À DIRE

- J'ai à cœur de progresser dans mon métier, pour cela j'ai suivi…
- L'adaptation à la formation est synonyme d'adaptation professionnelle.
- Mes cours de communication m'ont appris à m'approcher des gens, j'ai su me créer un réseau de connaissances.

Une formation sur… et j'en ai tiré… dont vous allez profiter.

N° 69

Quelle relation existe-t-il entre vos études et cet emploi ?

Ce que votre interlocuteur veut vraiment savoir :

- En quoi votre formation est-elle utile pour le poste ?
- Êtes-vous fait pour ce poste ? Convenez-vous à ce poste ?
- Que pouvez-vous m'apporter très spécifiquement ?

Les réponses possibles

(bonne réponse en bas ci-contre)*

- Ce n'est pas facile de répondre, je ne connais pas encore le poste.
- Grande, je l'espère. J'en ai vraiment assez des études.
- Pour être honnête peu, par rapport à cet emploi. Mais il m'attire beaucoup.
- Tout puisque j'ai obtenu mon diplôme dans les matières qui correspondent précisément à ce que vous proposez.
- Mes expériences acquises (…) et leurs mises à jour sont mes points forts pour cet emploi.

À NE PAS FAIRE

- *Chercher à vous valoriser par vos diplômes.*
- *Critiquer les matières enseignées.*
- *Esquiver la question.*
- *Imaginer que votre interlocuteur a plus de diplômes que vous.*
- *Méconnaître les exigences du poste.*
- *Montrer un malaise.*
- *Omettre de répondre.*
- *Parler de sujets n'ayant aucun lien avec le poste.*
- *Vous excuser pour une situation qui manque de liens visibles.*

À FAIRE

- Apporter votre propre savoir à l'entreprise.
- Chercher des liens, des ponts entre les deux.
- Citer votre souhait d'orientation afin d'exercer la fonction proposée.
- Profiter de l'occasion pour suggérer de compléter votre formation en entreprise.
- Proposer une nouvelle matière à apprendre en interne pour le poste.
- Transmettre que les études ont été entreprises uniquement dans le but d'exercer ce travail.

À NE PAS DIRE

- *Je n'ai pas de formation dans ce domaine.*
- *Je n'en vois aucune !!!*
- *Je ne sais pas…*
- *Ma formation n'a aucun rapport avec le poste.*

À DIRE

- C'est grâce à mes études, mon expérience professionnelle que je suis prêt à assumer les responsabilités du poste.
- J'adore les études, mais j'aime encore plus les mettre en pratique !
- Mes études dans ce domaine ne furent qu'un tremplin pour le poste que vous proposez.
- Mes études m'ont offert toutes les bases pour m'adapter à votre domaine.

Mes expériences acquises (…) et leurs mises à jour sont mes points forts pour cet emploi.

Goûts/
Préférences

N° 70

Aimeriez-vous avoir mon emploi ?

Ce que votre interlocuteur veut vraiment savoir :

- Avez-vous de la répartie ?
- Possédez-vous un plan de carrière ou des objectifs professionnels ?
- Quelles sont vos ambitions dans notre société ?

Les réponses possibles

(bonne réponse en bas ci-contre)*

- Je n'en sais rien. Mais à première vue, je ne pense pas en avoir les compétences.
- Je suis très attiré par votre entreprise. S'il y a des possibilités d'évolution pourquoi pas ?
- Non, en tout cas pas : je pense qu'il y a trop de responsabilités.
- Oui, tout de suite, pensez-vous démissionner ?
- Pour ce poste il faut posséder des qualifications que je n'ai pas. Néanmoins si vous souhaitez me former et me donner votre salaire, je suis preneur !

À NE PAS FAIRE

- *Acquiescer et afficher un sourire entendu.*
- *Donner l'impression que vous n'êtes là que pour ça, sans motivation réelle pour le poste dont il est actuellement question.*
- *Ne pas vous sentir concerné et montrer que vous doutez de vous.*
- *Vous montrer trop ambitieux.*

À FAIRE

- Avoir une attitude positive sans être opportuniste.
- Demander pourquoi.
- Montrer vos ambitions dans le cadre du poste proposé. Ne pas vous montrer impatient de grimper dans la hiérarchie.

À NE PAS DIRE

- *Non, je ne souhaite vraiment pas. Ça ne doit pas être tous les jours facile pour vous.*
- *Oui, j'aimerais bien.*
- *Votre emploi ne m'attire pas vraiment, mais le salaire…*

À DIRE

- Dans un avenir assez proche je pourrais imaginer avoir un poste similaire au vôtre.
- Effectivement, il est intéressant mais le poste visé à ce jour est celui de…
- Quels postes à responsabilités sont susceptibles de se libérer ?

Je suis très attiré par votre entreprise. S'il y a des possibilités d'évolution pourquoi pas ?

N° 71

Décrivez le meilleur emploi que vous n'ayez jamais eu !

Ce que votre interlocuteur veut vraiment savoir :

- Connaissez-vous vos forces et vos faiblesses ?
- Êtes-vous quelqu'un qui va de l'avant ?
- Savez-vous utiliser et transférer vos talents ?

Les réponses possibles

(bonne réponse en bas ci-contre)*

- C'est une question difficile. Et vous ?
- J'en ai eu beaucoup !
- Je n'ai jamais eu d'emploi vraiment intéressant…
- Chaque emploi que j'ai eu m'a apporté des expériences intéressantes. Voici les 3 qui sont les plus significatives…
- Le dernier emploi que j'ai eu était parfait ! J'aurais du mal à trouver mieux ailleurs… Peut-être que chez vous je trouverai mieux.

À NE PAS FAIRE

- *Critiquer vos anciens emplois.*
- *Décrire un travail à l'opposé de ce que l'on vous propose.*
- *Dire que vous ne l'avez jamais vécu.*
- *Parler de problèmes relationnels ou d'organisation.*
- *Présenter un travail irréel.*
- *Profiter pour vous plaindre de vos emplois précédents.*

À NE PAS DIRE

- *Ce sera difficile de trouver l'équivalent de mon dernier travail.*
- *Les chefs étaient des copains.*
- *On pouvait beaucoup discuter !*
- *Partout, il y a le pour et le contre.*
- *Super bien payé et peu de travail.*
- *Votre poste est le meilleur.*

À FAIRE

- Amener la conversation sur le thème du projet bien fait.
- Communiquer en positif.
- Décrire un emploi qui vous a tenu à cœur.
- Être authentique dans vos résultats.
- Fournir des preuves de réussites personnelles et d'équipe.
- Parler d'évolution et d'apprentissage.
- Préciser que vos responsabilités étaient en accord avec vos capacités.
- Transférer vos compétences et leurs résultats à l'emploi visé.

À DIRE

- C'était un marché prospère et...
- Dans chaque emploi, j'ai pu développer de nouvelles compétences.
- J'avais des collègues sympathiques et efficaces.
- Les créations que j'ai réalisées sont encore en vigueur.
- Mon chef m'a ouvert la voie du succès.
- Plus je vais de l'avant, plus je m'épanouis dans mes responsabilités.
- Une équipe d'exception avec tous les ingrédients d'une bonne recette.

Chaque emploi que j'ai eu m'a apporté des expériences intéressantes. Voici les 3 qui sont les plus significatives...

N° 72

Décrivez-moi une mission clé ou un projet indépendant que vous avez récemment mené à bien.

CE QUE VOTRE INTERLOCUTEUR VEUT VRAIMENT SAVOIR :

- Avez-vous plusieurs réussites dans la réalisation de projets professionnels ?
- Prenez-vous de la distance et savez-vous analyser ce que vous vivez ?
- Quelle est votre capacité d'autonomie ?

LES RÉPONSES POSSIBLES

(bonne réponse en bas ci-contre)*

- C'est difficile comme question ! Mais c'est une bonne question !
- J'avais un supérieur qui me donnait des ordres, je ne pouvais pas travailler de manière indépendante.
- Je n'ai rien fait récemment.
- Quel genre de mission ?
- Dans mon dernier emploi, j'ai porté le projet de…

À NE PAS FAIRE

- *Avouer votre dépendance.*
- *Dévoiler que vous avez mené des projets qui ont échoué.*
- *Laisser croire que vous ne savez pas prendre d'initiative.*
- *Minimiser vos contributions.*
- *Ne pas trouver d'exemple à décrire.*

À FAIRE

- Démontrer l'utilité d'un projet que vous avez géré.
- Expliquer les retombées de votre contribution sur le bon fonctionnement de l'entreprise.
- Décrire un projet qui pourrait être intéressant pour la société du recruteur.

À NE PAS DIRE

- *Je n'ai jamais mené un projet.*
- *Je n'ai jamais réussi de très grandes choses !*
- *Je n'ai jamais travaillé de manière vraiment autonome.*
- *La gestion d'un vrai et grand projet me ferait peur.*

À DIRE

- J'ai contribué au bon fonctionnement de la société XYZ en menant à bien un projet qui consistait à…
- J'ai pris l'initiative de soumettre à mon supérieur le projet XXX.
- Mon projet XXX était un succès. J'ai…
- Voici un projet que j'ai mené à bien…

Dans mon dernier emploi, j'ai porté le projet de…

N° 73

Êtes-vous prêt à voyager ? Acceptez-vous de vous déplacer fréquemment ?

Ce que votre interlocuteur veut vraiment savoir :

- Êtes-vous disposé à déménager régulièrement ?
- Êtes-vous prêt à vous engager à long terme pour notre société ?
- Êtes-vous souple en matière de domicile ?

Les réponses possibles

(bonne réponse en bas ci-contre)*

- Je considère que cela fait partie des avantages de ce métier.
- À midi, j'ai pour habitude de déjeuner avec mes enfants. Je suis un très bon parent.
- J'espère que je pourrai voyager en 1re classe ! ?
- Je n'aime pas trop l'avion, j'ai le mal des transports.
- Oui, si cela ne dépasse pas les 10-15 kilomètres.

À NE PAS FAIRE

- *Annoncer que vous changez de job chaque année.*
- *Dire que vous venez d'acheter une maison à laquelle vous tenez beaucoup.*
- *Faire savoir que vous avez quitté votre dernier emploi car vous deviez vous déplacer trop souvent.*
- *Laisser entendre que vous n'aimez pas vous déplacer.*

À NE PAS DIRE

- *De toute façon je ne serai plus chez vous dans 2 ou 3 ans !*
- *Je dois rentrer déjeuner tous les jours.*
- *Je n'ai pas de véhicule.*
- *Je ne veux pas changer mes enfants d'école.*
- *Je ne veux pas perdre du temps avec des déplacements.*
- *Je viens d'emménager et je ne compte pas changer.*

À FAIRE

- Demander plus d'informations sur la nature des déplacements.
- Donner des exemples de situations où vous avez fait preuve de souplesse géographique dans le passé.
- Montrer que c'est justement ce qui vous plaît dans un emploi.
- Préciser que cela vous convient.
- Prouver que vous avez toujours été flexible.

À DIRE

- J'ai toujours trouvé une solution par le passé.
- J'aime me déplacer dans le cadre de mon travail, c'est ce que je recherche.
- Je ferai tout pour m'arranger.
- Je n'ai pas peur de bouger, et au contraire, j'aime ça !

Je considère que cela fait partie des avantages de ce métier.

N° 74

Pouvez-vous faire des heures supplémentaires ? Travailler tôt le matin, tard le soir, les week-ends, voyager ?

CE QUE VOTRE INTERLOCUTEUR VEUT VRAIMENT SAVOIR :

- Êtes-vous prêt à donner le meilleur de vous-même ?
- Jusqu'où nous suivrez-vous ?
- Vous impliquez-vous dans votre travail ?

LES RÉPONSES POSSIBLES

(bonne réponse en bas ci-contre)*

- Ça dépend, j'ai des activités sportives intenses… Donc il peut y avoir conflit d'emploi du temps. Il faut faire attention.
- J'ai une vie de famille, elle passe avant tout.
- Je dois en parler d'abord à ma famille.
- Lorsque cela est nécessaire, je m'arrange toujours pour être disponible.
- Oui, c'est quand vous voulez et comme vous voulez ! Le jour, la nuit, le week-end et… pendant les vacances ! Le travail c'est ma vie !

À NE PAS FAIRE

- *Laisser croire que vous êtes prêt à tout accepter.*
- *Montrer que vous êtes plutôt rigide au niveau des horaires.*
- *Ne fixer aucune limite.*
- *Omettre de parler de compensations.*
- *Rester fermé au dialogue.*

À FAIRE

- Demander les raisons d'une surcharge éventuelle de travail.
- Vous enquérir si c'est passager.
- Fixer des limites.
- Rester ouvert au dialogue.
- Vous renseigner sur les compensations.

À NE PAS DIRE

- *Je ne fais des heures supplémentaires que si elles sont payées.*
- *Je tiens à garder une place importante pour ma vie privée.*
- *Je veux pouvoir partir chaque jour à 17 heures.*
- *Non, je ne fais pas d'heures supplémentaires. Ce n'est pas le genre de la maison !*
- *Oui, je suis prêt à tout.*

À DIRE

- Bien sûr, je l'ai toujours accepté.
- Peut-être pouvons-nous trouver ensemble une solution pour éviter ces heures supplémentaires ?
- Quelles sont les compensations de ces heures ?
- Tout dépend des proportions. En principe c'est oui !
- Très volontiers, à partir de l'instant où ce n'est pas une règle.

Lorsque cela est nécessaire, je m'arrange toujours pour être disponible.

N° 75

Préférez-vous travailler pour un homme ou pour une femme ?

Ce que votre interlocuteur veut vraiment savoir :

- Avez-vous une bonne capacité d'adaptation ?
- Comment choisissez-vous vos collègues/collaborateurs ?
- Pouvez-vous travailler avec tout le monde ?

Les réponses possibles

(bonne réponse en bas ci-contre)*

- Ça m'est égal, mais en général je préfère quand même travailler avec des hommes/des femmes.
- J'adore être la seule femme dans un univers masculin (ou vice versa).
- Je n'ai pas de préférence : ce sont les compétences qui comptent !
- Je n'aime pas trop travailler avec les nanas/mecs.
- Je préfère être sous l'autorité d'un homme/d'une femme.

À NE PAS FAIRE

- *Comparer statistiques à l'appui, l'efficacité des deux sexes.*
- *Décrire des problèmes que vous avez eus dans le passé avec des collègues et employeurs.*
- *Montrer une préférence nette pour l'un des deux sexes.*
- *Ne donner que des exemples où vous avez travaillé soit avec l'un, soit avec l'autre.*
- *Vous lancer dans un débat politique.*

À NE PAS DIRE

- *Avez-vous des préférences par rapport à vos collaborateurs ?*
- *Et vous ?*
- *Les femmes devraient rester à la maison.*
- *Un homme averti en vaut deux !*

À FAIRE

- Dire que vous n'avez pas de préférence et que vous vous entendez aussi bien avec des femmes que des hommes.
- Montrer que vous êtes conscient des conséquences que les préférences peuvent avoir.
- Prendre un air étonné.
- Reformuler la question pour savoir ce que votre interlocuteur cherche vraiment à savoir.
- Refuser d'avoir un avis sur la question.

À DIRE

- J'aime avant tout travailler !
- Je n'ai jamais eu d'expériences négatives ni avec l'un, ni avec l'autre.
- Ma préférence va aux plus efficaces !
- Je fonctionne aussi bien avec les deux.

Je n'ai pas de préférence : ce sont les compétences qui comptent !

N° 76

Qu'aimez-vous faire en dehors du travail ?

Ce que votre interlocuteur veut vraiment savoir :

- Comment aimez-vous vous ressourcer ?
- Favorisez-vous le physique ou le mental ?
- Serez-vous disponible pour nous ? Avez-vous de la résistance ?

Les réponses possibles

(bonne réponse en bas ci-contre)*

- J'aime lire des revues à sensation ou des magazines « people ». Ça fait du bien de se changer les idées de temps en temps et de ne pas être trop polarisé.
- Je ne vois pas en quoi cette question concerne le poste.
- Ne rien faire.
- Regarder la télé.
- J'adore les activités sportives et culturelles. Cela me permet de me ressourcer et de supporter la pression liée à un travail exigeant.

À NE PAS FAIRE

- *Donner trop d'importance aux loisirs (par rapport au travail).*
- *Laisser entendre que vous travaillez pour pouvoir vous payer des loisirs.*
- *Mettre trop en avant votre vie privée.*
- *Montrer que vous consacrez plus de temps à une autre activité qu'à votre travail.*
- *Parler de sport extrême : casse-cou, fanatique…*
- *Parler trop en détail de vos passions.*

À FAIRE

- Démontrer que le loisir est complémentaire au métier.
- Démontrer votre dynamisme.
- Dire que vous appréciez d'autres choses que le travail.
- Expliquer que vous avez évolué et progressé durant vos loisirs.
- Montrer que vous savez vous occuper et bien gérer votre temps.
- Préciser que vous êtes quelqu'un d'actif.
- Présenter une activité qui apporte un « plus » au nouveau travail.
- Prouver que vous avez de la résistance.
- Souligner votre goût pour la stratégie.

À NE PAS DIRE

- *J'aime faire du shopping.*
- *Je consacre beaucoup de temps à la religion/à la politique.*
- *Je fais des compétitions de sports extrêmes.*
- *Je ne fais rien en dehors du travail.*
- *Je sors beaucoup en boîte de nuit.*

À DIRE

- J'enseigne…
- Je m'occupe de ma famille.
- Je cultive mon jardin, je cuisine, je lis et je bricole.
- Je fais de la voile car j'aime lutter contre les éléments.
- Je joue aux échecs et je participe à des tournois.

J'adore les activités sportives et culturelles. Cela me permet de me ressourcer et de supporter la pression liée à un travail exigeant.

N° 77

Quel genre de tâche vous intéresse particulièrement/vous enflamme ?

Ce que votre interlocuteur veut vraiment savoir :

- Qu'est-ce qui vous motive le plus ?
- Quels sont vos véritables talents ?
- Votre personnalité colle-t-elle au poste ?

Les réponses possibles

(bonne réponse en bas ci-contre)*

- C'est surtout dans mes hobbies que je m'enflamme le plus !
- Dans mon travail… euh… toutes…
- Décrivez-moi les tâches du poste que vous proposez pour que je puisse vous répondre. Comme ça…, comment voulez-vous que je puisse prendre position ?
- Celles qui me permettent d'utiliser le maximum de mon potentiel. Lorsque je travaillais chez… (exemple bref)
- Pas celle d'un subordonné.

À NE PAS FAIRE

- *Aborder les tâches que vous n'aimiez pas.*
- *Citer des tâches qui ne sont pas en rapport avec le poste.*
- *Décrire des tâches concernant uniquement vos hobbies.*

À FAIRE

- Citer un exemple en relation avec une des tâches du poste.
- Montrer que même des tâches mineures peuvent apporter une satisfaction.
- Vous focaliser sur 3 à 5 tâches au maximum.

À NE PAS DIRE

- *C'est une question difficile.*
- *Celles où je peux gagner le plus d'argent.*
- *Pas grand-chose en fait, je suis très exigeant.*
- *Peu de choses, si j'y réfléchis.*
- *Tout ce qui a un caractère répétitif.*

À DIRE

- J'apporte du sang neuf et/ou une vision à long terme.
- Je suis intéressé par beaucoup de choses. Par exemple…
- La programmation de scripts, les bases de données.
- Les nouveaux défis !
- Suivre les tâches en cours, prévoir des problèmes potentiels et anticiper des tâches futures.

Celles qui me permettent d'utiliser le maximum de mon potentiel.
Lorsque je travaillais chez… (exemple bref)

N° 78

Quelles sont les choses que vous n'aimiez pas dans votre dernier emploi ?

Ce que votre interlocuteur veut vraiment savoir :

- Avez-vous bon caractère ? Comment réagissez-vous face aux difficultés ?
- Êtes-vous responsable et acceptez-vous d'exécuter des tâches que vous n'aimez pas ?
- Quelles sont vos préférences, votre motivation ?

Les réponses possibles

(bonne réponse en bas ci-contre)*

- Je n'en vois pas et je ne me pose pas ce genre de questions. Un job c'est un job avec tout ce que ça comporte comme plaisirs et difficultés.
- La répétition et le fait de ne pouvoir évoluer. J'aime quand ça bouge et, là-bas, les choses étaient un peu trop calmes.
- L'impression d'avoir tout vu et de ne plus avoir de surprises.
- Recevoir des ordres et être contrôlé.
- Peu de choses, les défis qui m'étaient proposés les compensaient largement.

À NE PAS FAIRE

- *Citer une longue liste de dysfonctionnements.*
- *Critiquer l'ancienne entreprise ou le dernier supérieur ou les collègues.*
- *Donner en exemple une tâche qui est l'une de celles que vous aurez à accomplir.*
- *Énumérer uniquement des points négatifs et rien de positif.*
- *Récriminer sur le peu d'avantages sociaux de votre poste.*

À FAIRE

- Annoncer des points qui n'auront pas d'impact négatif pour le poste à pourvoir.
- Avoir un avis, citer au moins une chose.
- Mettre en valeur votre mobilité/ souplesse d'esprit.
- Placer dans la discussion une partie de ce que vous avez apporté à l'équipe pour faire avancer les priorités du département, de l'entreprise.
- Systématiquement vous montrer motivé par rapport au résultat.
- Souligner votre sens des responsabilités.

À NE PAS DIRE

- *Cela n'est pas vraiment important.*
- *Je n'arrivais pas à comprendre ce qu'on attendait de moi.*
- *Je ne gagnais pas assez, mon salaire n'était pas en rapport avec mes responsabilités.*
- *Je ratais tout.*
- *Les heures supplémentaires qu'il fallait effectuer chaque fin de mois.*
- *Rien !*
- *Tout était mal organisé, je n'avais aucun pouvoir de changer leur structure.*

À DIRE

- Certaines tâches que j'avais automatisées devenaient un peu routinières.
- Je m'organise de manière à régler également les tâches que je n'apprécie pas.
- Peu de choses. J'aime travailler.
- Toute fonction comprend une part de routine.

Peu de choses, les défis qui m'étaient proposés les compensaient largement.

N° 79

Quelles sont vos activités extra-professionnelles (sports, lectures, violons d'Ingres...) ? Comment passez-vous vos vacances ?

Ce que votre interlocuteur veut vraiment savoir :

- Avez-vous une ouverture culturelle, associative, sportive ?
- Dans quels contextes et dans quels cercles aimez-vous évoluer ?
- Savez-vous vous ressourcer ?

Les réponses possibles

(bonne réponse en bas ci-contre)*

- J'aime beaucoup le… (sport) et la… (culture).
- Cela fait partie de ma sphère privée. Je préfère garder cela pour moi et je ne vois pas en quoi cela peut avoir une influence sur un recrutement.
- J'aime me reposer, le farniente, la grasse matinée, la sieste.
- Je fais beaucoup de sports, j'adore le saut à l'élastique.
- Je ne prends que très rarement des vacances. Je n'en ai pas les moyens.

À NE PAS FAIRE

- *Développer, parler de vos hobbies de façon disproportionnée (temps, enthousiasme) par rapport aux motivations professionnelles pertinentes pour le poste.*
- *Faire ressortir une incohérence en termes d'image.*
- *Mentionner des hobbies qui s'opposeraient au profil visé.*

À NE PAS DIRE

- *En quoi votre question a-t-elle une relation avec le poste ?*
- *Je m'intéresse à peu de choses en dehors de mon travail.*
- *Je n'ai aucun hobby qui m'intéresse particulièrement.*
- *Je n'aime pas les vacances, c'est du temps perdu.*
- *Je planifie tout à l'avance, je n'aime pas les imprévus, ni dans le sport ni en vacances.*
- *Je préfère garder mon jardin secret.*
- *Le parachutisme c'est ma passion, j'y consacre le maximum de mon temps libre.*
- *Mes centres d'intérêt n'ont aucun rapport avec mon travail.*

À FAIRE

- Citer uniquement des hobbies ayant un intérêt direct ou indirect pour les besoins du poste.
- Mentionner brièvement ce que vous connaissez bien.
- Relier explicitement les liens entre les savoir, savoir-faire et savoir-être développés dans vos hobbies et ceux requis pour le poste visé.

À DIRE

- Inviter des amis et leur faire la cuisine.
- J'aime le tennis, c'est un sport qui développe l'anticipation.
- Je lis très souvent. Les trois derniers livres que j'ai lus sont…
- Je mets à profit mes vacances pour faire des connaissances dans tout type de milieux.
- Je pratique le golf (le ski, la pétanque…) cela me permet de canaliser mon énergie.
- Mon hobby a un rapport avec mon métier ; il s'agit de…
- Voilà plus de 10 ans que je pratique le vélo dans un club sportif.

J'aime beaucoup le… (sport) et la… (culture).

Hiérarchie
(Relation à la)

N° 80

À quelle fréquence rencontrez-vous votre boss/chef/patron ? De quoi parlez-vous ?

Ce que votre interlocuteur veut vraiment savoir :

- Avez-vous de bonnes relations avec votre chef/boss ?
- Avez-vous des activités extra-professionnelles où vous rencontrez votre chef/boss ?
- Collaborez-vous facilement ?

Les réponses possibles

(bonne réponse en bas ci-contre)*

- Il était tellement occupé que je n'arrivais jamais à le voir.
- Je ne vois pas assez souvent mon chef pour parler d'autre chose que de travail.
- Le moins possible.
- Aussi souvent que possible. Nous déjeunons ensemble une fois par semaine.
- Pour quoi faire ? J'ai le sentiment que ça le dérange !

À NE PAS FAIRE

- *Expliquer que vie professionnelle et vie privée sont 2 éléments à dissocier.*
- *Laisser entrevoir que vous ne recherchez pas le contact avec votre supérieur.*
- *Sous-entendre que votre chef est peu compétent et qu'il vaut mieux ne pas le rencontrer.*
- *Transmettre que vous n'avez jamais croisé votre supérieur en dehors de votre lieu professionnel.*
- *Vous montrer réticent à parler de votre supérieur.*

À FAIRE

- Expliquer que vous vous entendez bien avec votre chef y compris en dehors du travail.
- Informer que vous proposiez à votre supérieur des réunions régulières pour faire le point.
- Montrer votre supérieur sous un jour positif.
- Préciser que vous communiquez souvent et bien avec votre supérieur.

À NE PAS DIRE

- *Avec mon chef je ne parle que de travail.*
- *Il était toujours absent !*
- *Je ne vois jamais mon chef hors de mon travail.*
- *Je ne vois pas assez souvent mon chef pour parler d'autre chose que de travail.*
- *Mon employeur était très occupé et avait peu de temps à consacrer aux relations avec ses employés.*

À DIRE

- Nous avons des conversations intéressantes sur de multiples sujets.
- Parfois je l'invitais à déjeuner et nous parlions de l'actualité.
- Souvent sur le trajet de l'usine, nous faisons le chemin ensemble.

Aussi souvent que possible. Nous déjeunons ensemble une fois par semaine.

N° 81

Avec combien de niveaux hiérarchiques avez-vous dû communiquer ? Sur quels sujets ?

Ce que votre interlocuteur veut vraiment savoir :

- Êtes-vous procédurier ?
- Préférez-vous exécuter ou diriger ?
- Quel est votre comportement avec la hiérarchie ?

Les réponses possibles

(bonne réponse en bas ci-contre)*

- Avec personne, je faisais tout à ma façon.
- Beaucoup trop à mon goût !
- Ça dépendait, il m'est difficile de vous répondre. Parfois 2, parfois 5, parfois même plus.
- Qu'entendez-vous exactement par niveau hiérarchique ?
- Avec 3 niveaux hiérarchiques, notamment pour des situations touchant à l'amélioration des conditions de travail des collaborateurs.

À NE PAS FAIRE

- *Adopter une attitude dédaigneuse avec les niveaux hiérarchiques inférieurs.*
- *Rester silencieux.*
- *Vous montrer trop ambitieux.*
- *Vous opposer/critiquer la hiérarchie.*

À FAIRE

- Faire ressortir votre aisance dans la communication avec différents niveaux hiérarchiques.
- Souligner votre attrait pour l'interaction entre niveaux hiérarchiques.
- Valoriser une bonne circulation de l'information et des échanges.
- Vous montrer respectueux face à tous les niveaux hiérarchiques.

À NE PAS DIRE

- *J'aime beaucoup dicter des notes de services.*
- *Je déteste quand quelqu'un me précise ce que je dois faire.*
- *Je ne sais plus très bien.*
- *Je supporte difficilement la hiérarchie.*
- *Je veux grimper rapidement les échelons, donc je ménage ma hiérarchie.*

À DIRE

- Il faut savoir s'adapter à ses interlocuteurs.
- J'appartenais à différents comités et ça se passait toujours très bien.
- Je n'oublie jamais d'informer mes collègues concernés.

Avec 3 niveaux hiérarchiques, notamment pour des situations touchant à l'amélioration des conditions de travail des collaborateurs.

N° 82

Comment acceptez-vous la hiérarchie ?

Ce que votre interlocuteur veut vraiment savoir :

- Avez-vous déjà eu un problème avec d'autres employés (chefs) dans le passé ?
- Êtes-vous suffisamment fin pour ne pas détruire notre équilibre ?
- Le job exige des capacités de supervision/leadership. Les avez-vous ?

Les réponses possibles

(bonne réponse en bas ci-contre)*

- Cela dépend, si mon supérieur est intelligent, ça se passe bien.
- Je ne me laisse pas mener par plus jeune que moi.
- Je ne sais pas encore, je viens d'une petite entreprise, nous n'étions que trois.
- Pour gagner du temps, j'essaye d'en référer uniquement à mon boss/chef.
- Je la respecte pour ses compétences et me réfère à elle quand il le faut.

À NE PAS FAIRE

- *Citer une ou deux expériences douteuses de votre passé.*
- *Demander si c'est absolument indispensable de suivre ce type de procédure.*
- *Être arrogant dans vos réponses.*
- *Montrer que, pour vous, un organigramme est une chose superflue.*
- *N'avoir aucune idée du fonctionnement interne d'une entreprise.*

À FAIRE

- Citer des exemples récents et réussis.
- Donner l'exemple d'une action menée en commun.
- Montrer que vous n'avez aucun a priori à ce sujet.
- Présenter un cas où votre hiérarchie vous a fourni une aide appréciable.

À NE PAS DIRE

- *Cela ne me pose pas de problèmes, mais…*
- *J'ai l'habitude d'être commandé.*
- *Je n'aime pas vraiment devoir référer à qui que ce soit.*
- *Je suis content d'avoir quelqu'un qui prenne en charge mes responsabilités.*
- *Si c'est une femme/un homme, je ne peux rien garantir.*

À DIRE

- C'est le lot, tout à fait normal, de tout responsable.
- Je connais bien votre organigramme et ses responsables. Ceci me convient.
- Je sais reconnaître la valeur d'un supérieur et n'ai, par conséquent, aucune difficulté avec ma hiérarchie.
- Je suis respectueux des tâches des responsabilités de chacun.

Je la respecte pour ses compétences et me réfère à elle quand il le faut.

N° 83

Comment vivrez-vous le fait de devoir travailler pour quelqu'un de beaucoup plus jeune que vous ?

Ce que votre interlocuteur veut vraiment savoir :

- Votre ego va-t-il supporter un patron plus jeune que vous ?
- Respectez-vous l'autorité en toute situation ?
- Associez-vous les notions d'âge et d'expérience ?

Les réponses possibles

(bonne réponse en bas ci-contre)*

- Ça dépend. Si mon patron est intelligent cela ne pose pas de problème. Dans le cas contraire…
- J'ai travaillé pour une personne plus jeune que moi dans le passé. J'ai beaucoup apprécié son énergie et son enthousiasme.
- En principe je n'aime pas travailler avec des gens plus jeunes que moi.
- Je ne sais pas encore. J'ai seulement travaillé dans une société où nous n'étions que trois du même âge.
- Ce n'est pas vraiment un problème pour moi, mais cependant, ça donne à réfléchir.

À NE PAS FAIRE

- *Adopter une attitude méprisante parce que vous pensez que les gens plus jeunes que vous ne sont pas aussi bons que vous.*
- *Dire que cela vous déplaît vraiment de recevoir des ordres de personnes plus jeunes que vous.*
- *Remettre en question le fait que des personnes plus jeunes puissent être promues à des postes de responsabilité.*
- *Montrer que l'âge est vraiment un problème en ce qui vous concerne.*

À FAIRE

- Donner des exemples concrets montrant que vous fonctionnez bien avec des personnes plus jeunes que vous.
- Souligner votre respect pour la hiérarchie.
- Préciser que vous savez très bien ce que « coopérer » veut dire.
- Donner des exemples de vos contributions qui n'ont rien à voir avec l'âge.

À NE PAS DIRE

- *Je n'ai jamais eu un patron plus jeune que moi, donc je ne sais pas ce qu'il en est.*
- *Je suis facile et je m'accorde avec tout le monde.*
- *Je préfère m'abstenir de tout commentaire.*
- *J'ai eu un boss plus jeune que moi qui était le chouchou du président. C'était choquant car j'avais plus d'expérience que lui.*
- *Ce qui est le plus important pour moi est de s'entendre avec ses collègues. Le boss…*
- *Je pense qu'il n'y aura aucun problème.*

À DIRE

- Cela me fait plaisir de travailler pour une personne qui est efficace, a de bonnes idées et de l'énergie.
- Je n'ai jamais eu de problème avec aucun de mes boss et ce, quel que soit leur âge.
- Je respecte avant tout l'efficacité. Ceci n'a pas grand-chose à voir avec l'âge.
- La chose la plus importante pour moi, chez un patron, c'est qu'il soit respectueux, responsable et qu'il me motive.
- Chacun apporte quelque chose à l'ensemble. Des personnes très différentes et qui travaillent toutes vers le même objectif.

J'ai travaillé pour une personne plus jeune que moi dans le passé.
J'ai beaucoup apprécié son énergie et enthousiasme.

N° 84

Décrivez-moi le meilleur boss/chef/ patron que vous ayez eu.

Ce que votre interlocuteur veut vraiment savoir :

- Comment vivez-vous la hiérarchie ?
- Qu'aimeriez-vous de la part d'un supérieur ?
- Quelles seraient pour vous les qualités (principales) d'un chef ?

Les réponses possibles

(bonne réponse en bas ci-contre)*

- Je peux vous décrire mes anciens chefs, car chacun d'eux a contribué à l'acquis de mes compétences et expériences professionnelles jusqu'à ce jour.
- C'était un ami, on se tutoyait.
- Ce serait difficile de vous le décrire car jusqu'à présent je n'ai pas eu la chance de connaître un bon chef. Mais avec vous ça peut changer !
- Il y en a eu tant ! Et tous les chefs sont bons.
- Je ne l'ai pas encore rencontré. Quelque chose me dit que ce pourrait être vous.

À NE PAS FAIRE

- *Critiquer votre ancien employeur.*
- *Dévaloriser l'ancien poste/entreprise.*
- *Exagérer dans le sens inverse, être trop flatteur.*

À FAIRE

- Mettre en évidence vos bons rapports avec l'ancien employeur.
- Parler de l'importance de respecter le supérieur hiérarchique.
- Parler positivement de votre employeur.

À NE PAS DIRE

- *C'est difficile, de toute façon, chaque chef a ses défauts…*
- *Ça n'existe pas. Je me suis disputé avec tous mes patrons.*
- *Il avait toujours un costume avec une cravate bariolée et venait au travail avec son chien. Il était super !*
- *Je ne pourrais pas dire lequel c'était.*
- *Je pense que ce sera vous !*
- *Mon ancien patron était simplement génial !!! Ce sera difficile de retrouver le même !*
- *Mon ancien patron était très cool, on pouvait tout faire !*

À DIRE

- C'était une personne exigeante, mais juste. J'ai appris beaucoup.
- Dans mes trois derniers postes, chacun m'a apporté quelque chose.
- J'apprécie les chefs qui ne prennent pas leurs employés pour des numéros.
- J'apprécie les personnes qui ont une autorité naturelle.

Je peux vous décrire mes anciens chefs, car chacun d'eux a contribué à l'acquis de mes compétences et expériences professionnelles jusqu'à ce jour.

N° 85

Que pensez-vous de votre boss/ chef/patron actuel ? De votre dernier boss/chef/patron ?

Ce que votre interlocuteur veut vraiment savoir :

- Avez-vous de bonnes relations avec vos supérieurs ?
- Avez-vous fait le deuil de votre ancien emploi ?
- Êtes-vous fidèle ? Restez-vous dans la confidentialité concernant votre ancienne entreprise

Les réponses possibles

(bonne réponse en bas ci-contre)*

- Ce qui est sûr en tout cas, c'est que mon chef actuel est un peu plus sympathique que le dernier. Je n'ai pas toujours eu de la chance dans ce domaine.
- Je préfère ne pas en parler.
- Il n'a, hélas, pas pu me proposer une évolution de carrière et de nouveaux défis.
- J'ai beaucoup tourné ! J'en ai eu pas mal ! Il y en a eu des bons et des moins bons.
- Nous avons une très bonne relation de confiance et de respect. Il me demande souvent de le seconder quand il est absent.

À NE PAS FAIRE

- *Critiquer, juger négativement.*
- *Dire du mal de votre ancien employeur.*
- *Flatter exagérément l'ancien responsable.*
- *Relater de façon détaillée les conflits que vous avez eus avec votre boss/chef/patron.*
- *Vous étendre sur le sujet.*
- *Vous montrer rebelle à l'autorité, la hiérarchie.*
- *Vous perdre dans les détails.*

À FAIRE

- Être sobre/discret dans votre façon de parler d'un ancien responsable.
- Mentionner 3 qualités que vous lui reconnaissez et en rester là.
- Mentionner uniquement des choses positives.
- Ne pas mentionner ses défauts.

À NE PAS DIRE

- *Il m'a fait un sale coup…*
- *Il me déconsidérait.*
- *Il méprisait mon travail.*
- *Il ne me donnait pas assez de responsabilités.*
- *Il ne me faisait pas confiance.*
- *J'espère que vous serez plus compréhensif que lui.*
- *J'étais bien meilleur que lui.*

À DIRE

- J'ai beaucoup appris avec ce supérieur (même si les rapports étaient conflictuels).
- J'ai réussi nos projets, ce qui lui a permis d'être promu.
- Je n'aime pas trop parler de quelqu'un qui est absent.
- Nous avons su développer une relation de confiance qui s'est traduite par une bonne organisation du travail et une grande efficacité.

Nous avons une très bonne relation de confiance et de respect. Il me demande souvent de le seconder quand il est absent.

N° 86

Quel est le responsable/chef le plus difficile que vous ayez eu dans le passé ?

CE QUE VOTRE INTERLOCUTEUR VEUT VRAIMENT SAVOIR :

- Décrivez-moi le chef/boss que vous avez le moins aimé.
- Quelles sont vos relations avec un responsable hiérarchique pénible ?
- Sur quels critères jugez-vous un chef/boss pour dire qu'il est difficile ?

LES RÉPONSES POSSIBLES

(bonne réponse en bas ci-contre)*

- Il n'y a jamais eu de difficultés. Je suis le copain de tout le monde.
- Il y avait incompatibilité d'humeur avec mon chef/boss qui n'admettait aucune erreur !
- Madame… de la société…, Monsieur… de la société…, Monsieur… de la société…
- J'ai eu un supérieur difficile, mais avec qui j'ai beaucoup appris.
- Oh j'ai eu plusieurs cas difficiles au-dessus de moi. Écoutez plutôt…

À NE PAS FAIRE

- *Dénigrer ou parler en termes péjoratifs.*
- *Énumérer les raisons pour lesquelles vous ne vous entendiez pas avec votre chef.*
- *Hésiter dans votre réponse ou rester silencieux.*
- *Nommer la personne en question.*
- *Rire en étant mal à l'aise.*

À FAIRE

- Montrer que certaines situations professionnelles délicates vous ont apporté des enseignements.
- Répondre sans hésiter et sans détournement, en restant positif.
- Utiliser un vocabulaire sans propos insultants.

À NE PAS DIRE

- *Aucun exemple à donner mais j'espère que chez vous ça va aller.*
- *C'était une femme et, vu ses compétences, entre vous et moi, elle a dû obtenir sa place par piston.*
- *J'en ai eu plusieurs difficiles, mais je sais très bien me faire respecter.*
- *Je n'en ai pas eu (réponse minimaliste).*
- *Je souhaiterais ne pas répondre à cette question.*
- *Un chef plus jeune que moi, qui a obtenu sa place grâce à ses relations familiales alors que j'avais beaucoup d'expérience et que j'étais dans l'entreprise depuis beaucoup plus longtemps.*

À DIRE

- L'attitude d'un chef difficile me motive.
- Le seul point divergent avec mon chef était le sport que nous pratiquions.
- Moi aussi je me remets en question.
- Un chef difficile est parfois source de progrès.
- Un chef exigeant est nécessaire au bon fonctionnement de l'entreprise.

J'ai eu un supérieur difficile, mais avec qui j'ai beaucoup appris.

N° 87

Quel genre de personne vous gère le mieux ?

CE QUE VOTRE INTERLOCUTEUR VEUT VRAIMENT SAVOIR :

- Quel chef/boss désirez-vous ou recherchez-vous ?
- Quelle attitude doit avoir un chef/boss pour se faire respecter ?
- Quelle est votre relation à l'autorité ?

LES RÉPONSES POSSIBLES

(bonne réponse en bas ci-contre)*

- Les personnes de ma famille.
- Mon ancien chef/boss était très gentil et il savait comment me prendre.
- Mon banquier (sourire) !
- On me gère facilement, si on ne m'agresse pas et si on me respecte.
- Un supérieur compréhensif, qui tient compte de mes difficultés et lacunes.

À NE PAS FAIRE

- *Faire comprendre que vous ne supportez pas que l'on vous dirige.*
- *Montrer une certaine nervosité et ne rien avoir à répondre.*
- *Prendre trop de temps pour répondre.*
- *Vous étendre sur le sujet et que cela devienne un monologue.*

À NE PAS DIRE

- *Je n'aime pas être commandé.*
- *Je suis facile à gérer et je m'entends bien avec tout le monde.*
- *Personne ne m'a encore jamais posé cette question.*
- *Pour bien savoir commander, il faut déjà apprendre à obéir.*

À FAIRE

- Être très spontané.
- Lister les collaborateurs avec qui les relations étaient excellentes.
- Sourire et laisser un silence de 2-3 secondes.

À DIRE

- Celui qui a eu le même parcours que moi.
- Il est important de pouvoir s'adapter à tout type de caractères.
- Je peux être autonome mais j'aime recevoir des conseils.
- Quelqu'un comme vous.
- Un chef qui sait ce qu'il se veut.
- Une personne respectueuse et responsable, capable de vous motiver.

Mon banquier (sourire) !

N° 88

Vous avez rencontré votre chef, aimeriez-vous travailler pour lui ?

Ce que votre interlocuteur veut vraiment savoir :

- Acceptez-vous l'autorité ?
- Quelles sont vos relations avec la hiérarchie ?
- Savez-vous être flexible ?

Les réponses possibles

(bonne réponse en bas ci-contre)*

- J'ai eu beaucoup de plaisir à le rencontrer. Savez-vous si cela est réciproque ?
- Il est difficile pour moi de répondre à cette question dans l'immédiat. Je serai en mesure de le faire après une période d'essai.
- Pour moi l'essentiel est de bien m'entendre avec mes collègues.
- Quand on travaille on doit bien s'entendre avec son chef. C'est comme ça !
- Un chef reste un chef !

À NE PAS FAIRE

- *Être apathique sans réaction ou au contraire réagir trop vivement.*
- *Mentionner que vous vous fiez toujours à une première impression.*
- *Regarder en l'air en évitant les yeux de votre interlocuteur.*

À FAIRE

- Démontrer votre sens de la collaboration avec des exemples concrets.
- Montrer que vous savez ce que signifie esprit d'équipe.
- Regarder dans les yeux votre interlocuteur et sourire.

À NE PAS DIRE

- *C'était le monsieur avec la cravate rouge, je crois !*
- *Je ne peux pas travailler avec cette personne.*
- *Oh je pense qu'il ne devrait pas y avoir de problème.*
- *Reculer votre chaise ou croiser les jambes et/ou les bras.*

À DIRE

- J'ai collaboré avec différents supérieurs qui ont été d'accord que je mentionne leurs noms.
- Je me réjouis de prévoir avec lui des séances de travail.
- Je n'ai jamais eu de problèmes particuliers avec un supérieur.
- Mes relations professionnelles antérieures avec mes supérieurs m'ont laissé d'excellents souvenirs.

J'ai eu beaucoup de plaisir à le rencontrer. Savez-vous si cela est réciproque ?

Motivation/
Détermination

N° 89

Accepteriez-vous de prendre un emploi non payé ?

Ce que votre interlocuteur veut vraiment savoir :

- Accepteriez-vous un stage de formation ou une période d'essai non rémunérée ?
- Prouvez-nous que vous êtes prêt à vous investir.
- Quelle importance attachez-vous au salaire ?

Les réponses possibles

(bonne réponse en bas ci-contre)*

- Ça dépend.
- C'est une drôle de question. Êtes-vous vraiment sérieux ? Moi je trouve que tout travail mérite salaire.
- C'est absolument exclu !
- Vous avez l'intention de ne pas me payer ?
- Sur une courte durée afin de prouver mes compétences, oui bien sûr !

À NE PAS FAIRE

- *Critiquer la question de votre interlocuteur.*
- *Prendre un air outré.*
- *Rire.*
- *Vous mettre en colère.*

À NE PAS DIRE

- *Ça ne va pas !!! Vous m'avez bien regardé ?*
- *Je ne sais pas, c'est un peu bizarre comme question.*
- *Je ne travaille pas dans ces conditions.*
- *Je refuse d'être exploité !*
- *Oui, bien sûr !!! Pas de problème !*

À FAIRE

- Donner un exemple de situation où vous l'accepteriez.
- Ouvrir la discussion et vous montrer intéressé.
- Poser une question pour que votre recruteur précise le fond de sa pensée.
- Rester calme.

À DIRE

- Du bénévolat ? Ah, je pensais garder ça pour la retraite…
- Je suis prêt à vous offrir mes services pendant X jours.
- La motivation pour un travail non rémunéré doit avant tout être calée sur l'entraide et l'amélioration des connaissances.
- Peut-être ! Un travail non visible et porteur peut préparer un avenir prometteur.

Sur une courte durée afin de prouver mes compétences, oui bien sûr !

N° 90

Aimeriez-vous vivre en/à… (nom du pays/de la ville) ?

Ce que votre interlocuteur veut vraiment savoir :

- Êtes-vous curieux ?
- Êtes-vous vraiment décidé à travailler avec nous ?
- Savez-vous vous adapter rapidement ?

Les réponses possibles

(bonne réponse en bas ci-contre)*

- Je le ferais si j'y étais obligé, mais ce n'est pas un pays qui m'attire.
- Je ne sais pas, je ne connais pas bien ce pays.
- Je ne souhaite pas déménager. J'aime être où je suis.
- Oui, j'aime beaucoup ce pays. La culture et la manière de vivre m'attirent.
- Pourquoi pas ? Dans quelle ville devrais-je m'installer ?

À NE PAS FAIRE

- *Être hésitant.*
- *Fermer la discussion en répondant négativement.*
- *Montrer que vous ne connaissez rien sur ce lieu.*
- *Parler de manque de mobilité en raison d'éléments de votre vie privée.*
- *Répondre « Oui » uniquement, sans argumenter.*
- *Vous montrer indifférent, peu enthousiaste.*

À FAIRE

- Montrer votre intérêt mais rester réaliste et ne pas minimiser les conséquences du changement.
- Négocier les conditions (déménagement, cours de langue, salaire...).
- Planifier un plan de carrière évolutif.
- Préparer le retour avant de partir (si la période est limitée).
- Prévoir de continuer de cotiser aux assurances sociales du pays de base.
- Questionner sur les conditions.

À NE PAS DIRE

- *Je dois demander d'abord à ma femme, c'est elle qui décide à la maison.*
- *Je le ferai s'il le faut, car ce poste m'intéresse.*
- *Je ne sais pas. Ça demande une bonne réflexion.*
- *Mes enfants ont commencé leur scolarité en... et ma belle-mère est très malade. Alors vous comprendrez qu'il me faut réfléchir.*
- *Non.*
- *Oui, ça m'est égal.*

À DIRE

- Je pense que vous saurez m'en convaincre.
- Oui, mais je désire continuer à cotiser pour mes assurances sociales en...
- Oui. Quelles sont les conditions que vous proposez pour faciliter ce changement ?
- Pouvons-nous prévoir un plan de carrière à moyen/long terme ?
- Très certainement ; pouvez-vous me donner plus d'informations sur le poste ?

Oui, j'aime beaucoup ce pays. La culture et la manière de vivre m'attirent.

N° 91

Avez-vous envie de venir travailler dans notre ville ?

Ce que votre interlocuteur veut vraiment savoir :

- Êtes-vous motivé au point de déménager ?
- Comment allez-vous organiser vos transports ?
- Connaissez-vous les attraits de notre ville ?

Les réponses possibles

(bonne réponse en bas ci-contre)*

- Je n'aime pas particulièrement votre ville. De ce fait, pour y travailler d'accord, mais pas pour y vivre.
- Je ne connais pas bien cette ville…, je ne sais pas encore !
- Le trajet est un peu long, je dois y réfléchir.
- Oui, je veux travailler en ville, mais je ne compte pas emménager. Un déménagement est-il réellement nécessaire ?
- Absolument, ce poste m'intéresse beaucoup, et je suis prêt à déménager si vous me faites une proposition ferme d'embauche.

À NE PAS FAIRE

- *Demander des réductions de temps de travail pour compenser le temps de déplacement.*
- *Expliquer que vous venez de déménager et que vous n'êtes pas prêt à réitérer l'expérience.*
- *Faire comprendre que le salaire doit compenser les déplacements.*
- *Hésiter et montrer peu d'enthousiasme.*
- *Laisser entendre que vous n'aimez pas faire de longs trajets.*
- *Laisser entrevoir que votre famille n'est pas prête à accepter le déplacement.*
- *Signifier qu'il est exclu que vous déménagiez.*
- *Vous montrer trop vite emballé sans avoir pris le temps de la réflexion.*

À FAIRE

- Affirmer que votre conjoint/votre famille est prêt à déménager également.
- Démontrer que les transports ne seront pas un problème.
- Expliquer que le temps de déplacement pourra être mis à profit pour travailler.
- Faire entendre que c'est un avantage pour vous.
- Montrer votre connaissance et votre intérêt pour la ville.
- Transmettre que vous avez pris toutes les informations utiles sur la ville.
- Vous montrer prêt à déménager.

À NE PAS DIRE

- *Indemnisez-vous les déplacements ?*
- *Je n'aime pas particulièrement cette ville.*
- *Oui bien sûr… quelles sont les facilités de logement que vous proposez ?*
- *Oui, si les déplacements sont compensés par le salaire.*

À DIRE

- Est-ce que la ville est à l'image de votre dynamisme ?
- Je suis prêt à faire le déplacement.
- Qu'est-ce que la ville peut m'offrir en plus de mon travail ?

Absolument, ce poste m'intéresse beaucoup, et je suis prêt à déménager si vous me faites une proposition ferme d'embauche.

N° 92

Combien de temps allez-vous rester chez nous ?

Ce que votre interlocuteur veut vraiment savoir :

- Avez-vous un plan de carrière ?
- Êtes-vous une personne stable ?
- Pensez-vous que notre entreprise répond vraiment à vos attentes ?

Les réponses possibles

(bonne réponse en bas ci-contre)*

- Je vous propose de rediscuter de notre collaboration dans une année, afin de refaire le point.
- Tant que je peux évoluer chez vous et que vous êtes satisfait de mes prestations, pas de limite !
- Peut-être plus que vous ne le pensez. Car j'ai tellement de dettes que je ne peux pas me permettre le luxe de changer quand ça me tente !
- Pourquoi me posez-vous cette question ? Vous n'auriez pas confiance ?
- Un certain temps.

À NE PAS FAIRE

- *Adopter une position corporelle fermée.*
- *Dire que cela dépend de la proposition qui vous sera faite.*
- *Dire que le temps vous permettra de répondre à cette question.*

À NE PAS DIRE

- *En cas de surcharge de travail, je risque de ne pas me plaire chez vous.*
- *Je ne sais pas, on verra si le poste est aussi bien qu'il en a l'air.*
- *Si l'ambiance ne me plaît pas, je m'en vais.*

À FAIRE

- Affirmer votre volonté d'évoluer dans le cadre du poste proposé.
- Profiter de la question pour énoncer les 3 raisons qui vous motivent particulièrement pour le poste.
- Rappeler votre ambition pour ce poste.
- Rassurer le recruteur sur votre intention de vous investir dans le poste.

À DIRE

- J'aime la stabilité et la variété du cahier des charges de ce poste.
- Je cherche un poste dans lequel je puisse m'investir.
- Le poste est en adéquation avec mes projets.

Tant que je peux évoluer chez vous et que vous êtes satisfait de mes prestations, pas de limite !

N° 93

Comment évaluez-vous cet emploi par rapport aux propositions que vous avez pu étudier ?

Ce que votre interlocuteur veut vraiment savoir :

- Pourquoi nous avez-vous choisi ?
- Que pensez-vous acquérir de plus chez nous, qu'ailleurs ?
- Savez-vous analyser les tenants et aboutissants de chaque proposition ?

Les réponses possibles

(bonne réponse en bas ci-contre)*

- Je possède les quatre critères prioritaires que vous recherchez et cet emploi correspond parfaitement à mes objectifs professionnels. Pouvons-nous signer un contrat aujourd'hui ?
- Il est très intéressant mais je dois y réfléchir. Il y a des avantages et des inconvénients. Je vais avoir du mal à me décider.
- Il me paraît aussi intéressant que les autres.
- Il semble me convenir.
- Pour moi, le plus important est de retravailler. Alors si vous me faites une proposition je l'accepte.

À NE PAS FAIRE

- *Comparer sans savoir.*
- *Critiquer les autres postes du marché et dire que rien ne vous correspond.*
- *Dire que vous n'avez aucun autre emploi en vue, à part celui-ci.*
- *Émettre des critiques sur les autres emplois concurrents.*
- *Faire croire que c'est le seul emploi qui vous intéresse.*
- *Idéaliser ce nouvel emploi et dénigrer les autres.*
- *Vous montrer trop enthousiaste.*

À FAIRE

- Avoir toujours deux emplois en vue et, si possible, dans des sociétés concurrentes.
- Citer les valeurs et besoins de cet emploi ainsi que vos compétences qui s'y rapportent.
- Ne pas hésiter à dire que vous êtes également intéressé par leurs concurrents et que, par conséquent, votre choix sera très difficile.
- Poser des questions ouvertes.
- Prendre des informations au préalable et faire ressortir les points pertinents de cet emploi.

À NE PAS DIRE

- *Ce travail me convient mieux, car il est moins exigeant.*
- *De toute manière, je n'ai pas le choix.*
- *Je prendrai ce qu'on me donnera, je n'ai pas d'autres propositions.*
- *Pour autant que je puisse travailler : cet emploi ou un autre… !*

À DIRE

- Ce poste me convient parfaitement, car il présente des atouts pour ma carrière professionnelle.
- Cet emploi est dans la continuité de mon parcours.
- Il me semble que je pourrai facilement m'identifier à votre culture.
- Je connais votre réputation et j'apprécie votre professionnalisme.
- Je pense que ce poste me permettra d'avoir plus de responsabilités que précédemment.
- Je trouve ce poste valorisant.

Je possède les quatre critères prioritaires que vous recherchez et cet emploi correspond parfaitement à mes objectifs professionnels. Pouvons-nous signer un contrat aujourd'hui ?

N° 94

Ne pensez-vous pas que vous seriez mieux dans une société de taille différente/de type différent ? (Passé/Formation)

CE QUE VOTRE INTERLOCUTEUR VEUT VRAIMENT SAVOIR :

- Avez-vous fait le bon choix en postulant chez nous ?
- Pensez-vous que notre société vous offre assez de possibilités d'évolution ?
- Vous sentirez-vous à l'aise au sein d'une petite/grande entreprise en ayant travaillé uniquement dans des grandes/petites sociétés ?

LES RÉPONSES POSSIBLES

(bonne réponse en bas ci-contre)*

- C'est possible, mais je ne peux vous répondre qu'après un essai.
- Je suis bien dans toutes les sociétés, de toutes tailles.
- Oui, mais je n'ai pas trouvé autre chose. De toute façon, il faut bien gagner sa vie, donc je m'adapterai.
- Votre structure me paraît offrir un espace idéal pour une collaboration de ce type.
- Votre société est effectivement un peu petite (… grande) mais je m'y habituerai.

À NE PAS FAIRE

- *Dévaloriser les petites ou grandes entreprises.*
- *Faire celui qui ne comprend pas.*
- *Paraître vexé, étonné.*
- *Signifier que vous n'avez pas le choix, qu'il faut travailler pour vivre.*

À FAIRE

- Expliquer le cheminement de votre pensée pour avoir choisi de postuler.
- Montrer par des exemples votre contribution future.
- Parler de réalisations de l'entreprise qui vous ont particulièrement intéressé.
- Vous appuyer sur des objectifs similaires à ceux de ce type de société.

À NE PAS DIRE

- *Absolument, mais vous êtes la seule qui ait accepté de me rencontrer.*
- *Il n'y a que dans une entreprise comme la vôtre que je pourrai obtenir le salaire que je souhaite.*
- *Je déteste les grandes/petites sociétés !*
- *Les horaires de travail de votre entreprise me conviennent particulièrement.*
- *Non, pourquoi ?*
- *Vous n'êtes situés qu'à une dizaine de minutes de chez moi.*

À DIRE

- J'ai toujours souhaité évoluer dans une entreprise de la taille de la vôtre qui permet de…
- L'avantage offert par votre entreprise est de pouvoir évoluer.

Votre structure me paraît offrir un espace idéal pour une collaboration de ce type.

N° 95

Pourquoi avez-vous choisi de devenir… ?

CE QUE VOTRE INTERLOCUTEUR VEUT VRAIMENT SAVOIR :

- Auriez-vous choisi un autre métier si vous en aviez eu le choix ?
- Quelles sont les tâches qui vous plaisent particulièrement dans votre métier ?
- Quelles sont vos principaux atouts pour ce métier ?

LES RÉPONSES POSSIBLES

(bonne réponse en bas ci-contre)*

- C'est une tradition dans ma famille.
- J'ai pris la première option possible et surtout celle pour laquelle la demande est forte.
- J'ai réfléchi, puis me suis décidé à choisir le métier de… et cela par élimination.
- Je n'ai pas vraiment choisi ce métier, mais je devais bien gagner ma vie.
- Tous mes choix professionnels ont été faits pour pouvoir parvenir à ce poste.

À NE PAS FAIRE

- *Baser votre choix sur des idéaux ou des aspects moralistes.*
- *Citer des contraintes.*
- *Expliquer que ce sont vos parents qui vous y ont poussé.*
- *Faire comprendre que vous vouliez faire autre chose mais que vous avez raté les examens d'entrée.*
- *Indiquer que c'est ce qui vous ennuyait le moins.*
- *Justifier votre motivation sur un échec professionnel (ou d'études) dans un autre domaine.*
- *Mentionner des intérêts purement personnels.*
- *Paraître douter de votre choix.*

À NE PAS DIRE

- *Ce travail est actuellement uniquement alimentaire.*
- *Faire autre chose représenterait une prise de risque trop importante.*
- *J'aime bien le salaire et j'ai 6 semaines de vacances.*
- *Je n'ai pas à faire trop d'efforts et cela me laisse du temps pour ma vie personnelle.*
- *Je n'ai pas vraiment le choix, je fais avec mon potentiel.*

À FAIRE

- Amener des réalisations concrètes obtenues dans ce domaine.
- Cibler votre potentiel de créativité qui est moteur dans cette branche.
- Citer les valeurs qu'exige la profession qui sont mises en pratique dans votre quotidien.
- Expliquer ce qui vous plaît le plus dans ce métier.
- Faire part de votre enthousiasme pour ce métier.
- Mettre en relation vos motivations professionnelles avec votre vécu.
- Montrer l'enrichissement et la stimulation obtenus dans ce domaine.

À DIRE

- Il s'agit de mon objectif professionnel prioritaire aujourd'hui.
- J'aimerais m'investir à 100 % dans mon activité professionnelle et je sais que je le ferai avec ce poste.
- Mes qualités de précision et d'analyse sont particulièrement mises en valeur dans cette activité.
- Parce que c'est ma passion.
- Parce que je suis fasciné par le potentiel de développement de cette branche.

Tous mes choix professionnels ont été faits pour pouvoir parvenir à ce poste.

N° 96

Pourquoi avez-vous porté votre choix sur une grande/petite société ? Pourquoi êtes-vous attiré par une société régionale/nationale/ multinationale ?

Ce que votre interlocuteur veut vraiment savoir :

- Êtes-vous mobile (géographiquement) ?
- Où sont vos véritables aspirations ?
- Quelles sont vos ambitions ?

Les réponses possibles

(bonne réponse en bas ci-contre)*

- Dans une petite société régionale, les mentalités sont étriquées…
- Je suis attiré par une société dont le salaire moyen versé par l'employeur est supérieur au marché.
- Je viens d'une grande entreprise et je ne supportais plus toutes leurs procédures.
- Vos conditions sociales semblent très attirantes.
- Je connais les pratiques de votre société. C'est ce que je recherche.

À NE PAS FAIRE

- *Montrer de l'indifférence et signifier que vous n'avez pas choisi mais subi.*
- *Omettre de spécifier votre connaissance des priorités de l'entreprise dépendant de sa structure et/ou du type de marché qu'elle vise.*
- *Oublier d'argumenter votre motivation sur le type de structure visée.*

À FAIRE

- Étayer votre motivation pour le type de structure ou de marché visé.
- Mettre en avant des expériences/réalisations antérieures dans des structures/marchés de même type.
- Montrer votre connaissance des priorités de la structure visée et votre potentiel d'efficacité dans ce type de structure/marché.

À NE PAS DIRE

- *Afin de gravir rapidement les échelons de la hiérarchie…*
- *Il y a plus de possibilités d'avancement dans une entreprise de type…*
- *Je ne me sens en confiance que dans une petite/grande entreprise !*
- *Les bonnes formations ne sont dispensées que dans de grandes structures.*
- *Pour bénéficier de bonnes prestations sociales…*
- *Toutes les sociétés se valent, régionales, nationales…*

À DIRE

- Ce qui m'intéresse avant tout est de trouver un poste en relation avec mes aspirations et compétences.
- J'adore travailler dans un environnement tel que le vôtre.
- J'ai collaboré avec mon employeur durant 8 ans pour transformer une petite entreprise en société à succursales multiples.
- Je suis un passionné de votre domaine d'activité.
- Je viens d'une société internationale où je supervisais 5 filiales régionales.
- Nous étions 3 employés dans une petite entreprise. À la suite d'une rapide expansion, j'ai été promu responsable de 20 employés.
- Par vocation.

Je connais les pratiques de votre société. C'est ce que je recherche.

N° 97

Pourquoi nous avez-vous écrit spontanément ? Pourquoi avez-vous répondu à notre annonce « offre d'emploi » ?

CE QUE VOTRE INTERLOCUTEUR VEUT VRAIMENT SAVOIR :

- Êtes-vous vraiment attiré par notre société/notre secteur/ce type de poste ?
- Pouvez-vous me prouver votre qualification ?
- Souhaitez-vous vraiment ce poste ou tout simplement un emploi/job/salaire ?

LES RÉPONSES POSSIBLES

(bonne réponse en bas ci-contre)*

- Depuis 1 an, je recherche un emploi dans n'importe quelle entreprise du secteur.
- Je réponds systématiquement à toutes les annonces.
- Ce poste correspond exactement à ce que je recherche.
- Vous êtes situé tout près de mon domicile.
- Vous êtes sur les fichiers que je me suis procurés.

À NE PAS FAIRE

- *Citer les avantages de l'annonce.*
- *Mentionner des pistes non cohérentes avec la fonction pour laquelle vous postulez.*
- *Montrer que vous n'avez pas ciblé la société.*
- *Oublier de mettre en avant votre enquête de terrain.*

À NE PAS DIRE

- *J'ai vu votre annonce et j'y ai répondu parce qu'elle correspond à mon profil.*
- *Je fais des offres systématiques dans ma zone géographique.*
- *Je suis disponible et j'écris à toutes les sociétés de ce secteur.*
- *Vous proposez une formation à la clé et ça tombe bien, car je ne suis pas allé très loin dans mes études et ça me bloque dans mon parcours professionnel.*

À FAIRE

- Éviter de bluffer sur vos autres négociations/propositions (les employeurs peuvent parler entre eux).
- Mentionner les informations valorisantes récoltées lors d'une enquête terrain.
- Saisir cette occasion pour montrer votre intérêt pour la société avec laquelle vous négociez.

À DIRE

- En étudiant votre annonce, j'ai constaté que ce que je vous offre correspond…
- J'ai découvert sur votre site Internet que vos objectifs…, votre philosophie…
- Je suis utilisateur satisfait de vos produits et services, convaincu donc convaincant dans la représentation de votre entreprise.
- Passionné par le domaine que couvre votre entreprise, j'ai effectué un entretien avec l'un de vos collaborateurs. Il m'a conforté dans ma décision de poursuivre ma carrière dans cette voie.
- Votre savoir-faire est reconnu et…

Ce poste correspond exactement à ce que je recherche.

N° 98

Pourquoi quelqu'un ayant votre expérience/profil aimerait travailler chez nous ?

CE QUE VOTRE INTERLOCUTEUR VEUT VRAIMENT SAVOIR :

- Êtes-vous vraiment attiré par notre société ?
- Votre choix est-il hasardeux ou réfléchi ?
- Vous connaissez-nous ?

LES RÉPONSES POSSIBLES

(bonne réponse en bas ci-contre)*

- Votre entreprise m'intéresse pour 2 raisons précises : en un… et en deux…
- Ça fait 19 mois que je recherche un emploi ; mon secteur est bouché. Il faut donc bien que je me réoriente.
- J'ai entendu dire que votre politique salariale était généreuse.
- J'estime être la personne idéale pour ce poste. De plus, je n'ai pas d'autre choix que vous.
- On m'a dit que vous offriez d'excellentes prestations sociales. À mon âge, c'est important.

À NE PAS FAIRE

- *Avoir une attitude présomptueuse.*
- *Faire sentir que vous avez déjà tout tenté en recherche d'emploi et que rien n'a marché avant cette postulation.*
- *Montrer que vous postulez par hasard auprès de cette entreprise.*
- *N'être intéressé que par les prestations et conditions offertes par l'entreprise.*
- *Voir l'entreprise uniquement comme un potentiel salaire.*
- *Vous montrer peu sûr de ce que vous offrez à l'entreprise.*

À NE PAS DIRE

- *J'ai besoin de travailler.*
- *J'en ai assez des responsabilités. Je désire maintenant un poste plus tranquille.*
- *Votre entreprise se situe tout près de mon domicile.*
- *Vous êtes sympathique et vous offrez des facilités.*

À FAIRE

- Apporter une opportunité, un développement sur une autre clientèle.
- Faire sentir que vous avez choisi l'entreprise, parmi d'autres, pour ce qu'elle est (secteur/entreprise/poste motivants).
- Mentionner 3 raisons qui font que vous voulez ce poste, dans cette entreprise.
- Montrer que vous êtes renseigné sur l'établissement et ses objectifs.

À DIRE

- J'ai certaines connaissances spécifiques pouvant être pratiques chez vous !
- Pour acquérir d'autres connaissances.
- Votre entreprise est sérieuse.

Votre entreprise m'intéresse pour 2 raisons précises : en un... et en deux...

N° 99

Qu'aimez-vous le plus dans cet emploi ? Qu'aimez-vous le moins ?

Ce que votre interlocuteur veut vraiment savoir :

- Connaissez-vous réellement le cahier des charges lié à cette fonction ?
- Quel est votre style de travail (indépendant, équipe) ?
- Quelles tâches vous stimulent/motivent le plus ?

Les réponses possibles

(bonne réponse en bas ci-contre)*

- À long terme je pense que la tâche… va me lasser. Cet emploi comporte plus de choses négatives que positives.
- J'aime le fait de… (A) par contre B, C, D, E, F, G, je n'aime pas du tout.
- Tout. Tout. Tout. J'adore ce job !
- Un bon tiers des tâches.
- Je ne vois que du positif et c'est peut-être là l'élément négatif !

À NE PAS FAIRE

- *Axer votre réponse uniquement sur les conditions de travail positives (salaire, cafétéria, proximité du domicile…).*
- *Brosser un tableau trop reluisant du poste.*
- *Ne parler qu'en termes négatifs.*
- *Parler des choses motivantes que vous ne retrouverez pas dans le poste pour lequel vous êtes en entretien.*

À NE PAS DIRE

- *J'aime avoir du temps libre et la possibilité de déléguer.*
- *Je ne sais pas…*
- *La proximité des commerces.*
- *Le salaire que vous m'offrez.*

À FAIRE

- Citer des tâches qui vous ont plu et faisant partie des responsabilités du poste à pourvoir.
- Décrire des réalisations concrètes.
- Faire quelques suggestions pour transformer le moins, en plus !
- Indiquer le positif en premier.
- Mentionner la qualité du travail réalisé.
- Mettre en avant le côté relationnel positif, la bonne intégration à l'équipe.
- Parler de vos accomplissements.
- Préciser votre polyvalence, dynamisme.
- Valoriser des points de compétences utiles pour le poste visé.

À DIRE

- L'autonomie de travail que vous proposez me plaît !
- Le plus, les responsabilités. Le moins ???
- Votre système de valeurs me plaît et je regrette que certains clients ne l'apprécient pas à sa juste mesure.

Je ne vois que du positif et c'est peut-être là l'élément négatif !

N° 100

Que devons-nous faire pour entretenir votre motivation ?

CE QUE VOTRE INTERLOCUTEUR VEUT VRAIMENT SAVOIR :

- Devons-nous vous laisser fixer vos objectifs ?
- Est-ce que les responsabilités vous motivent ?
- Le salaire est-il votre première motivation ?

LES RÉPONSES POSSIBLES

(bonne réponse en bas ci-contre)*

- Je suis toujours motivé, pas de problème.
- Me donner un bon salaire.
- Me laisser tranquille à ma place de travail, car je suis autonome.
- Me permettre de faire carrière chez vous.
- Me permettre de pratiquer mon sport favori.

À NE PAS FAIRE

- *Avoir l'air surpris, être emprunté.*
- *Caler votre argumentation essentiellement sur le salaire.*
- *Ne pas savoir quoi répondre, rester coi.*

À FAIRE

- Conserver une attitude transparente.
- Montrer votre enthousiasme.
- Offrir une expression montrant votre satisfaction.
- Sourire tout en regardant votre interlocuteur dans les yeux.
- Vous pencher en avant.

À NE PAS DIRE

- *Je désire être augmenté régulièrement.*
- *Je ne sais pas.*
- *Je souhaite travailler dans un cadre structuré et sociable.*
- *La motivation vient des supérieurs.*
- *Pour moi la motivation passe d'abord par un bon salaire.*

À DIRE

- J'aime travailler sur objectifs.
- J'apprécie un entretien périodique avec mes supérieurs.
- Je m'identifie à l'entreprise. Sa motivation est la mienne.
- Je mettrai tout en œuvre pour valoriser l'image de l'entreprise.
- Je suis capable de trouver ma motivation dans chaque objectif/mission qui m'est confié.
- La formation est pour moi un facteur fort de motivation.

Me permette de faire carrière chez vous.

N° 101

Que savez-vous de nous, de notre société, de nos produits, de notre marché, de nos clients, de nos concurrents ?

Ce que votre interlocuteur veut vraiment savoir :

- Adhérez-vous à nos valeurs ? Connaissez-vous notre culture d'entreprise ?
- Avez-vous une vision réfléchie de votre carrière (gestion de carrière) ?
- Quel est votre intérêt, votre motivation pour notre société ?

Les réponses possibles

(bonne réponse en bas ci-contre)*

- Ce que tout le monde sait !
- En fait, peu de choses et je suis curieux d'en savoir plus. Dites-moi tout !
- Pas mal de choses !
- Rien du tout. J'aime bien me rendre aux entretiens avec l'esprit vierge et les idées claires.
- J'ai particulièrement apprécié votre site web où vous précisez 2 choses : premièrement…

À NE PAS FAIRE

- *Annoncer que vous ne savez rien/peu de l'entreprise.*
- *Dire des choses négatives.*
- *Flatter bassement votre interlocuteur.*
- *Ne pas connaître les tendances/évolutions/priorités du secteur visé.*
- *Parler trop longuement.*

À FAIRE

- Mettre en valeur l'entreprise.
- Montrer que vous connaissez le marché et la concurrence.
- Ouvrir le dialogue et compléter votre information par des questions.
- Poser des questions préparées à l'avance.
- Questionner sur les projets en cours, objectifs visés…

À NE PAS DIRE

- *J'attends que vous m'en parliez.*
- *Je n'aime pas tellement votre façon de…*
- *Je suis curieux et avide de recevoir des informations à ce sujet.*

À DIRE

- J'ai particulièrement aimé la rubrique « Vision » sur votre site Internet (indiquer la raison).
- J'ai suivi de près le lancement de votre dernier produit.
- La façon dont vous gérez vos magasins me plaît beaucoup. À ce sujet, j'aurais aimé savoir…

J'ai particulièrement apprécié votre site web où vous précisez 2 choses : premièrement…

N° 102

Quel élément négatif voyez-vous, si vous deviez travailler chez nous ?

Ce que votre interlocuteur veut vraiment savoir :

- Est-ce que le cahier des charges vous convient parfaitement ?
- Savez-vous communiquer sur des points négatifs avec clarté ?
- Verriez-vous un inconvénient à avoir un supérieur féminin/masculin/plus jeune/ plus âgé… ?

Les réponses possibles

(bonne réponse en bas ci-contre)*

- Ce poste me semble intéressant, je vous propose de discuter des points négatifs à la fin du temps d'essai.
- Il m'est trop difficile de vous répondre. Il y a sûrement des vices cachés que je ne verrai que plus tard.
- Je suis pour l'instant très positif. C'est ma nature.
- L'ambiance générale semble assez tendue.

À NE PAS FAIRE

- *Énumérer uniquement des éléments négatifs.*
- *Grimacer.*
- *Rester trop longtemps silencieux.*

À FAIRE

- Démontrer que vous avez récolté suffisamment d'informations positives sur l'entreprise.
- Dire que ce poste correspond exactement à ce que vous recherchez (si c'est le cas).
- Prendre un air dégagé et dire que tous les postes ont des aspects négatifs et positifs, que pour vous le bilan est positif.
- Répondre rapidement en citant un point légèrement négatif et deux ou trois points positifs.

À NE PAS DIRE

- *Il se pourrait qu'il y ait un problème car les gens fument et je suis non fumeur.*
- *Je ne sais pas pour l'instant !*
- *Oui !*
- *Savez-vous ce qu'en pensent les autres candidats ?*

À DIRE

- Je souhaiterais avoir des précisions sur les trois tâches clés de ce poste.
- Je vois surtout du positif et vous reconfirme vivement mon intérêt pour ce poste.
- Les informations positives que j'ai obtenues se sont confirmées durant cet entretien.

Je suis pour l'instant très positif. C'est ma nature.

N° 103

Quelle est votre détermination pour ce poste ?

Ce que votre interlocuteur veut vraiment savoir :

- Êtes-vous vraiment motivé ?
- Jusqu'où êtes-vous prêt à vous investir pour ce poste ?
- Prouvez-moi que ce poste vous intéresse vraiment.

Les réponses possibles

(bonne réponse en bas ci-contre)*

- Étant donné que le poste que vous proposez correspond à mon métier, je ne peux qu'être déterminé.
- Il me semble que je vous l'ai prouvée dans ma lettre de postulation.
- Les tâches et responsabilités que vous offrez correspondent exactement à ce que je recherche.
- Je dois travailler, ma détermination est donc évidente !
- Cela va dépendre de votre proposition.

À NE PAS FAIRE

- *Chercher dans vos documents pour fournir une réponse.*
- *Montrer votre agacement.*
- *Paraître étonné et chercher vos mots.*
- *Pointer du doigt votre CV ou votre lettre pour signifier que vous avez mentionné votre motivation par écrit.*
- *Réfléchir sans trouver de réponse à donner.*

À FAIRE

- Citer les objectifs que vous souhaitez atteindre.
- Donner des exemples de ce qui vous plaît dans le poste.
- Montrer que vous connaissez parfaitement les tâches et responsabilités du poste.
- Proposer 2 à 3 jours à l'essai, sans contrepartie.
- Relier votre détermination avec la vision et les objectifs de l'entreprise.
- Sortir l'annonce offre d'emploi ou le cahier des charges en mettant en relation vos compétences et expériences avec le profil demandé.
- Soumettre un document de votre portfolio qui démontre votre motivation.

À NE PAS DIRE

- *Il est vrai que je dois accepter des horaires plutôt lourds.*
- *Ma détermination sera en rapport avec le salaire ou les conditions sociales.*
- *Pensez-vous ouvrir une succursale dans ma région d'habitation ?*
- *Peut-on modifier les horaires ?*

À DIRE

- Engagez-moi à l'essai et je vous confirmerai ma détermination.
- J'ai quelques idées à vous soumettre pour optimiser mon poste.
- Vous m'avez soumis vos objectifs et j'y adhère. Et c'est cela qui me motive.

Les tâches et responsabilités que vous offrez correspondent exactement à ce que je recherche.

N° 104

Quelle est votre impression/ sentiment concernant notre société ?

Ce que votre interlocuteur veut vraiment savoir :

- Que pensez-vous de nos produits/services ?
- Quelles sont vos opinions sur nous ? Que pensez-vous vraiment de nous ?
- Serez-vous fier de travailler dans une entreprise comme la nôtre ?

Les réponses possibles

(bonne réponse en bas ci-contre)*

- Je pense que vous êtes une bonne société. Tous mes amis m'on dit : « Ça te fera au moins une bonne carte de visite et c'est bon pour le C.V. ».
- Il y a des bons salaires.
- L'article qui m'a décidé de postuler chez vous présente un plan de développement qui est très stimulant.
- J'ai une connaissance qui m'a dit que…
- Vous avez une bonne caisse de pension.

À NE PAS FAIRE

- *Avoir l'air surpris.*
- *Croiser et décroiser les jambes.*
- *Dire des banalités.*
- *Hausser les épaules et regarder le plafond.*
- *Répondre de manière évasive.*

À FAIRE

- Donner 1 ou 2 indications précises et élogieuses.
- Faire préciser la question.
- Montrer que vous vous êtes informé avant l'entretien via la presse, Internet, registre du commerce.

À NE PAS DIRE

- *« Heu… » C'est dur comme question !*
- *Je trouve votre entreprise un peu trop grande/trop petite.*
- *Votre entreprise a des problèmes mais devrait s'en sortir.*

À DIRE

- J'ai choisi de vous accorder ma confiance après tout ce que j'ai lu et entendu sur vous.
- J'ai relevé les 3 caractéristiques très intéressantes suivantes…
- L'évolution de votre chiffre d'affaires/votre cotation en Bourse/ votre politique d'innovation.
- Votre entreprise privilégie les discussions entre direction et personnel, c'est pour moi un point majeur.

L'article qui m'a décidé de postuler chez vous présente un plan de développement qui est très stimulant.

N° 105

Si vous le pouviez, que changeriez-vous dans le poste à pourvoir ?

CE QUE VOTRE INTERLOCUTEUR VEUT VRAIMENT SAVOIR :

- Êtes-vous au clair sur le cahier des charges ?
- Êtes-vous capable de vous adapter ?
- Que pensez-vous de nous ?

LES RÉPONSES POSSIBLES

(bonne réponse en bas ci-contre)*

- Je proposerais un meilleur salaire.
- Pas mal de choses !
- Puis-je vous poser quelques questions supplémentaires sur le poste : salaire, vacances, retraite…
- Rien !
- Donnez-moi quelques semaines pour me familiariser avec ce poste et c'est avec plaisir que nous pourrions en rediscuter.

À NE PAS FAIRE

- *Critiquer le poste.*
- *Donner des idées qui vont à l'encontre de la politique de l'entreprise.*
- *Imposer vos idées, vouloir tout changer du cahier des charges.*
- *Inventer à tout prix quelque chose.*
- *Rester muet.*

À FAIRE

- Approuver le cahier des charges.
- Avoir une attitude d'humilité constructive et dynamique.
- Être proactif et présenter un ou plusieurs projets préparés d'avance si cela semble opportun.
- Parler en termes de collaboration et proposer d'y réfléchir ensemble.
- Retourner la question et demander s'il y a quelque chose à modifier.

À NE PAS DIRE

- *Dans le poste… rien, par contre la décoration…*
- *J'ai plein d'idées, je vais vous passer une liste exhaustive.*
- *Je ne connais pas le poste.*
- *Non, je n'ai pas d'idées.*

À DIRE

- Il faudrait que je procède dans un premier temps à l'analyse de la situation pour pouvoir optimiser.
- Je préfère vous répondre d'ici quelques semaines, après une prise de connaissance du poste.
- La meilleure façon de vous répondre serait de me confier ce poste et nous en discuterons dans 2 mois.

Donnez-moi quelques semaines pour me familiariser avec ce poste et c'est avec plaisir que nous pourrions en rediscuter.

N° 106

Si vous pouviez choisir n'importe quelle organisation, vers laquelle vous orienteriez-vous ?

Ce que votre interlocuteur veut vraiment savoir :

- Citez-moi une organisation qui vous intéresse ?
- Dans quel domaine voulez-vous travailler ?
- Quelle est l'entreprise qui vous conviendrait le mieux ?

Les réponses possibles

(bonne réponse en bas ci-contre)*

- Cela m'est égal du moment que je peux travailler.
- La vôtre !
- Celle qui me paierait le mieux.
- Peut-être l'un de vos concurrents connu pour son efficacité.
- Une organisation qui tend aux mêmes objectifs que la vôtre.

À NE PAS FAIRE

- *Être incapable de donner une réponse.*
- *Hésiter trop longtemps avant de répondre.*
- *Montrer votre intérêt pour des conditions matérielles.*
- *Ne parler que de vous.*
- *Refuser de répondre.*

À FAIRE

- Coller à la culture d'entreprise.
- Vous déterminer par rapport aux objectifs de la société.
- Vous montrer intéressé par un projet en cours.
- Souligner votre intérêt pour les tâches offertes.

À NE PAS DIRE

- *Ça m'est égal !*
- *Celle qui paie le mieux !*
- *Je ne sais pas, car je n'en connais pas.*
- *Je préfère celle qui est le plus proche de chez moi.*
- *Qu'entendez-vous par une organisation ?*

À DIRE

- La vôtre me plaît !
- Une institution qui soutient les personnes en difficulté.
- Une organisation dont je partage les valeurs.

La vôtre !

Objectif professionnel

N° 107

Comment vous voyez-vous progresser chez nous ?

CE QUE VOTRE INTERLOCUTEUR VEUT VRAIMENT SAVOIR :

- Allez-vous rester chez nous ?
- Avez-vous un plan de carrière ?
- Êtes-vous ambitieux ?

LES RÉPONSES POSSIBLES

(bonne réponse en bas ci-contre)*

- Ça dépend ! Dans le bon sens j'espère !
- Dans quel sens ?
- Je ne veux pas vraiment progresser professionnellement. J'aime trop la vie !
- Lentement, mais sûrement !
- En harmonie avec votre cadre de travail.

À NE PAS FAIRE

- *En dire trop ou pas assez.*
- *Être intimidé.*
- *Faire répéter la question.*

À NE PAS DIRE

- *Je me vois en chef !*
- *Je n'ose pas me mettre à votre place…*
- *Je ne comprends pas la question.*
- *Je ne pense pas rester longtemps chez vous !*
- *Je ne sais pas.*
- *Je veux juste faire mon travail.*
- *Mon but est de grimper rapidement.*

À FAIRE

- Dire que vous souhaitez faire partie des 10 % des employés qui progressent le plus vite.
- Faire comprendre que vous êtes raisonnablement ambitieux.
- Préciser que vous voulez faire carrière et non trouver un job.

À DIRE

- En m'investissant pour ce poste.
- Je vais occuper cette fonction et ensuite en débattre avec mon supérieur.
- Quelles sont les possibilités d'évolution ?

N° 108

Décrivez un objectif récent que vous vous êtes fixé.

Ce que votre interlocuteur veut vraiment savoir :

- Comment gérez-vous votre carrière ?
- Êtes-vous apte à vous fixer des objectifs ?
- Tenez-vous vos engagements ?

Les réponses possibles

(bonne réponse en bas ci-contre)*

- Décrocher cet emploi pour lequel je postule !
- Je ne me fixe pas d'objectifs ; j'agis sur le moment en fonction des opportunités.
- Perdre 3 kilos en 2 mois.
- J'aimerais pouvoir vous répondre…
- Qu'entendez-vous par objectif ?

À NE PAS FAIRE

- *Chercher longuement une réponse.*
- *Faire entendre que le salaire est votre principal objectif.*
- *Perdre votre sang-froid.*
- *Rester trop discret et manquer de confiance.*

À FAIRE

- Choisir dans la liste de vos réalisations celui qui est le plus approprié et le décrire.
- Donner un bref aperçu d'un projet mené à bien.
- Mettre en avant vos qualités de planification.
- Soumettre les résultats que vous avez obtenus.

À NE PAS DIRE

- *C'est mon chef qui m'a toujours dit ce que je devais faire*
- *Dans l'avenir je voudrais me fixer de moins en moins d'objectifs. Ça me stresse.*
- *Je n'ai pas eu d'objectifs dernièrement.*
- *Je ne sais pas fixer un objectif, mais je suis prêt à l'apprendre.*

À DIRE

- C'est une méthode pour découvrir rapidement comment mieux répondre à l'attente des clients.
- Il y a 6 mois, j'ai décidé d'apprendre l'allemand de manière intensive et je peux aujourd'hui tenir une conversation.
- J'ai créé un plan de prévention des risques au travail en entreprise répondant mieux aux exigences législatives actuelles.
- J'ai trouvé une manière d'analyser la position des clients envers nos concurrents directs.
- Un de mes objectifs très récent était d'obtenir un entretien avec vous !

N° 109

Où espérez-vous être dans cinq ans ?

Ce que votre interlocuteur veut vraiment savoir :

- Avez-vous beaucoup d'ambition ?
- Avez-vous une vision à long terme ?
- Pouvons-nous compter sur vous ?

Les réponses possibles

(bonne réponse en bas ci-contre)*

- 5 ans ? C'est loin !
- Peut-être à l'étranger… Peut-être chez votre concurrent. Peut-être au chômage ou… à la présidence du pays.
- Sûrement à la direction.
- Toujours chez vous au même poste.
- Toujours chez vous, dans un poste qui soit en lien avec les expériences acquises et mes motivations.

À NE PAS FAIRE

- *Être trop ambitieux.*
- *Montrer que vous avez des idées très arrêtées.*
- *N'avoir aucune ambition.*
- *Prendre trop de temps pour réfléchir.*
- *Vous montrer hésitant et dubitatif.*

À FAIRE

- Décrire des objectifs réalisables.
- Donner des exemples de projets que vous souhaiteriez conduire.
- Montrer une ambition adaptée aux possibilités d'évolution du poste.

À NE PAS DIRE

- *À la retraite anticipée sur une île.*
- *Je ne sais pas.*
- *Je suis un jeune loup aux dents longues.*
- *La direction d'une entreprise m'intéresse !*
- *S'il n'y a pas de conflits entre nous, je serai toujours là.*

À DIRE

- Être apprécié et sollicité par vos clients.
- Être le meilleur collaborateur de votre entreprise.
- J'aime bâtir sur la durée…, je me vois bien chez vous dans 5 ans.
- Pour mener à terme les différents projets, je ne peux pas imaginer vous quitter rapidement.
- Quel est le plan de carrière envisagé pour celui qui réussira dans ce poste ?

Toujours chez vous, dans un poste qui soit en lien avec les expériences acquises et mes motivations.

N° 110

Pourquoi voulez-vous changer d'emploi ?

CE QUE VOTRE INTERLOCUTEUR VEUT VRAIMENT SAVOIR :

- Avez-vous des défauts cachés ?
- Êtes-vous instable ? Puis-je vous recruter sans craindre que vous vouliez changer de poste/d'entreprise dans les prochains mois ?
- Quelles sont les vraies motivations qui vous poussent à postuler chez nous ? Y a-t-il un problème dans votre poste actuel qui vous pousse à vouloir changer ?

LES RÉPONSES POSSIBLES

(bonne réponse en bas ci-contre)*

- Il faut bien changer de temps en temps. Et c'est en général bon pour le salaire.
- Je m'ennuie dans mon emploi. On ne me donne pas assez de responsabilités. On ne reconnaît pas ma valeur. C'est pourquoi j'ai décidé de changer.
- Mon employeur ne pouvait plus m'offrir de responsabilités en relation avec mes compétences.
- Je ne change pas d'emploi, je suis au chômage.
- Mon chef/boss est un autocrate/un insensible. Il ne me comprend pas.

À NE PAS FAIRE

- *Citer négativement l'entreprise dans laquelle vous travaillez actuellement/ que vous venez de quitter.*
- *Ne pas avoir de but précis, manquer d'objectif professionnel précis.*
- *Vouloir changer sans argument valable.*

À FAIRE

- Affirmer que votre envie de changement s'inscrit dans une démarche de réflexion et d'analyse de vos priorités.
- Démontrer que votre choix s'est porté sur l'entreprise avec laquelle vous négociez après avoir effectué une solide campagne d'informations sur les entreprises répondant au mieux à vos motivations actuelles.
- Mettre en avant votre envie de relever de nouveaux défis.

À NE PAS DIRE

- *J'ai démissionné pour des raisons personnelles.*
- *J'ai été licencié et ne souhaite pas en parler.*
- *J'ai juste envie de changer.*
- *J'ai tendance à dire haut et fort ce que je pense, ce qui ne plaît pas à tout le monde.*
- *Je souhaite changer d'emploi car je n'ai plus de motivation dans mon poste actuel.*
- *On m'a refusé une promotion que je demande depuis plus de 3 ans pour la donner à quelqu'un qui est arrivé après moi.*

À DIRE

- J'ai décidé d'opérer un changement de carrière et votre entreprise fait partie de celles qui correspondent le mieux à ce changement.
- Je ne trouvais plus dans mon emploi ce qui me motive, à savoir… Il me semble que ce sont des éléments que je peux retrouver chez vous.
- Je suis à la recherche d'un emploi où mes compétences seront utilisées au mieux.
- Les responsabilités que vous indiquez dans votre annonce correspondent plus à mes motivations que celles que j'ai à l'heure actuelle.

Mon employeur ne pouvait plus m'offrir de responsabilités en relation avec mes compétences.

N° 111

Quel choix/objectif de carrière avez-vous en ce moment ?

Ce que votre interlocuteur veut vraiment savoir :

- Aimez-vous les défis ? Les risques ?
- Comment voyez-vous votre futur professionnel ?
- Voulez-vous faire carrière chez nous ?

Les réponses possibles

(bonne réponse en bas ci-contre)*

- Aucun objectif, mais dans un mois je serai sans ressources… Je dois trouver rapidement un revenu, donc un emploi ! Mais je ne souhaite pas prendre un job alimentaire.
- En tout cas ne plus travailler comme ouvrier dans une fabrique/usine !
- J'aimerais me mettre à mon compte.
- Mon objectif est d'évoluer au sein d'une entreprise comme la vôtre.
- Je n'ai pas le choix, vous êtes le seul à m'avoir convoqué !

À NE PAS FAIRE

- *Être trop loin de ce que l'on vous propose.*
- *Laisser apparaître des objectifs trop figés.*
- *Montrer que vous subissez et que cela vous est égal.*
- *Ne pas savoir quoi répondre.*
- *Rester dans le vague.*

À NE PAS DIRE

- *Ce qui compte c'est que je retrouve du travail.*
- *Je m'organise au fur et à mesure.*
- *Je n'ai pas de plan de carrière.*
- *Je n'aime pas prendre de risque dans la vie.*

À FAIRE

- Essayer de sentir les propositions implicites.
- Laisser la possibilité au recruteur de formuler ses attentes.
- Montrer de l'enthousiasme et de l'ambition.
- Poser des questions sur les objectifs du poste et démontrer votre savoir-faire.

À DIRE

- Favorisez-vous la formation continue ?
- Je désire acquérir de nouvelles compétences et mettre à votre profit celles que je maîtrise.
- Je souhaite un engagement à long terme avec une évolution.
- Mon objectif est de progresser continuellement.

Mon objectif est d'évoluer au sein d'une entreprise comme la vôtre.

N° 112

Quel est votre plan de carrière ? Quels sont vos objectifs à court, moyen et long terme ? Que voulez-vous devenir dans notre société ?

Ce que votre interlocuteur veut vraiment savoir :

- Avez-vous réellement compris nos enjeux, nos soucis ?
- Recherchez-vous vraiment ce que j'ai à offrir ?
- Venez-vous chez moi pour un meilleur salaire, pour un meilleur job ou pour faire carrière ?

Les réponses possibles

(bonne réponse en bas ci-contre)*

- C'est à vous de m'informer de vos objectifs !
- J'aimerais avoir le poste de responsable du département XYZ dans quelques mois.
- Je n'ai pas de véritable plan de carrière, j'essaye de m'adapter. Et puis, je n'aime pas dire de bêtises.
- Je n'y ai pas encore réfléchi, on verra lorsque je serai en poste. C'est toujours des choses et des sujets tellement complexes.
- Je souhaite faire concorder vos objectifs et les miens pour atteindre un but commun.

À NE PAS FAIRE

- *Annoncer que votre seul objectif est de gagner de l'argent.*
- *Avouer que vous n'avez pas d'objectifs.*
- *Dire que vous allez tout révolutionner.*
- *Éviter de faire peur en citant des objectifs trop ambitieux ou démesurés.*
- *Faire preuve de peu de motivation à vous impliquer.*
- *Mentionner des objectifs qui ne sont pas en rapport avec la stratégie de la société.*

À FAIRE

- Démontrer que, dans vos emplois précédents, vous étiez toujours en phase avec votre employeur.
- Éviter de vous enfermer dans un profil de spécialiste.
- Faire comprendre que vous êtes intéressé par la stratégie de développement de l'entreprise.
- Montrer que vous avez bien compris les soucis et préoccupations de votre interlocuteur.
- Prouver que vous aimez croître, apprendre, vous former.

À NE PAS DIRE

- *Je cherche une solution à mon problème d'emploi.*
- *Je n'ai pas d'objectifs, je dois gagner ma vie.*
- *Je peux tout faire, vos objectifs seront les miens.*
- *Je souhaite prendre votre place et ce, le plus rapidement possible.*
- *Je viens pour mettre de l'ordre dans votre société.*
- *Mon objectif est de gagner un maximum, en un minimum de temps.*

À DIRE

- J'ai bien compris vos préoccupations et j'espère pouvoir répondre le plus rapidement possible à vos attentes.
- Je me suis intéressé et informé sur votre stratégie et à ce propos…
- Je suis prêt à suivre une formation complémentaire, afin de mieux répondre à vos attentes.
- Lors de mon dernier emploi, j'ai toujours atteint les objectifs qui m'étaient fixés.
- Mes réalisations précédentes correspondent à ce que vous attendez de moi aujourd'hui. Par exemple…

Je souhaite faire concorder vos objectifs et les miens pour atteindre un but commun.

N° 113

Quels sont vos objectifs à long terme ?

Ce que votre interlocuteur veut vraiment savoir :

- Avez-vous l'intention de faire carrière chez nous ?
- Correspondez-vous au profil que nous recherchons ?
- Êtes-vous ambitieux ?

Les réponses possibles

(bonne réponse en bas ci-contre)*

- D'un point de vue professionnel, continuer sur une voie qui me permette de m'épanouir et d'augmenter mes connaissances.
- Devenir votre boss !
- Gagner beaucoup d'argent. Puis, pouvoir créer ma propre entreprise et devenir le boss.
- Je n'en ai pas. Je verrai bien où me mène le bateau.
- Le ciel est la limite !

À NE PAS FAIRE

- *Annoncer que vous avez l'intention de faire un long voyage autour du monde.*
- *Dire que vous n'avez pas de vision à moyen ou long terme.*
- *Être trop ambitieux (selon le poste visé).*
- *Faire comprendre que vous vous contentez de ce poste, en attendant de trouver mieux.*
- *Laisser entendre que vous cherchez un travail alimentaire.*
- *Ne parler que de vous, sans prendre en compte les besoins de l'entreprise.*

À FAIRE

- Commencer par le moyen terme, puis construire le long terme avec plusieurs options.
- Démontrer votre motivation pour vous investir dans la fonction actuelle et la réalisation des objectifs confiés.
- Insister sur votre motivation pour l'entreprise, votre envie de faire carrière chez eux.
- Poser des questions sur les possibilités d'évolution du poste.
- Prouver votre envie d'évoluer, de vous perfectionner.
- Retourner la question en demandant quelles sont les perspectives d'évolution dans cette entreprise.

À NE PAS DIRE

- *Je n'ai pas d'objectifs.*
- *Je suis ouvert à tout.*
- *Je vis au jour le jour.*

À DIRE

- Donner de moi-même la garantie technique et humaine afin d'assurer la satisfaction de vos clients.
- Réaliser les objectifs que vous me confierez et régulièrement en vérifier l'adéquation avec vous.
- Pouvoir progresser dans le domaine de…

D'un point de vue professionnel, continuer sur une voie qui me permette de m'épanouir et d'augmenter mes connaissances.

Passé (Votre)/
Expérience professionnelle

N° 114

Dans votre passé, quels sont les projets/tâches/missions que vous n'avez pas pu terminer et que vous auriez aimé porter à terme ?

Ce que votre interlocuteur veut vraiment savoir :

- Avez-vous réalisé toutes vos tâches ? Sinon, pourquoi ?
- Dans votre carrière, avez-vous atteint tous vos objectifs ?
- Vous engagez-vous à fond dans ce que vous faites ?

Les réponses possibles

(bonne réponse en bas ci-contre)*

- Beaucoup, hélas il est nécessaire de faire des choix. Et ça c'est le lot de tout le monde.
- Je n'ai pas pour habitude de laisser tomber un projet que l'on m'a confié. Mais c'est toujours possible.
- Malheureusement, j'ai passablement d'exemples à vous donner car les projets que l'on m'a confiés étaient souvent impossibles à réaliser.
- Lorsque je m'engage dans un projet, je fais tout pour le mener à terme. Il y a pourtant 2 cas où cela n'a pas été possible…
- Plusieurs, car mes supérieurs ne me donnaient pas toujours les moyens de réaliser les projets.

À NE PAS FAIRE

- *Avoir mis par écrit les principales missions confiées.*
- *Donner des exemples d'échecs vécus.*
- *Expliquer que la faute revient souvent à un supérieur peu ou pas compétent.*
- *Laisser entendre à votre recruteur que si vous êtes confronté à une difficulté vous allez abandonner.*
- *Laisser entrevoir que vous n'êtes pas capable de soutenir un projet face aux critiques.*
- *Mentionner des exemples d'ordre privé.*
- *Proposer des exemples sans éléments quantitatifs ou concrets.*
- *Répondre de manière « agressive » en retournant la question à votre recruteur.*

À FAIRE

- Citer un ou plusieurs projets qui ont abouti malgré les difficultés.
- Convaincre que vous êtes capable de défendre un projet.
- Démontrer que vous restez maître de votre gestion du temps, même sous stress.
- Lister les causes d'insuccès et en tirer des leçons.
- Mentionner des missions qui ont été portées à terme.
- Préparer un press-book avec des visuels d'actions réalisées.
- Souligner votre capacité à hiérarchiser les priorités.

À NE PAS DIRE

- *J'ai été licencié et je n'ai pas pu finir.*
- *Je n'ai jamais eu de projets ou missions.*
- *Les projets dont j'étais le seul responsable.*
- *On ne m'a jamais confié de projet/tâche/mission.*
- *Oui, certains travaux sont restés en suspens par manque de personnel.*
- *Tout ce que j'ai entrepris, je l'ai mené à terme.*

À DIRE

- En effet, mais c'est avec joie que j'ai fourni les différents documents du projet à l'autre équipe.
- J'ai toujours conclu mes missions à temps.
- Oui, lors de mon dernier travail j'ai entrepris la rénovation de la structure informatique que je n'ai pas pu terminer. J'ai laissé toutes les consignes à mon successeur qui a terminé le projet avec succès.

Lorsque je m'engage dans un projet, je fais tout pour le mener à terme. Il y a pourtant 2 cas où cela n'a pas été possible...

N° 115

Décrivez l'organisation de votre dernier emploi.

Ce que votre interlocuteur veut vraiment savoir :

- Avez-vous une bonne perception de vos tâches et responsabilités ?
- Avez-vous l'esprit de synthèse ?
- Êtes-vous capable de décrire la méthodologie que vous avez employée ?

Les réponses possibles

(bonne réponse en bas ci-contre)*

- C'était plutôt confus.
- Ils étaient nuls. Personne ne savait où l'on allait !
- Je préfère ne pas en parler !
- Vous, au moins vous avez le sens de l'humour ! Qui plus est : de l'humour noir !
- Ses 3 points forts étaient les suivants…

À NE PAS FAIRE

- *Critiquer votre ancien employeur.*
- *Dire que l'organisation n'était pas la qualité principale de votre dernier employeur.*
- *Trop détailler la situation.*
- *Vous plaindre d'un trop plein de travail.*

À FAIRE

- Être honnête.
- Mettre en valeur vos compétences/réalisations/responsabilités passées.
- Prouver que le travail que vous avez accompli a été possible grâce à une méthode bien rodée.
- Valoriser vos dernières responsabilités.

À NE PAS DIRE

- *C'est un peu compliqué et délicat à expliquer ; il s'agit d'une très grande société !*
- *Il s'agissait d'une organisation de type : « Pompier ».*
- *Ils pourraient bien prendre quelques cours sur le sujet.*
- *J'organisais mon travail au jour le jour.*
- *L'organisation ? Mais c'était le chaos !*

À DIRE

- Il s'agissait d'une organisation particulièrement intéressante qui responsabilisait chaque collaborateur.
- L'organisation mise en place a permis, en moins d'un an, d'atteindre le résultat suivant : …
- Ses 3 particularités étaient…

Ses 3 points forts étaient les suivants…

N° 116

Décrivez-moi une action où vous avez eu une réelle contribution.

Ce que votre interlocuteur veut vraiment savoir :

- Comment menez-vous un projet ?
- Quel type de responsabilités avez-vous eues par le passé ?
- Vous impliquez-vous personnellement dans les missions que l'on vous confie ?

Les réponses possibles

(bonne réponse en bas ci-contre)*

- Il faudrait demander à mon ancien responsable… il y aurait beaucoup d'exemples.
- Il y en a tellement ! Cependant cela s'est toujours bien passé !
- Désirez-vous que je vous décrive des actions que j'ai menées seul ou en groupe ?
- J'exécute le travail qu'on me donne et cela sans me poser ce genre de questions.
- Je ne trouve pas d'exemple concret. Il faut dire que j'ai quitté mon job il y a plus de… mois et que je ne m'en souviens plus.

À NE PAS FAIRE

- *Formuler votre réponse avec hésitation.*
- *Ne pas donner un exemple concret.*
- *Rester trop vague et peu concret.*
- *Vous sous-estimer.*
- *Vous surestimer.*

À NE PAS DIRE

- *Je n'avais pas assez de ressources « temps ».*
- *Le projet a été abandonné.*
- *Ma contribution n'a pas été justement reconnue et j'ai donné mon congé !*
- *Se déclarer seul acteur alors qu'il s'agissait d'une équipe.*

À FAIRE

- Citer une contribution passée correspondant au même niveau que le poste visé.
- Donner un résultat atteint et le chiffrer Exemple : augmentation du C.A. de 15 %.
- Exposer votre rôle réel dans cette contribution, le résultat obtenu, ce que vous avez appris.
- Proposer une présentation succincte d'une réelle contribution passée.

À DIRE

- J'ai développé le projet X de A à Z.
- J'ai établi des liens très forts avec des fournisseurs lors de négociations.
- J'ai obtenu d'excellents résultats dans la gestion des collaborateurs en les faisant adhérer aux projets – et non en les leur imposant.
- J'ai participé à la mise en place du processus X dans notre département.
- Je suis l'un des acteurs principaux dans l'implémentation d'une *hot line* interne.

Désirez-vous que je vous décrive des actions que j'ai menées seul ou en groupe ?

N° 117

Il semble y avoir un trou de 6 mois dans votre CV. Qu'avez-vous fait pendant ce temps-là ?

Ce que votre interlocuteur veut vraiment savoir :

- Avez-vous réellement fait quelque chose durant ces 6 mois ?
- Êtes-vous capable de rebondir ?
- Savez-vous utiliser votre temps libre pour vous former ?

Les réponses possibles

(bonne réponse en bas ci-contre)*

- J'ai profité de ce laps de temps pour me perfectionner dans des domaines professionnels ayant trait à mon activité.
- J'ai profité de ce laps de temps pour faire une pause.
- Je n'ai pas trouvé tout de suite un nouveau travail.
- Oui. Après mon licenciement, je me suis retrouvé au chômage.
- Rien de particulier. J'ai mis du temps à surmonter mon licenciement. Maintenant ca va mieux, j'ai récupéré.

À NE PAS FAIRE

- *Donner des réponses bateau.*
- *Essayer d'éviter la question/être évasif.*
- *Faire comprendre que vous n'avez rien fait pendant cette période.*
- *Ne pas répondre.*

À FAIRE

- Complimenter votre interlocuteur pour sa perspicacité.
- Préparer une réponse proactive avant l'entretien.
- Rester calme et garder le sourire.

À NE PAS DIRE

- *J'ai soufflé et j'ai récupéré.*
- *Je me suis retrouvé. On a bien le droit, non ?*
- *Mon moral était au plus bas.*
- *Rien de spécial.*

À DIRE

- Après avoir fait un bilan j'ai défini ma cible et entamé ma campagne.
- J'ai mis de l'ordre dans mes propres affaires, puis j'ai lancé ma recherche !
- Je fais partie des gens qui récoltent de l'information avant de prendre une décision importante.

J'ai profité de ce laps de temps pour me perfectionner dans des domaines professionnels ayant trait à mon activité.

N° 118

Parlez-moi de votre expérience professionnelle (vos anciens postes, vos employeurs...).

CE QUE VOTRE INTERLOCUTEUR VEUT VRAIMENT SAVOIR :

- Qu'est-ce qui vous a motivé dans vos choix professionnels ?
- Quels types et niveaux de missions/responsabilités vous ont été confiés ?
- Y a-t-il une logique/cohérence/fil rouge dans votre parcours professionnel ?

LES RÉPONSES POSSIBLES

(bonne réponse en bas ci-contre)*

- De quel genre d'expériences souhaitez-vous que je vous parle ?
- J'ai tellement fait de choses, je ne sais pas par quoi commencer.
- Je dois dire que je n'ai pas eu beaucoup de chance dans le passé. En fait j'ai eu pas mal de mauvaises expériences.
- Mon ancien employeur n'était pas une personne facile et pourtant je m'en suis bien sorti. Je sais faire le dos rond avec les personnes à caractère fort !
- Voici 3 réalisations qui me résument : ...

À NE PAS FAIRE

- *Avoir une attitude extrême (trop sûr de vous/pas assez de confiance en vous, dévalorisation).*
- *Bluffer, mentir, exagérer.*
- *Faire des « aller-retour » dans le temps et perdre ainsi la logique du parcours, la vision d'ensemble.*
- *Faire ressortir des incohérences de parcours sans développer le fil rouge ayant motivé les choix professionnels.*
- *Vous perdre dans les détails de votre vie et parler trop longuement.*

À FAIRE

- Donner des exemples de réussites avec chiffres à l'appui.
- Être concret, spécifique.
- Mettre en avant les succès.
- Rapprocher l'expérience d'un aspect du profil requis.
- Synthétiser, faire ressortir la vision d'ensemble du parcours sur des axes clés.

À NE PAS DIRE

- *De quel type d'expériences souhaitez-vous que je vous parle ?*
- *J'ai tellement fait de choses !*
- *J'ai toute l'expérience nécessaire pour remplir ce poste.*
- *Tout est écrit dans mon CV ; d'ailleurs je vous ai apporté une copie.*

À DIRE

- Afin de vous donner des informations ciblées, pouvez-vous me mentionner quelle est la compétence principale du poste à repourvoir ?
- En réorganisant mes tâches, j'ai pu…
- Mes expériences professionnelles en relation avec le poste sont…
- Voici mon portfolio, puis-je vous le commenter ?

Voici 3 réalisations qui me résument : …

N° 119

Peut-on contacter votre employeur actuel/dernier employeur pour obtenir des informations sur vous ?

Ce que votre interlocuteur veut vraiment savoir :

- Êtes-vous quelqu'un de confiance ?
- L'avez-vous quitté en bons termes ?
- Quels renseignements pourrais-je obtenir sur vous ?

Les réponses possibles

(bonne réponse en bas ci-contre)*

- Je n'ai pas trop envie. Vous pouvez plutôt contacter les références qui sont sur mon CV.
- Je ne sais pas trop si mon ancien employeur est d'accord d'être dérangé à tout instant, juste pour une référence.
- C'est tout à fait possible et j'ai déjà avisé mon ancien employeur de cette possibilité. Il a accepté avec plaisir de me servir de référence.
- Non, je ne pense pas qu'il soit à même de vous renseigner d'une façon objective car il n'a pas beaucoup apprécié que je quitte l'entreprise. Mais par contre…
- Que voulez-vous lui demander ? J'ai des raisons personnelles pour dire non.

À NE PAS FAIRE

- *Critiquer votre dernier employeur.*
- *Essayer d'imposer une autre référence.*
- *Être mal à l'aise. Montrer que vous avez peur.*
- *Faire croire que vous dissimulez quelque chose.*
- *Ne pas répondre.*
- *Refuser brutalement.*
- *Rougir et bégayer, baisser les yeux.*
- *Vous lancer dans des explications interminables.*
- *Vous mettre sur la défensive.*

À FAIRE

- Demander au recruteur qu'il ne le fasse pas car vous êtes encore en poste dans cette entreprise.
- Donner les coordonnées du responsable (adresse, téléphone...).
- Indiquer systématiquement la personne qui, dans l'ancienne entreprise, pourra le mieux parler de vous.
- Montrer que votre ancien boss/chef vous appréciait.
- Regarder dans les yeux et accepter.
- Vous montrer enthousiaste et encourager votre interlocuteur.

À NE PAS DIRE

- *Ça me dérange !*
- *Je crois que j'ai perdu son adresse...*
- *Je ne préférerais pas...*
- *Non !!!*

À DIRE

- Bien sûr, cela ne pose aucun problème !
- C'est une personne franche et impartiale qui vous renseignera volontiers.
- Oui, il vous confirmera très certainement que mes principales caractéristiques sont...
- Oui, très volontiers !
- Voici les coordonnées des personnes qui me connaissent le mieux.

C'est tout à fait possible et j'ai déjà avisé mon ancien employeur de cette possibilité. Il a accepté avec plaisir de me servir de référence.

N° 120

Pouvez-vous décrire une journée typique de votre dernier emploi ?

CE QUE VOTRE INTERLOCUTEUR VEUT VRAIMENT SAVOIR :

- Comment organisez-vous vos journées ? Établissiez-vous un cahier des charges précis pour chaque journée ?
- Êtes-vous capable de fixer des priorités ?
- Quelle charge de travail êtes-vous capable d'assumer ? Êtes-vous polyvalent ?

LES RÉPONSES POSSIBLES

(bonne réponse en bas ci-contre)*

- C'est difficile, je ne me souviens plus très bien. Cela fait 13 mois que je ne travaille plus.
- C'est impossible, il n'y avait jamais de journée type !
- Je suis gêné, et ne sais quoi vous raconter. C'était très monotone, chaque jour on devait faire…
- Nous n'avions pratiquement rien à faire… et c'est pour cela que la société a été restructurée. Mais je vais vous détailler mon emploi du temps.
- Chaque jour, je fixais mes priorités et définissais les tâches du jour en début de journée.

À NE PAS FAIRE

- *Citer votre difficulté à vous mettre en route le matin.*
- *Dénigrer ses anciens collègues en s'attribuant toute la charge de travail.*
- *Donner l'exemple d'une journée atypique.*
- *Entrer trop dans les petits détails.*
- *Être incapable de citer des tâches.*
- *Mentionner des journées où il n'y avait rien à faire.*
- *Négliger de parler de l'équipe.*
- *Oublier de vous exprimer en termes de résultats.*
- *Présenter le travail comme très routinier, sans relief.*
- *S'enthousiasmer en parlant des pauses, des horaires.*

À FAIRE

- Décrire cette journée selon une échelle de priorité, d'importance ou d'urgence.
- Démontrer votre flexibilité (horaires, tâches, imprévus).
- Mentionner les solutions que vous avez trouvées aux problèmes quotidiens.
- Montrer le plaisir que vous avez à atteindre vos objectifs quotidiens.
- Présenter des points essentiels et éviter de vous perdre dans les détails.
- Profiter de l'occasion pour parler de tâches et missions confiées dans l'ancien emploi qui seront également importantes pour le poste futur.

À NE PAS DIRE

- *Il n'y avait aucun lien entre le poste actuel ou passé et celui dont il est maintenant question.*
- *Je préfère ne pas parler de mon ancien emploi.*
- *Tous les jours étaient les mêmes, sans grand intérêt.*
- *Tout comme dans votre entreprise, nous devions travailler avec peu de moyens et de structure.*

À DIRE

- J'ai acquis une grande maîtrise du stress, grâce à la diversité des problèmes posés chaque jour.
- Je n'ai jamais eu de journée type, chaque jour j'ai dû donner le meilleur de moi-même pour faire face aux problèmes posés.
- Je préparais ma journée en fonction des priorités, sans oublier de réserver du temps pour les urgences… puis je m'adaptais !

Chaque jour, je fixais mes priorités et définissais les tâches du jour en début de journée.

N° 121

Quel a été le point culminant de votre carrière ?

Ce que votre interlocuteur veut vraiment savoir :

- Êtes-vous ambitieux ?
- Qu'avez-vous acquis de plus important au cours de votre carrière ?
- Que savez-vous faire ?

Les réponses possibles

(bonne réponse en bas ci-contre)*

- Aujourd'hui ! Parce que vous m'offrez une nouvelle chance. Jusqu'à ce jour les choses ont été assez calmes. C'est pourquoi j'attends beaucoup de vous.
- Ce sera lorsque je vous aurai aidé à accéder à de plus hautes fonctions et moi, pris votre place !
- Il y en a plusieurs : chaque fois que je suis arrivé à dépasser les résultats fixés et à acquérir de nouvelles responsabilités. Par exemple dans mon dernier emploi j'ai…
- J'ai quelques très jolis points à mon actif mais tout est à venir.
- Je ne suis pas carriériste.

À NE PAS FAIRE

- *Donner un élément mineur.*
- *Vous disperser dans trop de détails.*
- *Vous vanter.*

À FAIRE

- Démontrer votre aptitude à gérer une situation.
- Être clair et précis.
- Fournir, en exemple, une situation vécue.
- Indiquer un point en relation avec le poste visé.
- Ne pas vous perdre dans les détails.
- Préciser un point représentatif de votre carrière.

À NE PAS DIRE

- *Heu…, je ne sais pas.*
- *Je n'ai eu aucun moment de plaisir dans mon travail.*
- *Je n'ai jamais eu l'occasion de culminer.*
- *Je n'ai rien fait d'exceptionnel !*
- *Je ne m'en souviens pas.*
- *Je préfère ne pas en parler.*
- *Je suis fort dans tous les domaines.*
- *Ma carrière n'est pas essentielle pour moi.*

À DIRE

- Désirez-vous un exemple dans une situation précise ?
- J'espère l'atteindre au sein de votre société.
- La réussite de mon diplôme de spécialisation en cours d'emploi.
- Le perfectionnement acquis grâce à toutes ces années d'expérience.
- Lorsque j'étais en service technique externe…
- Lorsque j'étais responsable d'un service.
- Ma participation à des stages de formation continue.

Il y en a plusieurs : chaque fois que je suis arrivé à dépasser les résultats fixés et à acquérir de nouvelles responsabilités. Par exemple dans mon dernier emploi j'ai…

N° 122

Quelle a été votre réalisation la plus importante ?

Ce que votre interlocuteur veut vraiment savoir :

- Quels sont vos trois points forts ?
- Vous a-t-on confié des responsabilités ?
- Vous connaissez-vous bien ?

Les réponses possibles

(bonne réponse en bas ci-contre)*

- La création de… qui est devenu « la référence dans la profession ».
- J'ai réalisé des tas de petites choses. Donc, si on les additionne on obtient de grandes réalisations.
- J'ai souvent donné des coups de main. J'ai donc des tonnes de réalisations et mes amis m'apprécient pour cela.
- Je ne me suis jamais posé la question en réalité… je ne sais pas.
- Me lever tôt pour arriver à l'heure à cet entretien.

À NE PAS FAIRE

- *Mentionner toutes sortes de tâches, mais aucun résultat.*
- *Ne pas trouver de réponse.*
- *Parler d'échecs.*
- *Rester vague et prendre l'air abattu d'une victime.*

À NE PAS DIRE

- *Je faisais le même travail que les autres.*
- *Je faisais un travail de fond et les lauriers étaient pour les autres.*
- *Je n'ai jamais rien réalisé de très important. On ne m'en a pas donné l'occasion !*

À FAIRE

- Apporter des preuves.
- Choisir la réalisation la plus pertinente pour le poste.
- Donner des résultats et des exemples chiffrés de vos réussites.

À DIRE

- J'ai créé un concept qui est toujours en place aujourd'hui.
- J'ai mis au point une technique lors de mon dernier emploi.
- J'ai reçu une augmentation de salaire pour…
- J'essaie d'apporter une plus-value à…
- Je vous ai apporté mon dossier avec mes dernières réalisations.

La création de… qui est devenu « la référence dans la profession ».

N° 123

Quelle est votre charge de travail dans votre job actuel/dernier job ?

Ce que votre interlocuteur veut vraiment savoir :

- Comment gérez-vous votre temps ?
- Êtes-vous efficace ?
- Savez-vous hiérarchiser et fixer des priorités ?

Les réponses possibles

(bonne réponse en bas ci-contre)*

- C'était OK ! Pas de problème !
- J'ai un peu le sentiment d'être exploité par mon employeur et je travaille à 150 %.
- Je réussis à atteindre les objectifs négociés avec mon supérieur. Je planifie et contrôle souvent.
- Le job était passionnant, mais le stress devenait trop dur à supporter. C'est ce qui m'a décidé à changer d'emploi.
- Le travail ne m'a jamais fait peur !

À NE PAS FAIRE

- *Inventer une surcharge de travail pour vous valoriser.*
- *Mentir sur votre emploi du temps.*
- *Vous attribuer tous les mérites d'avoir géré un emploi stressant.*

À NE PAS DIRE

- *Certains jours, je n'ai rien à faire.*
- *Je n'arrive pas à effectuer toutes les tâches qui me sont attribuées.*
- *Je ne parviens pas à tout faire dans les délais.*
- *Je sélectionne les tâches qui me plaisent et j'essaie de déléguer les autres.*
- *Je suis souvent dépassé par mes objectifs.*

À FAIRE

- Citer les objectifs touchant la charge de travail de votre job actuel ou passé.
- Citer les activités planifiées sur une semaine.
- Donner en exemple la planification de votre dernier job.
- Expliquer sur 1 jour, 1 semaine, 1 mois votre emploi du temps.

À DIRE

- Citer des retours extérieurs positifs de votre efficacité de travail.
- Décrire les items où vous êtes le plus efficace.
- Démontrer comment vous planifiez une journée chargée.
- Expliquer quelle méthode vous utilisez pour rentabiliser votre travail.

Je réussis à atteindre les objectifs négociés avec mon supérieur. Je planifie et contrôle souvent.

N° 124

Quelles expériences ont le plus contribué à la formation de votre personnalité ? Quelles ont été vos plus grandes difficultés ou joies dans le passé ?

CE QUE VOTRE INTERLOCUTEUR VEUT VRAIMENT SAVOIR :

- Êtes-vous heureux/épanoui ?
- Êtes-vous plutôt « devant la vague » ou « dans la vague » ?
- Êtes-vous stable/équilibré/mature ?

LES RÉPONSES POSSIBLES

(bonne réponse en bas ci-contre)*

- Cela fait longtemps que je vis dans les difficultés financières. J'ai vécu des mois très difficiles récemment.
- Divers problèmes relationnels personnels que j'ai dû gérer ont contribué à la formation de ma personnalité.
- Être sans emploi est la plus grande difficulté et elle n'apporte aucune joie.
- Voici mes 3 plus grandes difficultés… Quant aux joies, c'est plutôt maigre.
- Mes plus grandes joies ont été ma famille et la satisfaction de mes employeurs pour mon travail.

À NE PAS FAIRE

- *Devenir familier, trop parler et perdre son contrôle.*
- *Entrer dans les détails.*
- *Être trop réactif ou avoir un comportement émotionnel.*
- *Faire une dissertation philosophique.*

À NE PAS DIRE

- *Je ne me souviens que des récentes difficultés, qui sont lourdes et pas formatrices du tout.*
- *Le monde est individualiste, je me suis formé seul.*
- *Le monde nous en veut et il y a trop d'injustices ici bas.*
- *Les difficultés endurées sont très souvent provoquées par les autres.*

À FAIRE

- Citer une grande joie, et une difficulté surmontée avec succès.
- Donner un ou deux exemples en relation avec le poste à pourvoir.
- Limiter vos mauvaises expériences à un ou deux exemples.
- Relier une ou deux expériences démontrant votre motivation, détermination.

À DIRE

- J'ai collaboré avec mes collègues et mes supérieurs afin d'augmenter mon écoute et ma capacité à gérer des conflits.
- J'ai suivi une formation afin de surmonter une des actions les plus éprouvantes de mon poste : prendre la décision de renvoyer quelqu'un…
- Lorsque je suis devenu père (mère) la première fois !
- Pour moi la plus grande difficulté a été de réunir mon désir d'autonomie tout en gardant l'aptitude à travailler en équipe.

Mes plus grandes joies ont été ma famille et la satisfaction de mes employeurs pour mon travail.

N° 125

Quelles ont été vos décisions les plus importantes dans le cadre de votre travail ?

Ce que votre interlocuteur veut vraiment savoir :

- Quelles ont été vos réelles responsabilités ?
- Êtes-vous mature ?
- Savez-vous gérer le stress ?

Les réponses possibles

(bonne réponse en bas ci-contre)*

- Attendez,… il faut que je réfléchisse.
- Je consulte toujours mon supérieur et c'est lui qui prend les décisions. Je trouve que ce genre de discipline est nécessaire dans tout travail.
- Je n'aime pas vraiment prendre de décisions dans le domaine professionnel. Il y en a déjà tellement dans le domaine personnel !
- Les décisions d'engagement et de licenciement de collaborateurs.
- Tout était important dans mon travail !

À NE PAS FAIRE

- *Expliquer que vous avez assumé le travail de votre supérieur.*
- *Faire comprendre que vous imposez votre idée sans demander l'avis des autres.*
- *Laisser croire que vous ne prenez aucune décision.*
- *Montrer que les décisions vous angoissent.*

À FAIRE

- Donner un exemple concret.
- Indiquer une réalisation utile pour le domaine.
- Mettre en avant des décisions professionnelles réussies.
- Positiver les décisions en exposant leurs difficultés.

À NE PAS DIRE

- *Je faisais uniquement ce qu'on me disait, ce n'est pas moi qui prenais des décisions.*
- *Je n'avais aucune responsabilité.*
- *Je ne sais pas, j'ai eu de nombreux postes.*
- *Je n'en prenais aucune, la hiérarchie était trop présente.*

À DIRE

- La mise en place de fiches de communication pour connaître l'impact de mon travail sur les clients.
- Le choix d'un nouveau système de travail plus convivial.
- Transmettre les infos sur mes réalisations aux collègues.

N° 126

Quelles sont vos relations avec votre dernier employeur ?

CE QUE VOTRE INTERLOCUTEUR VEUT VRAIMENT SAVOIR :

- Avez-vous des problèmes avec votre supérieur, des conflits ?
- Avez-vous été licencié ou avez-vous démissionné ? Quelles sont les raisons de votre départ ?
- Critiquez-vous les personnes avec lesquelles vous avez travaillé ?

LES RÉPONSES POSSIBLES

(bonne réponse en bas ci-contre)*

- C'est une personne qui ne tient pas ses promesses, nos relations sont rompues.
- Je préfère ne rien dire car, si vous me lancez là-dessus,…
- Mauvaises. Je suis aux prud'hommes. Mais mon avocat m'a dit que j'avais un excellent dossier.
- Très moyennes.
- Excellentes vous pouvez le contacter. Voulez-vous ses coordonnées ?

À NE PAS FAIRE

- *Dénigrer votre ancien employeur.*
- *Dire du mal de vos anciens collègues/subordonnés.*
- *Entrer dans trop de détails.*
- *Flatter exagérément l'ancien employeur.*
- *Trahir un secret professionnel.*
- *Vous positionner en tant que victime.*
- *Vous justifier, en prenant un air embarrassé.*
- *Vous plaindre.*

À FAIRE

- Citer 1 à 3 points positifs de votre employeur passé.
- Dire la vérité, en soignant la formulation, sans entrer dans les détails (surtout s'il y a eu problème).
- Donner les raisons, si vous avez fait partie d'une vague de licenciement.
- Être loyal vis-à-vis de votre ancien employeur.
- Faire ressortir votre capacité de dialogue avec la hiérarchie.
- Montrer ce que vous avez appris de positif avec cet employeur.
- Préciser que vous êtes resté en bons termes avec lui.
- Rester discret.

À NE PAS DIRE

- *J'ai beaucoup souffert.*
- *Je ne veux plus travailler pour ce genre de personne.*
- *Nous sommes en mauvais termes.*

À DIRE

- C'était une relation intéressante.
- J'ai beaucoup appris sur les relations humaines.
- Nous avons eu des discussions animées et profitables.
- Un certain rapport de force peut être motivant.

Excellentes vous pouvez le contacter. Voulez-vous ses coordonnées ?

N° 127

Quelles tâches avez-vous menées à bien dans votre dernier job et quel temps y avez-vous passé ?

Ce que votre interlocuteur veut vraiment savoir :

- Avez-vous conscience des priorités des tâches confiées ?
- Avez-vous l'expérience des tâches que j'envisage de vous confier ?
- Saviez-vous gérer votre temps ?

Les réponses possibles

(bonne réponse en bas ci-contre)*

- Mes tâches se divisaient en 3 familles (proches de celles du poste que vous offrez) : …
- J'avais beaucoup de tâches administratives. Un peu trop et je n'étais pas toujours bien utilisé.
- J'avais un cahier des charges très large. Il m'est difficile de dire le temps que je passais sur chacune des tâches. C'était très variable mais passionnant.
- Je menais à bien toutes les tâches usuelles liées à un emploi de…
- Les tâches qui m'ont été confiées n'étaient pas toujours intéressantes. Je ne voudrais pas retrouver les mêmes dans mon futur emploi.

À NE PAS FAIRE

- *Donner des informations peu précises qui font penser que vous maîtrisez mal les tâches qui vous ont été assignées et que vous ne connaissez pas vos compétences.*
- *Inventer des tâches que vous n'avez pas réellement assumées.*
- *Montrer du désintérêt pour vos tâches passées.*
- *Passer trop de temps sur des tâches qui n'ont aucun lien avec le poste offert.*
- *Trop entrer dans les détails.*

À FAIRE

- Évaluer en % le temps passé sur chaque type de tâches.
- Exposer les tâches communes avec celles du poste offert.
- Préciser les tâches : domaines, types.
- Présenter brièvement vos tâches principales et votre structure de gestion.
- Vous baser sur 3 à 5 types/familles de tâches clés.

À NE PAS DIRE

- *Il m'est impossible de vous dire à froid le temps que je passais sur chaque tâche.*
- *Je souhaite tirer un trait sur le passé et me concentrer sur les tâches intéressantes que vous proposez.*
- *Le type de tâches XY représentait N % de mon activité. J'espère que ce n'est pas le cas dans le poste que vous offrez.*
- *Mon responsable ne m'a guère confié de tâches intéressantes.*

À DIRE

- 3 types de tâches étaient parfaitement similaires à celles du poste que vous offrez. Elles représentaient environ N % de mon activité. Voici un résultat dans ces domaines.
- L'essentiel de mon cahier des charges était sensiblement différent de celui du poste dont nous parlons ; toutefois voici 3 réalisations pour lesquelles j'ai utilisé les compétences que vous recherchez.
- Les tâches que j'ai menées à bien et qui sauront vous intéresser représentaient N % de ma dernière activité.

Mes tâches se divisaient en 3 familles (proches de celles du poste que vous offrez) : …

N° 128

Quels sont les projets les plus importants que vous avez menés à bien dans votre dernier emploi ?

Ce que votre interlocuteur veut vraiment savoir :

- Êtes-vous quelqu'un qui mène à terme et à bien tout ce qu'il a entrepris ?
- Qu'est-ce qui vous fait courir ?
- Quelles ont été vos principales compétences ?

Les réponses possibles

(bonne réponse en bas ci-contre)*

- Aucun des projets qui m'ont été confiés n'a présenté autant d'intérêt que le poste que vous offrez.
- J'ai du mal à vous répondre. Laissez-moi vous répondre plus tard.
- Oh ! Tous les projets qui m'ont été confiés étaient importants et je les ai tous menés à bien.
- On ne m'a jamais confié de projet important ! Mon dernier employeur avait beaucoup de mal à déléguer… J'étais dans une équipe où l'on ne travaillait sur aucun projet vraiment important.
- Les plus beaux projets qui m'ont été confiés m'ont permis de démontrer 3 compétences clés pour votre organisation ; il s'agissait de…

À NE PAS FAIRE

- *Donner en exemple des projets qui n'ont aucun intérêt pour le recruteur.*
- *Hésiter dans la réponse.*
- *Mentionner des projets que vous n'avez pas su faire aboutir.*
- *Vous perdre dans les détails de projets compliqués, en utilisant un langage inadapté à votre interlocuteur (trop technique, scientifique).*

À NE PAS DIRE

- *Aucun des projets qui m'ont été confiés ne m'a réellement motivé. J'avais l'impression qu'il s'agissait de projets dont personne ne voulait.*
- *J'ai fait beaucoup de choses très variées. J'ai de la peine à m'en souvenir avec précision.*
- *J'ai mené à bien un projet, contre l'avis de tous.*
- *Je n'ai jamais eu de projets.*

À FAIRE

- Citer des projets qui vous ont enthousiasmé.
- Expliquer la réalisation d'un projet de façon brève mais concrète.
- Mentionner les projets qui mettent en évidence des compétences/résultats utiles pour le poste visé.
- Parler de votre but professionnel.
- Préciser les liens entre les projets confiés et ce que l'on va attendre de vous dans le poste visé.

À DIRE

- J'ai mené à bien tous mes projets, dont voici 2 exemples concrets (citer 2 projets).
- Les projets que j'ai récemment menés à bien sont tous en lien avec le type d'objectifs que vous souhaitez me confier dans ce nouveau poste.
- Voici 2 projets que j'ai menés à bien et qui m'ont motivé à viser un poste tel que celui dont nous parlons aujourd'hui.
- Voici 2 projets qui m'ont été confiés et leurs retombées profitables pour une société qui, comme la vôtre, est très soucieuse de la qualité de son service clients.

Les plus beaux projets qui m'ont été confiés m'ont permis de démontrer 3 compétences clés pour votre organisation : il s'agissait de...

N° 129

Racontez-moi un peu votre histoire. Quel a été votre parcours ?

Ce que votre interlocuteur veut vraiment savoir :

- Avez-vous un objectif professionnel ?
- Comment construisez-vous votre carrière ?
- Votre parcours professionnel est-il cohérent ?

Les réponses possibles

(bonne réponse en bas ci-contre)*

- Je suis né à…, en 19.., d'un père menuisier et d'une mère…
- Désirez-vous que je vous parle de tout mon parcours ou que je développe certains points spécifiques liés au poste à pourvoir ?
- La vie n'a pas été facile pour moi, dans ma jeunesse…
- Quand j'ai terminé mon apprentissage en août 1985, c'était difficile de trouver un poste dans l'horlogerie, alors j'ai pris ce qui venait, ce qui m'a donné l'occasion de travailler comme magasinier chez XYZ… bla… bla… bla… bla… Ensuite, en 1986, je me suis marié… bla… bla… bla…
- Tout est écrit dans mon CV. Que voulez-vous que je vous dise de plus ?

À NE PAS FAIRE

- *Adopter une attitude défensive.*
- *Devenir « pompeux ».*
- *Développer votre vie, tout votre parcours, votre sphère privée.*
- *Être évasif, sans but et sans enthousiasme.*
- *Faire penser que le parcours s'est fait seulement au travers de postes qui assuraient le salaire à la fin du mois.*
- *Laisser apparaître que vous prenez la vie comme elle vient.*
- *Parler de vos faiblesses, de choses négatives.*
- *Raconter des moments pénibles de votre vie : prison, divorce, licenciement…*
- *Rester silencieux, ne rien dire.*

À NE PAS DIRE

- *À la suite de mon licenciement…*
- *Il faut bien gagner sa vie.*
- *J'aimerais mieux parler du poste !*
- *Ma situation de famille m'a obligé à…*
- *Ma vie privée ne concerne que moi.*
- *Mon parcours peut sembler étrange pour quelqu'un qui veut occuper ce poste, mais je peux me justifier…*
- *Vous n'avez pas de questions plus précises à me poser ?*

À FAIRE

- Demeurer proche du futur poste dans tout votre discours.
- Mettre en relation les compétences et expériences développées avec les besoins du poste.
- Répondre en relation avec le poste.
- Rester ciblé !
- S'exprimer de façon positive.
- Vous limiter à votre parcours professionnel (ou demander si des informations d'ordre privé sont attendues).

À DIRE

- Je vais vous mentionner les têtes de chapitre, vous me direz lesquelles vous désirez que je développe.
- Je vais vous parler de ma dernière expérience de travail qui, du reste, pourrait avoir un lien étroit avec ce que vous faites…
- Volontiers, voici les trois expériences principales qui cadrent parfaitement avec les qualités requises pour le poste de…

Désirez-vous que je vous parle de tout mon parcours ou que je développe certains points spécifiques liés au poste à pourvoir ?

Personnalité/
Style

N° 130

Comment définissez-vous le succès ?

Ce que votre interlocuteur veut vraiment savoir :

- Êtes-vous ambitieux ?
- Parlez-moi de vos réussites professionnelles !
- Quel est votre objectif professionnel ?

Les réponses possibles

(bonne réponse en bas ci-contre)*

- Gagner le gros lot ! Épouser la personne de mes rêves ! Occuper votre poste !
- Je ne suis pas favorable à ce concept.
- Occuper votre fauteuil.
- Vous en êtes la meilleure représentation !
- Le succès est composé de nombreux petits succès ajoutés les uns aux autres.

À NE PAS FAIRE

- *Être irréaliste.*
- *Hésiter.*
- *Minimiser vos réussites.*
- *Ne parler que d'éléments extra-professionnels.*
- *Trop vous vanter.*

À FAIRE

- Choisir des réalisations en lien avec le futur poste.
- Donner des exemples clairs avec des résultats chiffrés.
- Souligner les difficultés rencontrées de manière à valoriser au mieux vos résultats.

À NE PAS DIRE

- *J'ai perdu 3 kilos en 1 mois.*
- *Je ne sais pas.*
- *Je réussis tout ce que j'entreprends.*
- *Sans moi l'entreprise aurait coulé.*

À DIRE

- Dans le domaine professionnel, extra-professionnel ou les deux ?
- J'ai augmenté le chiffre d'affaires de 8 % en 6 mois malgré une concurrence forte et grâce à une formation adaptée de mon équipe.
- Que voulez-vous savoir exactement ?
- Un travail intéressant et valorisant, tel celui pour lequel je postule.

Le succès est composé de nombreux petits succès ajoutés les uns aux autres.

N° 131

Êtes-vous créatif ?

CE QUE VOTRE INTERLOCUTEUR VEUT VRAIMENT SAVOIR :

- Avez-vous le sens de l'initiative ?
- Êtes-vous anticonformiste ?
- Êtes-vous précurseur ou suiveur ?

LES RÉPONSES POSSIBLES

(bonne réponse en bas ci-contre)*

- Bien que je sois quelqu'un de traditionnel, il m'arrive de créer ou améliorer certains concepts…
- Oui ! Bien sûr.
- Oui ! Je suis créatif et j'aime créer.
- Oui ! Et à ce propos souhaitez-vous que je vous montre ma dernière réalisation ?
- Une fois, j'ai proposé une suggestion dans la boîte aux idées. Mais elle n'a pas été retenue alors qu'elle était bonne.

À NE PAS FAIRE

- *Dénigrer les créatifs en disant que ce sont des rêveurs.*
- *Être conventionnel. Montrer votre aversion pour le changement.*
- *Exagérer votre côté créatif.*
- *Montrer que vous êtes toujours critique et que vous possédez toujours une meilleure idée.*

À NE PAS DIRE

- *À la fois « Oui » et « Non ».*
- *Bien sûr ! Pas de problème !*
- *Pas trop. Ça me fait un peu peur.*

À FAIRE

- Justifier votre réponse positive par un exemple.
- Montrer vos limites.
- Proposer une idée nouvelle pour l'entreprise.
- Rester réaliste et raisonnable mais très positif.

À DIRE

- Je lis en permanence des ouvrages sur des nouvelles technologies et cela me donne souvent des idées pour améliorer mes projets.
- Oui, je le pense car c'est ma nature.
- Puis-je vous montrer une création passée ? Il s'agissait de…
- Quelles sont vos dernières créations ?

Oui ! Et à ce propos souhaitez-vous que je vous montre ma dernière réalisation ?

N° 132

Êtes-vous tenace/persévérant ?

Ce que votre interlocuteur veut vraiment savoir :

- Comment fonctionnez-vous en période de tension ?
- Décrivez votre réaction dans une situation difficile ?
- Peut-on vraiment compter sur vous ?

Les réponses possibles

(bonne réponse en bas ci-contre)*

- Je ne trouve pas que ce soit un plus.
- C'est, avec l'enthousiasme, l'un des traits de personnalité que je cultive le plus.
- Pas de problème !
- Que voulez-vous vraiment savoir ?
- Souvent il suffit d'attendre et avec un peu de chance…, si c'est ça que vous appelez la tenacité, alors j'en ai.

À NE PAS FAIRE

- *Aller dans l'excès, vous montrer trop battant, trop prétentieux.*
- *Mentir.*
- *Rester silencieux, être hésitant.*

À FAIRE

- Donner un ou deux exemples professionnels ou extra-professionnels.
- Poser des questions.
- Vous montrer dynamique, engagé.

À NE PAS DIRE

- *Heu…, oui…*
- *Je ne sais pas.*
- *Je préfère les situations simples et prévisibles.*

À DIRE

- C'est pour moi une règle de base, sans pour cela être rigide.
- Je vais au bout dans chaque chose et j'aime terminer ce que je commence avant de passer à autre chose.
- Voici un exemple non professionnel…

C'est, avec l'enthousiasme, l'un des traits de personnalité que je cultive le plus.

N° 133

Parlez-moi de vous !

Ce que votre interlocuteur veut vraiment savoir :

- Avez-vous vraiment le profil du job ?
- Parlez-moi de vos atouts et vulnérabilités.
- Vous connaissez-vous vraiment ? Êtes-vous mature ?

Les réponses possibles

(bonne réponse en bas ci-contre)*

- Je suis né le…
- Je suis sûrement la personne que vous recherchez. Je pense avoir tous les talents qui vous intéressent.
- Qu'est-ce que vous voulez savoir, ce que j'ai fait ?
- Oui avec plaisir. Dans quel domaine : professionnel ou extra-professionnel ?
- Merci, mais ça prendrait beaucoup trop de temps. Parlons plutôt d'autre chose !

À NE PAS FAIRE

- *Être arrogant ou agressif.*
- *Ne pas recadrer la question.*
- *Ne transmettre que des informations négatives sur vous.*
- *Parler de votre vie privée.*
- *Parler pendant plus de 5 minutes.*
- *Partir dans tous les sens, sur tous les thèmes, sans fil conducteur.*
- *Partir sur des pistes que vous ne souhaitez pas développer.*
- *Refuser de parler de votre vie privée.*

À NE PAS DIRE

- *C'est difficile de parler de soi, je ne sais pas.*
- *Je n'aime pas parler de moi.*
- *Je n'ai rien à dire sur moi.*
- *Je n'aime pas parler de moi car je suis timide.*
- *Je suis certainement la personne qu'il vous faut ! Voilà ! C'est tout !*
- *Je suis comme tout le monde.*
- *Je vais vous parler d'une expérience qui m'a terriblement marqué : mon voyage à Katmandou en 19…*
- *Tout est sur mon CV !*
- *Vous avez envie de vous ennuyer ?*

À FAIRE

- Décrire des atouts que vous possédez et qui correspondent au poste à pourvoir.
- Demander ce qu'il souhaite savoir en particulier, recadrer la question.
- Être précis, factuel et quantifier vos réalisations.
- Répondre brièvement (pas plus de 2 minutes) et passer à autre chose en posant une question.

À DIRE

- Dans le domaine professionnel, ma meilleure expérience a été…
- Désirez-vous que je retrace brièvement mon parcours professionnel ou que je détaille mon dernier poste ?
- Je suis une personne entreprenante. Voici 2 exemples l'illustrant bien…
- Mon parcours s'oriente autour de trois axes qui sont particulièrement intéressants dans votre domaine d'activité.
- Qu'aimeriez-vous savoir ?
- Voici trois réalisations de mon parcours professionnel qui sont probablement réutilisables dans le poste que vous offrez…

Oui avec plaisir. Dans quel domaine : professionnel ou extra-professionnel ?

N° 134

Quel est votre style de travail ?

Ce que votre interlocuteur veut vraiment savoir :

- Comment résolvez-vous les problèmes ?
- Êtes-vous plutôt solitaire ou membre d'une équipe ? Êtes-vous ouvert ?
- Êtes-vous prêt à faire des heures supplémentaires et/ou travailler le soir/le week-end ?

Les réponses possibles

(bonne réponse en bas ci-contre)*

- Être disponible, écouter les autres, proposer.
- Dynamique, innovateur et intuitif.
- J'ai le mien, il fonctionne bien, j'en suis satisfait.
- Je crois avoir la fibre de manager : je n'aime pas me faire commander, je préfère diriger.
- Qu'entendez-vous exactement par style de travail ?

À NE PAS FAIRE

- *Citer des éléments limitatifs ou négatifs.*
- *Faire part d'échecs de travail que vous n'avez toujours pas résolus aujourd'hui.*
- *Montrer un esprit très « carré ».*
- *Rester pantois et laisser entendre que vous ne savez pas ce que c'est.*

À NE PAS DIRE

- *J'aime les choses faites rapidement.*
- *Je déteste attendre et répéter les choses.*
- *Je ne me suis pas renseigné sur votre entreprise !*
- *Je ne suis pas du style communicateur.*

À FAIRE

- Être direct et franc.
- Éviter les positions extrêmes/radicales.
- Montrer que vous savez évoluer dans un cadre précis.
- Présenter des réalisations réussies.

À DIRE

- J'écoute, j'analyse puis je passe à l'exécution.
- J'aime tous les styles de communication pour autant qu'ils soient utilisés.
- Je demande l'avis de mes collaborateurs avant toute démarche importante.
- Je prends le temps d'expliquer les choses.
- Je soumets mes objectifs, et nous en discutons en équipe pour que l'on puisse les réaliser.

Être disponible, écouter les autres, proposer.

N° 135

Quel est votre niveau de résistance ? Qu'est-ce qui vous fait craquer ?

Ce que votre interlocuteur veut vraiment savoir :

- Avez-vous commis des erreurs professionnelles dans le passé ?
- Comment réagissez-vous à un surplus de travail ?
- Est-il facile de vous faire perdre votre efficacité ?

Les réponses possibles

(bonne réponse en bas ci-contre)*

- En général ma résistance est bonne, mais ça dépend quand même… Chez mon dernier employeur il y avait du mobbing ; c'est pour cela que j'ai craqué et que je suis parti.
- Je craque difficilement, mais, pour être honnête, ça m'arrive.
- Les entretiens d'embauche à répétition me font craquer !
- Un chef qui m'ennuie… et ça part vite !
- J'ai une assez bonne résistance, cependant le manque d'efficacité de certaines personnes peut me faire craquer.

À NE PAS FAIRE

- *Donner un exemple négatif.*
- *Être trop catégorique.*
- *Éviter de répondre.*
- *Laisser planer des silences.*
- *Rougir et perdre votre contrôle.*
- *Vous montrer agressé par la question.*

À FAIRE

- Citer 1 ou 2 exemples précis de gestion de priorités.
- Rassurer votre interlocuteur.
- Reformuler la question.
- Rester sûr de vous, confiant et serein.

À NE PAS DIRE

- *C'est à cause du stress que j'ai quitté mon ancien travail.*
- *Cette situation actuelle d'entretien avec vous !*
- *Je ne peux pas accepter un poste dans lequel il y a trop de stress.*
- *Je ne sais pas ce que c'est que le stress.*
- *Je ne travaille bien que sous stress, cela ne me fait pas peur.*
- *Lorsqu'on a été dépassé par les événements, par exemple quand...*

À DIRE

- J'ai suivi des cours d'autocontrôle pour m'aider à gérer mon stress.
- J'essaie d'anticiper les risques de mon action pour ne pas être surpris.
- J'essaie de planifier mes actions et ainsi anticiper le stress.
- J'essaie de sérier les problèmes afin de ne pas tout entreprendre en même temps.
- Je respire très profondément ce qui me permet de contrôler la montée du stress.
- Je suis humain. Ça m'arrive, mais je sais réagir.
- Puis-je vous demander de préciser votre question ?
- Si je suis dépassé par les événements, j'en parle à mon supérieur.

J'ai une assez bonne résistance, cependant le manque d'efficacité de certaines personnes peut me faire craquer.

N° 136

Quelles compétences/talents pensez-vous que votre boss/ chef/patron devrait idéalement posséder ?

CE QUE VOTRE INTERLOCUTEUR VEUT VRAIMENT SAVOIR :

- Acceptez-vous de recevoir des ordres ? Quel rapport avez-vous avec la hiérarchie ?
- Qu'attendez-vous de moi ?
- Que craignez-vous chez un chef ?

LES RÉPONSES POSSIBLES

(bonne réponse en bas ci-contre)*

- Être généreux !
- De l'autorité naturelle, de la volonté et un bon sens de l'humour.
- Être sensible à ma sensibilité.
- Les mêmes que les miens.
- Qu'il ne soit pas trop rigide sur les horaires. Or, c'est le seul domaine où les chefs manquent souvent de souplesse.

À NE PAS FAIRE

- *Annoncer une trop longue liste.*
- *Critiquer un ancien chef.*
- *Dramatiser une situation conflictuelle passée.*
- *Vous montrer blessé par votre ancien chef.*

À FAIRE

- Citer 3 compétences clés d'un manager.
- Citer des éléments positifs.
- Éviter de mentionner des compétences de spécialiste.

À NE PAS DIRE

- *Celles d'un chef, quoi !*
- *J'aurais voulu un chef qui me valorise.*
- *Mon chef était un incapable !*
- *Un patron compréhensif…*

À DIRE

- J'ai toujours entretenu d'excellents rapports avec mes chefs et collègues. J'apprécie…
- Je suis assez souple et m'adapte.
- Quel type de chef êtes-vous ?
- Trois choses : …

De l'autorité naturelle, de la volonté et un bon sens de l'humour.

N° 137

Quelles sont vos forces et vos faiblesses ?

Ce que votre interlocuteur veut vraiment savoir :

- Parlez-moi de vous !
- Quels sont vos traits de caractère ?
- Où sont vos limites ?

Les réponses possibles

(bonne réponse en bas ci-contre)*

- Ah ! Je m'attendais à cette question. Elle est excellente. Laissez-moi réfléchir…
- J'ai réussi absolument tout ce que j'ai entrepris. J'aime la réussite et je suis ambitieux. Je suis très travailleur.
- Mes points forts sont la ponctualité, le sens du contact et ma bonne humeur. Mes points faibles : je suis perfectionniste, je prends le temps de bien faire les choses…
- Je suis fatigué après 18 heures de travail sans arrêt ! Ah, Ah, Ah !
- Ma force est… que j'ai une magnifique expérience !

À NE PAS FAIRE

- *Dire vos défauts ou faiblesses en dernier lieu.*
- *Dire : « Je ne sais pas ! »*
- *Raconter votre vie.*

À FAIRE

- Répondre brièvement et repartir sur une question.
- Transformer ses défauts en qualités (trouver des faux défauts).
- Présenter un projet qui initialement fut un échec, mais que vous avez su résoudre et mener à bien.

À NE PAS DIRE

- *J'ai les qualités de mes faiblesses.*
- *Je n'ai pas de défaut.*
- *Et vous ?!*
- *J'ai des problèmes relationnels.*
- *Je suis le meilleur.*

À DIRE

- Dès que j'identifie une faiblesse, j'y travaille et j'arrive toujours à la surmonter. C'est peut-être l'une des mes forces !
- Oui, volontiers. Que voulez-vous savoir ?
- Permettez-moi de vous présenter un projet où j'ai pu vraiment m'investir…

Mes points forts sont la ponctualité, le sens du contact et ma bonne humeur. Mes points faibles : je suis perfectionniste, je prends le temps de bien faire les choses…

N° 138

Qui êtes-vous ?

CE QUE VOTRE INTERLOCUTEUR VEUT VRAIMENT SAVOIR :

- Comment vous voyez-vous ?
- Êtes-vous la personne que nous recherchons ?
- Quels sont vos qualités et vos défauts ?

LES RÉPONSES POSSIBLES

(bonne réponse en bas ci-contre)*

- Je suis « Moi »
- Je suis le fils de…
- Je suis votre homme !
- Quelqu'un qui se cherche, mais si vous m'offrez un poste dans votre entreprise, je peux me trouver.
- Je pense être quelqu'un qui peut offrir sa contribution à votre entreprise.

À NE PAS FAIRE

- *Commencer par vos défauts/vos points faibles.*
- *Donner l'impression de ne pas pouvoir répondre.*
- *Être banal : donner votre nom, prénom, adresse…*
- *Être hésitant dans votre réponse.*
- *Mentir, donner de fausses indications.*
- *Mettre essentiellement en avant les aspects négatifs de votre personnalité.*
- *Passer beaucoup de temps à réfléchir, avant de répondre.*
- *Rire nerveusement.*
- *Vous laisser impressionner.*
- *Vous sentir gêné.*

À FAIRE

- Citer une expérience réussie et proche du poste à pourvoir.
- Commencer à vous présenter par vos qualités.
- Être souriant, aimable et ravi de la question.
- Garder votre naturel et votre assurance.
- Indiquer des qualités en rapport avec le poste.
- Montrer que vous avez le profil de la personne recherchée.
- Rester prudent dans vos réponses.
- Tourner vos points faibles en points forts.
- Vous présenter de façon ouverte.

À NE PAS DIRE

- *C'est trop personnel, vous touchez ma vie privée.*
- *Je ne me connais pas de défauts.*
- *Je ne peux pas vous citer de qualités.*
- *Je ne sais pas.*
- *Marié, 1 enfant.*
- *Très bonne question. En avez-vous d'autres ?*

À DIRE

- Certainement, que voulez-vous savoir ?
- Je suis curieux, empathique et calme.
- Je suis une personne très dynamique et enthousiaste.
- Mes qualités sont… et mes défauts…

Je pense être quelqu'un qui peut offrir sa contribution à votre entreprise.

N° 139

Rester trop longtemps dans un poste est parfois perçu comme un manque d'initiative. Quel est votre avis ?

CE QUE VOTRE INTERLOCUTEUR VEUT VRAIMENT SAVOIR :

- Avez-vous acquis les nouvelles techniques nécessaires à ce poste ?
- Combien de temps êtes-vous resté dans le même poste ?
- Quelle a été votre évolution dans le passé ?

LES RÉPONSES POSSIBLES

(bonne réponse en bas ci-contre)*

- Ah ! Ça oui ! je suis entièrement d'accord avec vous ! Et qui plus est, on s'ennuie !
- C'est une question de point de vue.
- J'apporte sans cesse des idées, et des façons de faire dans un job. Par exemple…
- Ça dépend de l'intérêt porté au poste, mais en général c'est assez vrai après 12 à 18 mois.
- Je n'ai aucune idée à ce sujet.

À NE PAS FAIRE

- *Montrer un manque d'ambition et d'initiative.*
- *Ne pas montrer d'intérêt pour un autre poste.*
- *Rester trop attaché à la routine.*
- *Vouloir vous montrer trop intéressé par la mobilité.*
- *Vous reposer sur vos lauriers.*

À NE PAS DIRE

- *Ça dépend !*
- *Dès que je m'ennuie, je change !*
- *Il aurait fallu que je me forme pour pouvoir évoluer.*
- *J'étais très opérationnel dans ce poste.*
- *Mon salaire était suffisant.*
- *Ne vous inquiétez pas !*
- *Pourquoi changer alors que le poste me convient ?*

À FAIRE

- Démontrer l'évolution qui a été nécessaire pour réussir à garder ce poste.
- Indiquer la progression salariale directement liée aux compétences évolutives nécessaires.
- Mettre en avant la complexité du cahier des charges et sa variété.
- Montrer l'évolution du poste et l'investissement personnel lié au cahier des charges.
- Montrer que vous avez su évoluer dans le passé.

À DIRE

- C'est grâce à la multiplicité des expériences réalisées dans ce poste que je peux aujourd'hui poser ma candidature chez vous.
- J'ai choisi ce travail par passion, il me correspond encore aujourd'hui.
- Je suis stable et… ambitieux.
- Je suis toujours prêt à me former !
- Voici le fil rouge de mon parcours professionnel…

J'apporte sans cesse des idées, et des façons de faire dans un job. Par exemple…

N° 140

Si je questionnais votre dernier boss/chef/patron, quels atouts et vulnérabilités vous attribuerait-il ?

Ce que votre interlocuteur veut vraiment savoir :

- Comment êtes-vous perçu ?
- Comment vous percevez-vous ?
- Quels sont vos qualités et vos défauts ?

Les réponses possibles

(bonne réponse en bas ci-contre)*

- Ce ne serait pas une bonne idée.
- Il ne pourrait pas vous dire grand-chose, car il n'a jamais collaboré avec moi.
- Il vous dira à quel point notre relation fut exceptionnelle. Quant aux vulnérabilités, je suis curieux de savoir s'il peut faire des remarques ! Je pense que son avis sera très positif.
- Je pense qu'il m'attribuerait exactement les qualités dont je vous ai parlé.
- Lors de notre dernière séance, il m'a complimenté sur la qualité de mon travail. Nous avons également parlé des points à améliorer. Ces points ont été rapidement contrôlés.

À NE PAS FAIRE

- *Mentionner vos défauts en premier !*
- *Éviter le sujet.*
- *Montrer une grande différence entre l'analyse de votre dernier boss/chef/patron et votre propre analyse.*
- *Vous dévaloriser.*

À FAIRE

- Indiquer des faiblesses antérieures et comment vous les avez surmontées.
- Mentionner essentiellement les points positifs, sans vous surestimer.
- Ne pas entrer en matière sur vos défauts.
- Préciser le positif en premier.

À NE PAS DIRE

- *Il était peu valorisant sur mes talents.*
- *Il ne m'a jamais aimé.*
- *Il ne me connaissait pas assez bien pour vous donner des informations.*
- *Il ne se souvient certainement pas de moi.*

À DIRE

- J'aurais de la difficulté à en parler, je suis le plus mal placé pour être objectif.
- Je l'ai revu par hasard et il m'a avoué à quel point je faisais du bon travail.
- Je lui ai annoncé notre entretien et il sera ravi de vous parler de moi.
- Je pense qu'il vous donnerait des informations positives, nous étions très complémentaires.

Lors de notre dernière séance, il m'a complimenté sur la qualité de mon travail. Nous avons également parlé des points à améliorer. Ces points ont été rapidement contrôlés.

Question piège/
délicate

N° 141

Avez-vous besoin d'autre chose ?

Ce que votre interlocuteur veut vraiment savoir :

- Avez-vous besoin d'autres informations ?
- Est-ce que tout va bien ?
- Êtes-vous satisfait de ce que je vous propose ?

Les réponses possibles

(bonne réponse en bas ci-contre)*

- Ma femme recherche aussi un emploi. Auriez-vous un poste libre à la production ?
- Non. Mais pourrais-je me permettre de vous rappeler si j'avais oublié quelque chose ?
- Merci. J'ai tous les tenants du poste. De votre côté, y a-t-il un point sur lequel vous souhaitez plus d'informations ?
- Oui un café, du papier et un crayon.
- Oui, pouvez-vous, mettre le tampon de l'entreprise sur ma feuille de chômage ?

À NE PAS FAIRE

- *Demander quelque chose d'incongru.*
- *Poser une question sur un sujet déjà abordé.*
- *Renégocier le salaire.*
- *Répondre par la négative.*
- *Rester muet, chercher trop longtemps une réponse, faire une réponse sèche, négative…*

À FAIRE

- Montrer votre intérêt, votre enthousiasme, poser des questions sur le poste.
- Poser une dernière question sur le poste (celle que vous avez préparée avant l'entretien).
- Profiter pour enchaîner sur le suivi de l'entretien. Qui reprend contact et quand ?
- Remercier et dire que vous avez fait le tour des questions. En profiter pour résumer les trois aspects clés du poste.

À NE PAS DIRE

- *En fait, depuis combien de temps votre société existe-t-elle ?*
- *Non, je ne crois pas.*
- *Oui, je pense que le salaire pourrait être revu à la hausse.*
- *Oui. Il y a beaucoup de choses que j'aimerais… mais il faut savoir parfois se priver…*

À DIRE

- J'ai vu sur votre tableau d'affichage que… J'ai observé en entrant que…
- Quelle est la qualité que vous appréciez le plus chez un employé ?
- Quelque chose nous empêcherait-il de signer un contrat maintenant ?
- Quels sont les critères décisifs pour votre choix du candidat ?
- Serait-il possible de visiter rapidement l'entreprise ?

Merci. J'ai tous les tenants du poste. De votre côté, y a-t-il un point sur lequel vous souhaitez plus d'informations ?

N° 142

Avez-vous des objections à passer des tests ?

Ce que votre interlocuteur veut vraiment savoir :

- Avez-vous confiance en vous ?
- Avez-vous peur que l'on vous évalue ? Avez-vous quelque chose à cacher ?
- Maîtrisez-vous votre domaine ?

Les réponses possibles

(bonne réponse en bas ci-contre)*

- Non, mais je ne pense pas qu'un test puisse donner des réponses précises. Les tests c'est pas mal, mais c'est un peu limité.
- Non, mais la dernière fois que j'en ai passé, je n'ai pas obtenu le poste.
- Oui, parce que je ne crois pas trop aux tests.
- Si nous pouvions l'éviter, ça m'arrangerait.
- Je suis ouvert à toutes formes d'outils qui pourraient me préciser encore mieux mon profil.

À NE PAS FAIRE

- *Montrer que vous craignez de passer des tests.*
- *Rire.*
- *Vous sentir mal à l'aise devant cette proposition.*

À FAIRE

- Accepter de passer les tests.
- Demander de recevoir une copie et/ou interprétation des tests.
- Ne pas réfléchir trop longtemps.
- Proposer de les passer à un autre moment/demander un nouveau rendez-vous (le plus tard possible).
- Questionner sur le type de tests que vous devez passer.

À NE PAS DIRE

- *Est-ce un moyen de m'éliminer ?*
- *Je n'aime pas être interrogé, fouillé à mon insu.*
- *Je ne vois pas l'utilité des tests.*
- *Je ressens cela comme une ingérence dans ma vie privée.*
- *Je trouve qu'un test d'entrée déstabilise un candidat, donc « C'est non ! ».*
- *J'en ai déjà passé plusieurs, je vous en communiquerai les résultats si vous le souhaitez.*
- *Non, je ne veux pas passer de tests.*

À DIRE

- Au contraire, je trouve que c'est un bon défi.
- Je pense que ces tests vont me permettre d'avoir des informations complémentaires sur mes compétences.
- Oui ! Puis-je avoir une date à laquelle ils me seront restitués ?
- Oui. Je désire simplement connaître les objectifs de ces tests.
- Oui. Peut-on les planifier à un autre moment ?
- Quel genre de tests est-ce ?
- Quelles sont les personnes qui ont accès aux résultats ?
- Qui va interpréter ces tests ?

Je suis ouvert à toutes formes d'outils qui pourraient me préciser encore mieux mon profil.

N° 143

Avez-vous jamais été licencié ? Pourquoi ?

CE QUE VOTRE INTERLOCUTEUR VEUT VRAIMENT SAVOIR :

- Avez-vous commis une faute professionnelle ?
- Avez-vous eu des problèmes avec vos anciens employeurs ?
- Est-ce que vos supérieurs ont toujours été satisfaits de votre travail ?

LES RÉPONSES POSSIBLES

(bonne réponse en bas ci-contre)*

- À ce jour jamais et je ne l'envisage pas. On peut toujours compter sur moi.
- J'ai toujours eu beaucoup de chance et je ne pense pas qu'elle me quittera.
- Non, pas encore, mais ça peut venir !
- Oui plusieurs fois. Parce que j'ai une forte personnalité. Mais j'ai gagné une fois aux prud'hommes.
- Oui pour faute grave. Une seule fois et ça ne m'arrivera plus.

À NE PAS FAIRE

- *Critiquer l'entreprise.*
- *Mentir.*
- *Répondre par la positive sans donner de justifications.*
- *Vous justifier en critiquant l'entreprise.*
- *Vous plaindre, passer pour une victime.*

À FAIRE

- Décrire une restructuration.
- Dire la vérité.
- Donner un point positif pour la séparation.
- Justifier votre renvoi par une négociation avec l'entreprise.
- Mentionner la cessation de l'activité de votre département/entreprise.
- Présenter la situation avec une attitude positive.
- Rester serein.
- Valoriser votre ancien emploi.

À NE PAS DIRE

- *Aucun dialogue n'a été possible.*
- *J'ai été viré pour des raisons personnelles (la direction ne pouvait pas me voir).*
- *Je dérangeais dans ma façon de voir les choses.*
- *Je n'aimais pas du tout mon ancien patron.*
- *Je n'aime pas le changement, il y en avait tous les jours.*
- *Je n'arrivais pas à m'entendre avec mes collègues de travail.*
- *Je ne comprends pas, pourquoi moi ?*
- *Parce que je buvais, mais le problème est résolu.*

À DIRE

- Après 17 ans, il était temps de changer.
- J'ai essayé d'arranger nos points de désaccord avec ma direction mais je n'ai pas trouvé de terrain d'entente.
- Le licenciement a été négocié d'un commun accord.
- Non, j'ai quitté mon travail pour me perfectionner.
- Oui, car mon ancienne entreprise fermait.
- Oui, pour cause de restructuration.
- Si, mais cette décision a été motivée pour cause de restriction de budget.

À ce jour jamais et je ne l'envisage pas. On peut toujours compter sur moi.

N° 144

Comment préférez-vous que l'on vous appelle ?

Ce que votre interlocuteur veut vraiment savoir :

- Connaissez-vous les coutumes de notre société ?
- Êtes-vous rigide ?
- Vous sentez-vous à l'aise ici ?

Les réponses possibles

(bonne réponse en bas ci-contre)*

- Je ne vois pas pourquoi vous me posez cette question.
- Je préfère que l'on me vouvoie. En principe, je ne tutoie que mes amis. Mais en fait je sais m'adapter.
- Je souhaite que mon titre soit associé à mon nom.
- Mon prénom va très bien, mon nom aussi. Je m'adapte aux coutumes de l'entreprise.
- Souvent on m'appelle « Momo ».

À NE PAS FAIRE

- *Être trop familier.*
- *Montrer que ce n'est pas à vous de choisir/de décider.*
- *Ne pas exprimer d'avis particulier.*
- *Vous embarquer dans des explications interminables.*
- *Vous montrer imbu de vous-même, hautain.*

À FAIRE

- Chercher le parallèle avec les anciens jobs.
- Marquer la différence entre collègues, subordonnés et supérieurs.
- Montrer que vous appréciez la convivialité, mais également le respect.
- Ne pas répondre de manière catégorique. Laisser une porte ouverte pour les autres possibilités.
- Poser une question pour connaître la politique de l'entreprise à ce sujet.

À NE PAS DIRE

- *Comment vous appelle-t-on vous ?*
- *Grand Maître…*
- *Je n'aimerais pas du tout que l'on me tutoie !*
- *Je n'aimerais pas qu'on m'appelle « Le nouveau ».*
- *Je ne sais pas, pourquoi ?*
- *Par « Monsieur… ».*
- *Par mon surnom.*

À DIRE

- Par mon nom de famille.
- Par mon prénom.
- Précédemment, dans différentes sociétés, on m'a appelé « Prénom » ou « Monsieur NOM », et dans les deux cas je me suis senti à l'aise.
- Quelles sont les habitudes de votre société ?
- Vous m'avez appelé « Monsieur XY » lors de mon arrivée. Est-ce la formule ici ?

Mon prénom va très bien, mon nom aussi. Je m'adapte aux coutumes de l'entreprise.

N° 145

Devrai-je vous faire une proposition ferme d'embauche ?

Ce que votre interlocuteur veut vraiment savoir :

- Avez-vous de la répartie ?
- Êtes-vous immédiatement disponible ?
- Êtes-vous vraiment intéressé ?

Les réponses possibles

(bonne réponse en bas ci-contre)*

- C'est à vous de décider.
- Oui, bien sûr. J'allais vous le demander.
- Oui, j'en ai besoin pour vivre.
- Quel drôle de question ! Vous la posez toujours ? Je ne l'avais jamais entendue avant.
- Si vous ne le faites pas, vous passez à côté d'un bon candidat.

À NE PAS FAIRE

- *Avoir des yeux écarquillés.*
- *Croiser les bras ou hausser les épaules.*
- *Devenir nerveux.*
- *Prendre l'air surpris.*
- *Rester silencieux ou avoir une attitude trahissant votre hésitation.*
- *Rougir et ne rien dire.*

À FAIRE

- Avoir une posture positive et ouverte.
- Demander quel salaire serait associé à cette proposition.
- Dire « Oui » du regard.
- Faire un sourire et regarder l'interlocuteur dans les yeux.
- Vous rapprocher de la table en avançant le buste.

À NE PAS DIRE

- *Bien sûr, je suis la personne qui vous convient.*
- *C'est vous qui voyez… !*
- *Oui, mais…*
- *Vous êtes le seul à m'avoir contacté et offert un job. Oh merci !*

À DIRE

- Bien sûr ! Je vous écoute !
- Dans ce cas je vous demanderai un délai de réflexion pour vous confirmer ma décision qui est pratiquement prise.
- Oui ! Je peux aussi vous offrir…
- Oui, car ce poste est fait pour une personne comme moi.

Oui, bien sûr. J'allais vous le demander.

N° 146

Il semble que vous n'ayez pas la qualification/l'expérience nécessaire pour cet emploi. Qu'avez-vous à répondre ?

Ce que votre interlocuteur veut vraiment savoir :

- Personnellement, j'aimerais vous embaucher, mais donnez-moi des arguments pour convaincre ma hiérarchie !
- Qu'avez-vous à nous apporter de plus qu'un autre ?
- Qu'est-ce qui vous fait croire que vous êtes fait pour ce poste ?

Les réponses possibles

(bonne réponse en bas ci-contre)*

- Chacun son opinion… mais je suis sûr de moi et de mes diplômes.
- J'ai ce que j'ai. Je vous offre ce que j'ai et je prends ce que vous avez à me donner.
- Si après toutes ces années d'expérience, ça ne vous suffit toujours pas, où va-t-on ?
- Qu'avez-vous noté dans mon dossier qui vous ait amené à vouloir me rencontrer ?
- Vous plaisantez ! Je suis surqualifié pour votre poste et vous le savez.

À NE PAS FAIRE

- *Contredire l'interlocuteur (de front) ou dire « Non, ce n'est pas vrai ».*
- *Vous dévaloriser, capituler, être d'accord.*
- *Vous justifier.*

À FAIRE

- Argumenter en apportant d'autres compétences complémentaires et non vous justifier.
- Démontrer votre motivation.
- Donner des exemples de vos capacités d'apprentissage.
- Interroger le recruteur sur ce qui l'a intéressé dans votre candidature.
- Mentionner une situation où vous avez su vous adapter très facilement.
- Reprendre les critères auxquels vous correspondez et les développer. Faire l'impasse sur ceux que vous ne possédez pas et citer des expériences intéressantes pour le poste.

À NE PAS DIRE

- *C'est chaque fois comme ça.*
- *Il faut savoir prendre des risques.*
- *Malheureusement je n'ai que cette expérience (ou qualification). Je n'ai rien à ajouter.*
- *Vous n'avez pas encore pu juger mes compétences.*
- *Vous vous trompez.*

À DIRE

- Je suis prêt à m'investir dans une formation continue au sein de votre entreprise, afin d'avoir les qualifications nécessaires requises.
- Mon point fort est ma persévérance et je peux à la fois travailler tout en suivant des cours.
- Pourquoi ne pas me proposer un stage pour tester ma faculté rapide d'adaptation ?
- Qu'est ce qui vous a incité à me contacter ?

Qu'avez-vous noté dans mon dossier qui vous ait amené à vouloir me rencontrer ?

N° 147

Pourquoi avez-vous quitté votre dernier emploi ?

Ce que votre interlocuteur veut vraiment savoir :

- Avez-vous commis une faute professionnelle ?
- Êtes-vous stable et/ou fidèle ?
- Y a-t-il eu conflit avec votre employeur précédent ?

Les réponses possibles

(bonne réponse en bas ci-contre)*

- J'ai déprimé…, puis je suis parti en congé maladie plus de 6 mois.
- Je ne gagnais que… par mois !
- Les horaires étaient trop contraignants, la direction très exigeante !
- Pour des raisons personnelles.
- Je désire relever un nouveau défi.

À NE PAS FAIRE

- *Baisser les yeux.*
- *Esquiver la question.*
- *Mentir et vous retrouver dans une situation inconfortable.*
- *Vous énerver et répondre de façon agressive.*

À NE PAS DIRE

- *Je n'avais pas le bon profil.*
- *Je n'aime pas rester en place.*
- *Les attentes étaient disproportionnées par rapport aux moyens fournis.*
- *On ne me donnait pas les moyens de faire mon travail.*

À FAIRE

- Donner la raison succinctement, puis passer à une autre question.
- Expliquer la situation brièvement.
- Montrer que vous avez franchi une étape professionnelle.
- Rester souriant. Ne pas vous justifier.

À DIRE

- J'avais atteint les objectifs fixés et je désirais relever un nouveau défi.
- Je veux donner une nouvelle orientation à ma carrière.
- L'entreprise avait de petits moyens mais le poste était très instructif.

N° 148

Pourquoi avez-vous quitté votre dernier employeur ?... et les employeurs précédents ?

Ce que votre interlocuteur veut vraiment savoir :

- Avez-vous rencontré des problèmes ou êtes-vous entré en conflit avec votre chef/boss ou vos subordonnés ?
- Avez-vous un parcours professionnel construit ?
- Pourquoi n'étiez-vous pas satisfait ?

Les réponses possibles

(bonne réponse en bas ci-contre)*

- J'avais toujours appris auprès de chaque employeur, mais j'étais arrivé au terme de ma mission… J'ai alors eu envie d'évoluer.
- Je vais vous expliquer… Ça s'est très mal passé…
- Lorsque je ne m'entends pas avec mes supérieurs, je préfère m'en aller.
- Mon chef était perfectionniste, je n'arrivais jamais à satisfaire ses exigences. Par ailleurs, j'ai comme principe de changer fréquemment ; c'est bon pour la carrière et pour… le salaire !
- Nous avons eu un petit différend qui a mal tourné.

À NE PAS FAIRE

- *Dire que vous êtes dépressif.*
- *Expliquer que vous avez une nature rarement satisfaite, d'où vos changements fréquents.*
- *Faire comprendre que vos chefs étaient tous mauvais.*
- *Faire preuve de peu de tact et de manque de diplomatie.*
- *Raconter dans les détails votre conflit avec votre dernier employeur.*

À FAIRE

- Démontrer la cohérence de l'évolution de votre parcours professionnel jusqu'à ce jour.
- Montrer que vous pourrez faire profiter votre nouvel employeur de votre polyvalence.
- Préciser que vous rebondissez facilement et ne restez pas sur un échec.
- Prouver que vous retirez toujours un enseignement positif d'une situation, même si elle est difficile.
- Revenir sur des réalisations passées montrant votre besoin d'évoluer.

À NE PAS DIRE

- *J'ai toujours de la peine à m'adapter.*
- *Je m'ennuyais.*
- *Je ne faisais pas le poids. C'était trop difficile pour moi. Le stress était trop fort.*
- *Je m'entends rarement avec mon supérieur.*
- *Les personnes avec lesquelles je travaillais étaient… idiotes… paresseuses… molles…*

À DIRE

- J'ai à chaque fois éprouvé le besoin d'évoluer vers une société… plus grande… plus petite… différente… nationale… internationale…
- J'aimais beaucoup ce job… cette société… mon boss… mais j'avais besoin de faire autre chose/de me fixer de nouveaux objectifs/de donner un nouveau souffle à ma carrière.
- Je n'ai pas eu de problème ni de conflit avec mon chef. À ce propos vous pouvez le contacter au…

J'avais toujours appris auprès de chaque employeur, mais j'étais arrivé au terme de ma mission… J'ai alors eu envie d'évoluer.

N° 149

Pourquoi êtes-vous sans emploi ?

Ce que votre interlocuteur veut vraiment savoir :

- Avez-vous quitté votre emploi ou vous a-t-on invité à le faire ?
- Quelle faute avez-vous commise ?
- Savez-vous gérer diplomatiquement les situations délicates ?

Les réponses possibles

(bonne réponse en bas ci-contre)*

- Ça n'allait pas du tout dans mon job précédent : pas de responsabilités, du mobbing…
- La crise touche tout le monde ! Même les meilleurs !!!
- J'ai demandé une augmentation de salaire que je méritais et on ne me l'a pas accordée. Alors…
- J'ai quitté mon emploi précédent où j'ai réalisé tous mes objectifs. Je vise maintenant un nouveau défi.
- Les spécialistes disent que l'on doit changer d'employeur tous les 5 ou 7 ans. Ça faisait 10 ans que j'étais dans la même boîte et… depuis 4 ans, sans promotion.

À NE PAS FAIRE

- *Dire du mal de votre dernier employeur.*
- *Vous lancer dans de longues explications.*
- *Vous plaindre, adopter une mentalité de victime.*

À FAIRE

- Dire que vous avez démissionné pour pouvoir vous consacrer entièrement à votre recherche d'emploi.
- Présenter les choses avec calme et en moins de 20 secondes.
- Suggérer à votre recruteur de contacter votre ancien employeur pour des références si vous l'avez quitté en bons termes.

À NE PAS DIRE

- *Je n'ai pas eu de chance. Il fallait licencier 10 % du personnel et c'est tombé sur moi !*
- *J'ai perdu mon job à cause de règlements de comptes internes et moi je ne faisais pas de politique.*
- *J'ai demandé une augmentation/une promotion et on ne m'a rien offert.*
- *Parce qu'il faut mieux être sans emploi que mal employé !*

À DIRE

- La décision a été prise à deux : mon employeur et moi !
- La décision de quitter mon employeur a été très difficile à prendre. Nous nous appréciions mutuellement beaucoup. Un véritable dilemme.
- Un contrat important prévu ne s'est pas concrétisé. Mon employeur a dû réduire ses frais généraux.

J'ai quitté mon emploi précédent où j'ai réalisé tous mes objectifs. Je vise maintenant un nouveau défi.

N° 150

Pourquoi n'avez-vous pas pensé à quitter votre dernier emploi plus tôt ?

Ce que votre interlocuteur veut vraiment savoir :

- Agissez-vous sur des coups de tête ?
- Êtes-vous quelqu'un de stable ?
- Vous êtes-vous fait licencier ? Pourquoi ?

Les réponses possibles

(bonne réponse en bas ci-contre)*

- J'ai attendu que ce soit mon patron qui me licencie.
- J'y ai bien sûr pensé. Ça a été ma première idée. Mais je ne l'ai pas fait, car j'aurais été pénalisé au chômage.
- J'ai accompli avec plaisir mon contrat et nous nous sommes quittés en bons termes.
- Je voulais partir depuis longtemps mais je n'arrivais pas à me décider.
- Non, je préfère me taire et ne pas faire de remous… et puis, je n'avais rien d'autre.

À NE PAS FAIRE

- *Critiquer l'ancien employeur.*
- *Dire que vous vous lassez vite.*
- *Évoquer des problèmes relationnels.*

À FAIRE

- Argumenter que vous attendiez une opportunité de définir un nouveau départ.
- Avancer une situation de réorientation professionnelle.
- Positiver sur votre ancien employeur.

À NE PAS DIRE

- *C'est à cause d'une dispute avec le patron.*
- *Je n'avais pas le choix.*
- *L'occasion ne s'est pas présentée.*
- *Non, c'est ma femme qui m'a dit que je devrais changer de job.*
- *Non, c'est suite à une dépression.*
- *On ne peut pas toujours faire ce qu'on veut !*
- *Oui, mais j'ai gardé espoir que cela s'améliore.*
- *Oui, mais ma situation familiale m'empêchait de prendre une telle décision.*

À DIRE

- C'est souvent dans les situations difficiles qu'on apprend le plus.
- Je m'étais fixé de rester tant que je pouvais évoluer et avoir de nouveaux défis.
- Je savais d'entrée et en commun accord avec mon patron que la durée de mon activité était liée au projet dont j'étais responsable.
- Non en fait, c'est votre annonce d'offre d'emploi qui a motivé l'envoi de mon dossier.
- Non, mais aujourd'hui, c'est dans la suite logique de mes ambitions.
- Non, j'appréciais mon travail, mais il n'y avait plus de possibilités d'évolution.
- Non, je m'étais engagé pour deux ans et je tenais à accomplir cet engagement.

J'ai accompli avec plaisir mon contrat et nous nous sommes quittés en bons termes

N° 151

Pourquoi vous a-t-on licencié de votre dernier emploi ?

CE QUE VOTRE INTERLOCUTEUR VEUT VRAIMENT SAVOIR :

- Avez-vous des problèmes relationnels ?
- Êtes-vous responsable et motivé ?
- Savez-vous reconnaître vos torts ?

LES RÉPONSES POSSIBLES

(bonne réponse en bas ci-contre)*

- Je ne m'entendais plus avec mon directeur et il a décidé de me licencier. De toute façon je n'avais plus envie de travailler pour lui. J'ai la conscience tranquille.
- Je voulais changer de métier.
- Par manque de motivation.
- Parce que je n'ai pas obtenu ce que je souhaitais.
- Ce fut une excellente expérience. Après 4 ans, le département avait augmenté son activité de 35 %. Une promotion interne n'était pas possible. Alors j'ai décidé de rejoindre une plus grande entreprise comme la vôtre.

À NE PAS FAIRE

- *Critiquer ouvertement votre ex-patron, vos ex-collaborateurs, votre ex-entreprise.*
- *Être déconcerté/surpris/embarrassé.*
- *Éviter le sujet.*
- *Expliquer par le détail toutes les difficultés et les injustices auxquelles vous avez dû faire face.*
- *Invoquer votre incompétence.*
- *Montrer de l'amertume.*
- *Oublier de préparer cette question.*
- *Vous justifier.*
- *Vous positionner en victime.*

À FAIRE

- Démontrer l'opportunité de cette situation donnant un souffle nouveau à votre carrière.
- Faire un pontage positif entre les raisons de la démission/licenciement et l'entreprise pour laquelle vous postulez.
- Invoquer la restructuration, la redéfinition de poste.
- Mettre en évidence les avantages de ce changement.
- Montrer que vous en sortez plus solide, plus fort et plus motivé.
- Parler d'évolution.
- Répondre brièvement et poser une question qui porte la discussion sur un autre point.

À NE PAS DIRE

- *Je n'ai vraiment pas eu de chance…*
- *Je ne l'ai pas quitté. On m'a viré !*
- *Parfois, je me le demande.*

À DIRE

- J'en ai profité pour faire un solide bilan, et redéfinir mes objectifs professionnels.
- Nous nous sommes séparés à l'amiable.
- Plusieurs postes ont été supprimés, dont le mien.

Ce fut une excellente expérience. Après 4 ans, le département avait augmenté son activité de 35 %. Une promotion interne n'était pas possible. Alors j'ai décidé de rejoindre une plus grande entreprise comme la vôtre.

N° 152

Que diriez-vous si je vous disais que vous êtes surqualifié pour ce job ?

Ce que votre interlocuteur veut vraiment savoir :

- Je crains, qu'après 6 mois, vous ne soyez démotivé et que vous nous quittiez !
- Vous allez être trop cher !
- Vous évaluez-vous à votre vraie valeur ?

Les réponses possibles

(bonne réponse en bas ci-contre)*

- Où pensez-vous que mes expériences puissent être un frein à la bonne marche de ce poste ?
- Ça m'étonnerait !
- Ce serait bien la première fois qu'on me le dirait ! Allez-y ça me fera plaisir !
- Exploitez-moi ! Je dois travailler.
- Je vous dirais : « Payez-moi en conséquence ! »

À NE PAS FAIRE

- *Argumenter contre la surqualification.*
- *Donner raison au recruteur et défendre votre position.*
- *Proposer de baisser vos exigences salariales.*
- *Vous rabaisser.*

À FAIRE

- Accepter et contre argumenter/ou demander des responsabilités supplémentaires.
- Demander au recruteur sur quel critère il vous juge surqualifié.
- Donner un exemple de réalisation passée collant exactement au poste.

À NE PAS DIRE

- *C'est vrai, on me l'a souvent dit !*
- *J'ai besoin d'un emploi beaucoup plus routinier qu'auparavant.*
- *J'en ai assez des responsabilités !*
- *Je le sais, mais je n'y peux rien !*

À DIRE

- Je m'adapte avec plaisir aux exigences que l'on me fixe.
- Le plaisir au travail consiste pour moi à atteindre des objectifs.
- Les tâches sont simplement différentes de celles de mon poste précédent.
- Surqualifié ? Pour répondre aux surprises ? Jamais !
- Tout dépend du point de vue que l'on adopte.

Où pensez-vous que mes expériences puissent être un frein à la bonne marche de ce poste ?

N° 153

Quel est votre avis sur votre dernier employeur ? Que pensez-vous de lui ?

Ce que votre interlocuteur veut vraiment savoir :

- Aviez-vous des difficultés relationnelles avec votre ancien employeur ?
- Pourquoi l'avez-vous quitté ?
- Savez-vous être discret ?

Les réponses possibles

(bonne réponse en bas ci-contre)*

- À mon avis il pourrait mieux gérer sa société. Il possède beaucoup d'atouts qui ne sont pas toujours bien exploités.
- J'ai une très bonne opinion de mon employeur et nous sommes restés en bons termes souhaitez-vous le contacter ?
- Il m'a menti sur la santé financière de la société.
- Je n'en pense ni du bien, ni du mal. Je vous laisse seul juge. Il suffit de regarder.
- On n'avait pas les mêmes idées.

À NE PAS FAIRE

- *Critiquer.*
- *Faire preuve de rancœur.*
- *N'avoir aucun avis.*
- *Vous étaler sur un problème vécu.*

À FAIRE

- Conserver la même attitude positive jusqu'au bout.
- Donner les points positifs de vos rapports avec votre ancien employeur.
- Formuler une référence.
- Ne pas entrer trop dans les détails.
- Rester neutre.

À NE PAS DIRE

- *Ils ont beaucoup de problèmes de finance/rentabilité/trésorerie.*
- *Je ne le connais pas bien.*
- *Je trouve qu'il manquait de sens éthique.*

À DIRE

- C'est une société admirablement organisée et efficace.
- Je me suis enrichi grâce à leurs procédures et méthodes.
- J'en garde un bon souvenir.
- Nous avons toujours eu d'excellents rapports.

J'ai une très bonne opinion de mon employeur et nous sommes restés en bons termes souhaitez-vous le contacter ?

N° 154

Quelle est la question que vous n'aimeriez pas que je vous pose ?

CE QUE VOTRE INTERLOCUTEUR VEUT VRAIMENT SAVOIR :

- Avez-vous réfléchi aux questions que je vais vous poser ?
- Quel domaine n'aimeriez-vous pas aborder ?
- Vous êtes-vous bien préparé à l'entretien ?

LES RÉPONSES POSSIBLES

(bonne réponse en bas ci-contre)*

- Aimez-vous vraiment votre belle-mère ?
- Avez-vous vraiment envie de travailler ? Et ma réponse risque de me pénaliser !
- Et vous ?
- Ce que je n'aime pas dans ce poste ? Comme tout me plaît, je ne pourrais pas vous répondre !
- Quel est votre âge ? Je trouve qu'il y a des sujets très personnels qu'il ne faut pas aborder.

À NE PAS FAIRE

- *Mentir.*
- *Parler d'argent alors que c'est un sujet que vous souhaitez éviter.*
- *Répondre à cette question.*
- *Vous offusquer et rester silencieux.*

À NE PAS DIRE

- *Il y a des domaines de ma sphère privée qui ne concernent pas un employeur.*
- *Je n'ai aucune idée !*
- *Je n'ai pas à tout vous dire.*
- *Je n'ai rien à cacher !*
- *Ne me demandez pas mon ancien salaire !*

À FAIRE

- Avoir un regard complice.
- Paraître à votre aise.
- Répondre avec humour.
- Sourire tranquillement lorsque l'on vous pose cette question.

À DIRE

- Celle-ci justement !
- Je me sens à l'aise pour répondre à vos questions.
- Je ne crains aucune question.
- Puis-je avoir un instant de réflexion ?
- Puis-je vous préparer une série de questions difficiles pour le prochain candidat ?
- Qu'aimeriez-vous savoir ?
- Une question personnelle ou professionnelle ?

Ce que je n'aime pas dans ce poste ? Comme tout me plaît, je ne pourrais pas vous répondre !

N° 155

Si nous inversions nos rôles, quelles questions poseriez-vous ?

Ce que votre interlocuteur veut vraiment savoir :

- Aimeriez-vous ajouter autre chose ?
- Avons-nous bien cerné votre personnalité ?
- Devrions-nous vous poser d'autres questions ?

Les réponses possibles

(bonne réponse en bas ci-contre)*

- Des questions différentes !
- J'aimerais vous embaucher. Voulez-vous ce poste ?
- Êtes-vous heureux dans la vie ?
- Quel genre de sports pratiquez-vous ?
- Toutes celles que vous ne m'avez pas posées. Et il y en a !

À NE PAS FAIRE

- *Déstabiliser le recruteur en lui posant des questions maladroites.*
- *Pratiquer un humour corrosif.*
- *Rabaisser votre interlocuteur, le mettre mal à l'aise, le prendre de haut.*
- *Rester silencieux ou bafouiller.*

À FAIRE

- Répondre avec cohérence.
- Rester prudent.
- Saisir cette occasion pour vous renseigner sur le poste.
- Utiliser l'humour.
- Vous projeter dans leur entreprise comme si la décision était prise.

À NE PAS DIRE

- *Je ne serai jamais à votre place.*
- *Je ne suis pas à votre place, c'est à vous de me poser les questions.*
- *Que pensez-vous de moi ? Est-ce que je vous conviens ?*
- *Quelle drôle de question !*
- *Votre rôle je n'en veux pas.*

À DIRE

- Adhérez-vous à nos valeurs/aux objectifs fixés ?
- La fourchette de salaire de… à… vous convient-elle ?
- Pensez-vous être fait pour ce poste ?
- Voulez-vous ce poste ?

J'aimerais vous embaucher. Voulez-vous ce poste ?

N° 156

Souhaitez-vous me poser des questions ?

Ce que votre interlocuteur veut vraiment savoir :

- Faites-vous rapidement l'analyse d'un entretien ?
- Osez-vous me demander quelque chose ?
- Quelles questions vous tracassent ?

Les réponses possibles

(bonne réponse en bas ci-contre)*

- Avez-vous des places de parking à disposition ?
- Combien de semaines de vacances proposez-vous ?
- Pensez-vous que j'ai une chance pour ce poste ?
- Pour le salaire, comment pensez-vous procéder ?
- Oui ! Peut-on décider de travailler ensemble ?

À NE PAS FAIRE

- *Aborder la question du salaire à ce moment.*
- *Demander uniquement des détails sur les vacances, les horaires, le salaire…*
- *Être surpris et bredouiller.*
- *Montrer que vous n'avez pas préparé de questions.*
- *Poser des questions déjà traitées durant l'entretien.*
- *Rebondir sur une question banale dont vous connaissez la réponse.*

À FAIRE

- Demander des précisions sur les objectifs.
- Poser des questions sur l'organigramme de l'entreprise.
- Questionner sur la date d'engagement.

À NE PAS DIRE

- *J'aimerais vous demander quel est le salaire prévu pour ce poste ?*
- *J'avais prévu de prendre mes vacances le…*
- *Je dois assimiler toutes les informations que vous m'avez citées.*
- *Je n'ai pas de questions, merci. Vous m'avez déjà tout expliqué !*
- *Je pense que nous avons couvert passablement de points, y a-t-il des éléments supplémentaires que vous souhaiteriez obtenir sur mon profil ?*
- *Les questions viendront avec le temps.*
- *Oui, j'ai 2 enfants…, pourrai-je commencer un peu plus tard le matin ?*

À DIRE

- À quelle date souhaitez-vous engager votre nouveau collaborateur ?
- Oserais-je vous demander pour quelle raison le poste est à repourvoir ?
- Oui, pourriez-vous m'informer de l'organigramme de la société ?
- Quand démarre-t-on ?

Oui ! Peut-on décider de travailler ensemble ?

N° 157

Vous a-t-on jamais demandé de donner votre démission ?

Ce que votre interlocuteur veut vraiment savoir :

- A-t-on déjà remis vos compétences en question ?
- Avez-vous eu des rapports conflictuels avec votre entreprise ?
- Avez-vous toujours mené à bien vos tâches et missions ?

Les réponses possibles

(bonne réponse en bas ci-contre)*

- Bien sûr plusieurs fois ! Comme tout le monde !
- Ils n'ont pas osé le faire car je suis un bagarreur. Ils savent que je ne me laisse jamais faire et que je suis déjà allé aux prud'hommes.
- À ce jour je n'ai jamais été confronté à cette situation. J'ai toujours fourni le meilleur de moi-même.
- Non. On m'a licencié !
- Oui, contre une grosse somme. Je sais négocier et me vendre…

À NE PAS FAIRE

- *Confirmer une information de cette nature.*
- *Décrire dans les moindres détails ce qui est arrivé.*
- *Être trop émotionnel, avoir des réactions trop vives.*
- *Mentir.*
- *Montrer votre embarras.*

À NE PAS DIRE

- *On n'a pas intérêt à le faire !*
- *Oui et les choses ne se sont pas très bien passées.*
- *Oui.*

À FAIRE

- Acquiescer et citer néanmoins les résultats atteints avant votre départ.
- Décrire le contexte.
- Minimiser votre responsabilité.
- Préciser que cela s'est fait d'un commun accord.

À DIRE

- C'était une expérience qui a, somme toute, été positive.
- J'ai appris beaucoup de choses. Par exemple…
- Le poste ne correspondait plus à mes attentes, donc en fait c'était un bon concours de circonstances.

À ce jour je n'ai jamais été confronté à cette situation. J'ai toujours fourni le meilleur de moi-même.

Recherche d'emploi (Techniques de)

N° 158

Aimez-vous rechercher un emploi ?

Ce que votre interlocuteur veut vraiment savoir :

- Comment vous organisez-vous ?
- Quelle est votre motivation à rechercher un emploi ?
- Vous découragez-vous facilement ou êtes-vous très tenace et persévérant ?

Les réponses possibles

(bonne réponse en bas ci-contre)*

- Je commence à m'y habituer depuis le temps.
- Mettez-vous à ma place et posez-vous cette question.
- Non, mais je finirai bien par trouver car j'ai envoyé 50 lettres ce mois et répondu à 64 annonces.
- Quand cela me donne l'occasion de rencontrer une recruteuse aussi charmante que vous…
- C'est surtout le fait de trouver le travail qui m'intéresse et que j'aurai du plaisir à faire ce qui me passionne.

À NE PAS FAIRE

- *Critiquer les entreprises et dire qu'elles sont responsables de la situation de l'emploi.*
- *Laisser paraître votre peur d'un futur incertain.*
- *Montrer que vous êtes pessimiste.*
- *Sortir l'épais dossier de recherches.*
- *Vous jeter la faute.*
- *Vous placer en victime.*
- *Vous présenter comme quelqu'un qui subit la situation.*

À NE PAS DIRE

- *Après deux ans vous pouvez vous imaginer comme on se sent !*
- *En deux ans vous êtes le premier à me convoquer en entretien !*
- *J'attends que l'on me propose quelque chose.*
- *J'en ai franchement ras le bol et aujourd'hui je ferais n'importe quoi.*
- *Je préfère laisser les agences me proposer quelque chose.*
- *Non, c'est une perte de temps. De plus mon dossier comporte des lacunes.*
- *Oui j'aime bien, mais je n'ai pas beaucoup de succès.*

À FAIRE

- Dire que cette période démontre que vous avez du potentiel et que cela vous a été dit.
- Éviter d'être sur la défensive.
- Exposer que cela vous stimule et vous passionne.
- Montrer votre enthousiasme pour le présent entretien.
- Présenter cette période comme une chance de réorientation.
- Vous montrer prêt pour un nouveau défi.

À DIRE

- C'est une occasion pour revenir sur mon plan de carrière.
- C'est une période avec des mauvaises et des bonnes surprises, comme notamment cette rencontre…
- Je préfère rechercher un emploi que rester inactif.
- Oui et c'est d'ailleurs ce qui nous a permis de nous rencontrer.
- Oui, cela m'a permis de faire un bilan de carrière et de confirmer un intérêt pour le travail que vous proposez.
- Oui, cela me permet d'envisager de nouvelles perspectives d'évolution.

C'est surtout le fait de trouver le travail qui m'intéresse et que j'aurai du plaisir à faire ce qui me passionne.

N° 159

Avez-vous d'autres offres en cours ?

Ce que votre interlocuteur veut vraiment savoir :

- Avez-vous du succès ? Si vous plaisez, vais-je devoir me battre pour vous avoir ?
- Êtes-vous en recherche active d'un emploi ?
- Puis-je prendre mon temps pour vous proposer quelque chose ? Risquez-vous de m'échapper en allant rejoindre la concurrence ?

Les réponses possibles

(bonne réponse en bas ci-contre)*

- J'attends une réponse d'une société proche de la vôtre et qui s'intéresse à mon profil.
- Je n'ai obtenu que votre entretien suite à 50 lettres envoyées et je commence à désespérer. C'est révoltant, les entreprises ne répondent même pas !
- Non, c'est peut-être parce que le secteur ne me plaît pas vraiment.
- Oui, j'attends une réponse pour un poste qui m'intéresse tout particulièrement.
- Oui, j'en ai plusieurs mais le salaire n'est pas assez élevé.

À NE PAS FAIRE

- *Dévoiler des informations confidentielles sur la concurrence.*
- *Donner des avis négatifs sur d'autres sociétés contactées.*
- *Être évasif, fuyant dans vos réponses.*
- *Faire savoir que vous postulez pour d'autres types de fonctions ou autres secteurs que ceux dont il est question dans cet entretien.*
- *Mentionner que vous avez d'autres démarches en cours sans préciser que le poste/l'entreprise dont il est question est celui que vous préférez pour des raisons spécifiques.*

À FAIRE

- Faire comprendre au recruteur que malgré vos autres démarches en cours, c'est avec lui que vous souhaitez réellement collaborer.
- Montrer que vous êtes actif dans vos démarches, tout en précisant ce qui vous attire particulièrement dans le poste/l'entreprise pour lequel vous êtes en entretien.
- Questionner pour savoir si le recruteur hésite entre plusieurs candidats.

À NE PAS DIRE

- *Non et je suis disponible immédiatement.*
- *Non, d'ailleurs je commençais vraiment à m'inquiéter.*
- *Non, je n'ai pas d'autres offres.*
- *Oui, et j'accepterai votre offre seulement si elle est financièrement intéressante, parce que l'autre emploi me plaît vraiment plus.*
- *Oui, mais je n'accepterai l'autre poste qu'en désespoir de cause.*
- *Vous êtes la seule entreprise à laquelle j'ai écrit.*
- *Vous êtes la seule entreprise qui s'intéresse à mon dossier.*

À DIRE

- J'ai passé 3 entretiens intéressants le mois passé.
- J'attends d'autres réponses.
- Je suis pour l'instant en entretien avec certains de vos concurrents. De votre côté, avez-vous rencontré beaucoup d'autres candidats ?
- Un chasseur de tête m'a contacté.

J'attends une réponse d'une société proche de la vôtre et qui s'intéresse à mon profil.

N° 160

Avez-vous reçu des propositions fermes d'embauche ?

Ce que votre interlocuteur veut vraiment savoir :

- Ai-je encore du temps pour réfléchir calmement à ma décision ? Votre candidature risque-t-elle de m'échapper au profit de la concurrence ?
- Êtes-vous réellement motivé par le poste dont nous parlons/par notre entreprise ?
- Si vous avez d'autres propositions d'embauche, qui allez-vous choisir ?

Les réponses possibles

(bonne réponse en bas ci-contre)*

- Aucune pour le moment. À mon âge, je fais peur parce que je suis trop cher.
- J'en ai une, mais ils me trouvent trop cher.
- Sur 73 dossiers envoyés, ce serait bien le diable si je ne recevais pas de propositions fermes.
- Pratiquement oui. Je suis en phase finale de négociation avec 2 entreprises.
- Non, je suis entièrement disponible et peux commencer de suite.

À NE PAS FAIRE

- *Bluffer le recruteur en annonçant que vous avez reçu des propositions fermes et courir ainsi le risque qu'il vous renvoie à la concurrence.*
- *Être déstabilisé par la question si vous n'avez pas encore reçu de proposition ferme d'embauche.*
- *Faire comprendre que malgré la multitude de démarches entreprises, vous n'avez pas encore reçu une seule proposition ferme d'embauche.*
- *Justifier le manque d'offres par la situation désastreuse du marché.*
- *Oublier de préciser que, même si vous avez reçu d'autres propositions, votre préférence va à l'entreprise dont il est question dans cet entretien ; et ce pour les raisons suivantes : …*

À FAIRE

- Annoncer que vous êtes pour l'instant au début de votre recherche active et que votre choix est très ciblé et que leur entreprise est votre cible prioritaire.
- Démontrer que c'est avec l'entreprise avec laquelle vous passez l'entretien que vous souhaitez collaborer, pour les raisons suivantes…
- Répondre brièvement à la question et passer à un autre sujet en posant une question.

À NE PAS DIRE

- *Aucune entreprise ne s'est encore intéressée à mon dossier.*
- *Non, vous connaissez aussi bien que moi la situation sinistrée de ce secteur.*
- *Oui, j'espère que je vais recevoir une réponse définitive prochainement.*
- *Oui, mais je ne désire pas en parler.*

À DIRE

- Avec la vôtre, ça fera 2 !
- Je n'ai contacté que très peu d'entreprises, mais correspondant très précisément à ce que je recherche.
- Non, mais j'attends encore 2 réponses suite à des entretiens du mois passé.
- Oui, j'ai quelques propositions, mais tout reste ouvert pour le moment.
- Oui, j'en ai reçu une de la part de votre concurrent direct.

Pratiquement oui. Je suis en phase finale de négociation avec 2 entreprises.

N° 161

Comment avez-vous entendu parler de nous ?

Ce que votre interlocuteur veut vraiment savoir :

- Avez-vous visité notre site sur Internet ?
- Connaissez-vous notre entreprise/nos produits ?
- Vous êtes-vous informé sur l'activité de notre marché ?

Les réponses possibles

(bonne réponse en bas ci-contre)*

- C'est un ami au chômage qui m'a dit que vous recherchiez peut-être quelqu'un.
- J'ai pris l'annuaire téléphonique et j'ai commencé par Z au lieu de commencer par A, comme le font 98 % des gens !
- C'est mon conseiller/coach qui m'a obligé à vous contacter.
- Par hasard !
- J'ai ciblé votre secteur pour mes démarches. Votre entreprise possède 3 caractéristiques qui la différencient de ses concurrents.

À NE PAS FAIRE

- *Dire que vous êtes voisin, mais que vous n'êtes pas sûr que le job vous intéresse.*
- *Entrer dans les détails concernant l'ami qui vous en a parlé...*
- *Montrer que cette boîte ou une autre, c'est égal.*
- *Vous perdre dans de longues explications inutiles.*
- *Répéter des critiques entendues sur l'entreprise.*

À NE PAS DIRE

- *Et dans votre entreprise, qu'est-ce que vous fabriquez ?*
- *J'ai un ami dans la branche qui m'a dit que vous embauchiez sûrement.*
- *Je connais bien votre boîte. Ça fait trois fois que je vous écris.*
- *Je sais que vous avez « dégraissé » l'année dernière... J'ai entendu parler des grèves...*

À FAIRE

- Citer 2 ou 3 produits/services que cette entreprise commercialise/fournit.
- Laisser entendre que vous avez un réseau dans ce secteur économique.
- Montrer que vous vous êtes renseigné sur leur domaine d'activité.

À DIRE

- J'ai toujours suivi avec intérêt l'évolution économique dans votre secteur. Ainsi j'ai vu...
- Après avoir cherché à savoir qui étaient les acteurs dans ce secteur, il était évident que je devais prendre contact avec vous.
- Une société dans laquelle j'ai travaillé avait d'excellents rapports avec votre entreprise.

J'ai ciblé votre secteur pour mes démarches. Votre entreprise possède 3 caractéristiques qui la différencient de ses concurrents.

N° 162

Comment avez-vous trouvé votre dernier emploi ?

Ce que votre interlocuteur veut vraiment savoir :

- Avez-vous dû choisir entre plusieurs offres ?
- Avez-vous un bon réseau de relations ?
- Êtes-vous débrouillard ? Proactif ? Prenez-vous des initiatives ?

Les réponses possibles

(bonne réponse en bas ci-contre)*

- Il y avait une bonne ambiance de travail entre collègues. Et le vendredi on finissait à 16h30. C'était super.
- J'ai d'abord effectué une recherche, par divers moyens, Web, réseau… et j'ai ensuite sélectionné les entreprises qui me correspondaient le plus.
- Par hasard. J'ai répondu à une annonce et puis on m'a dit que je pouvais commencer. J'étais surpris mais content de trouver enfin quelque chose.
- Par annonce.
- Pas bien du tout.

À NE PAS FAIRE

- *Donner de vous une image passive.*
- *Montrer que vous subissez vos choix professionnels.*
- *Utiliser le mot « piston ».*

À FAIRE

- Expliquer que votre choix était volontaire et s'inscrivait dans une logique.
- Faire ressortir la mise en place d'une stratégie gagnante.
- Mettre en avant le choix, la motivation, la prise d'informations précédant une décision.
- Montrer que vous savez activer votre réseau.
- Présenter la vérité sous sa meilleure forme.
- Valoriser votre démarche, le savoir-être et savoir-faire qui en découlent.

À NE PAS DIRE

- *J'ai attendu qu'on me propose ce poste.*
- *J'ai été recommandé.*
- *J'ai saisi le premier qui arrivait.*
- *Je n'ai pas eu le choix.*
- *Par un pur hasard.*

À DIRE

- En étant très déterminé.
- Par des démarches spontanées, après avoir identifié les entreprises qui progressent.
- Par un bon réseau de connaissances (chasseurs de têtes, relations…).

J'ai d'abord effectué une recherche, par divers moyens, Web, réseau… et j'ai ensuite sélectionné les entreprises qui me correspondaient le plus.

N° 163

Décrivez-moi votre recherche d'emploi. Comment vous y prenez-vous pour trouver un emploi ?

Ce que votre interlocuteur veut vraiment savoir :

- Avez-vous postulé auprès d'autres entreprises ?
- Êtes-vous débrouillard/créatif ?
- Quelle est votre capacité à vous prendre en charge, à gérer un projet ?

Les réponses possibles

(bonne réponse en bas ci-contre)*

- C'est dur, mais je m'accroche.
- Des efforts et surtout, beaucoup de chance.
- J'ai d'abord réalisé un bilan approfondi, puis pris des informations sur le terrain. Ensuite je me suis fixé des objectifs clairs et atteignables. Et me voici aujourd'hui dans votre bureau.
- J'ai suivi un cours et j'ai maintenant de bonnes lettres et un bon CV. Mais les conditions sont difficiles. Les sociétés vont mal et la concurrence est très vive.
- Vous savez, le marché étant bouché, je suis patient.

À NE PAS FAIRE

- *Critiquer vos choix d'orientation professionnelle.*
- *Dire que vous êtes depuis longtemps au chômage.*
- *Expliquer que personne ne vous juge correctement et ne vous comprend.*
- *Parler de vos échecs.*
- *Vous plaindre de la situation économique.*

À FAIRE

- Décrire les projets que vous développez actuellement.
- Démontrer vos nouvelles connaissances.
- Dire comment vous contactez votre réseau et décrire la façon de vous maintenir au courant professionnellement.
- Parler d'une formation que vous suivez.

À NE PAS DIRE

- *J'attends qu'une proposition vienne, je suis patient.*
- *J'attends que les annonces paraissent dans le journal.*
- *J'y vais au petit bonheur la chance…*
- *Je fais mes recherches à la maison, j'attends qu'on me contacte.*
- *Je lis les annonces avec soin.*
- *Je ne sais pas vraiment ce que je cherche…*
- *Je ne suis en contact qu'avec votre société.*
- *Je réponds à tout ce que je trouve.*

À DIRE

- Je m'informe par tous les moyens.
- Je me rends personnellement dans l'entreprise.
- Je me renseigne sur l'entreprise, le poste à pourvoir.
- Je participe actuellement à un cours de gestion de carrière.
- Je postule spontanément.
- Je regarde les sites professionnels et les annonces.
- Tous les matins, je sors et surfe sur Internet pour découvrir des offres d'emploi.

J'ai d'abord réalisé un bilan approfondi, puis pris des informations sur le terrain. Ensuite je me suis fixé des objectifs clairs et atteignables. Et me voici aujourd'hui dans votre bureau.

N° 164

Depuis combien de temps recherchez-vous un emploi ?

CE QUE VOTRE INTERLOCUTEUR VEUT VRAIMENT SAVOIR :

- Avez-vous gardé un rythme professionnel ? Êtes-vous opérationnel ?
- Avez-vous su saisir l'occasion pour vous former ?
- Êtes-vous prêt à « casser les prix/vous brader » ?

LES RÉPONSES POSSIBLES

(bonne réponse en bas ci-contre)*

- Cela fait bien X années que l'on ne me propose rien d'intéressant.
- Depuis de longs mois, mais je ne perds pas mon temps, je suis des formations.
- Depuis trop longtemps. Je suis si heureux d'être dans votre bureau !
- Je ne cherche plus vraiment. Je saisis les opportunités quand elles se présentent.
- Depuis X mois pendant lesquels je me suis perfectionné en…

À NE PAS FAIRE

- *Mentir et abréger votre temps d'inactivité.*
- *Prendre l'air découragé de celui qui cherche depuis longtemps.*
- *Prétendre que vous avez eu une autre négociation très avancée avec une autre entreprise.*
- *Soupirer en haussant les épaules ou secouer la tête.*

À FAIRE

- Citer les formations effectuées durant cette période.
- Montrer que vous avez mis à profit votre temps de recherche.
- Valoriser votre gestion du temps en parlant de vos recherches d'information.

À NE PAS DIRE

- *Depuis de longs mois et pour retravailler, je ferais n'importe quoi.*
- *Est-ce que ce critère temps prouve que l'on est mauvais ?*
- *J'arrive en fin de droit.*
- *Je commence à désespérer.*
- *Je viens d'être licencié.*

À DIRE

- Depuis X mois pendant lesquels je me suis perfectionné en…
- Il a fallu un certain temps pour déterminer le poste qui me corresponde le mieux.
- J'ai reçu plusieurs propositions mais je souhaitais travailler dans votre secteur.
- Je suis actif en fréquentant des cours de perfectionnement.

Depuis X mois pendant lesquels je me suis perfectionné en…

N° 165

Qu'allez-vous faire si cet emploi ne vous est pas proposé ?

Ce que votre interlocuteur veut vraiment savoir :

- Avez-vous d'autres négociations en cours ?
- Avez-vous d'autres perspectives ?
- Êtes-vous vraiment motivé pour ce poste ?

Les réponses possibles

(bonne réponse en bas ci-contre)*

- Je pense que vous allez me donner ce poste, non ? Je suis un candidat intéressant.
- Je serai bien ennuyé. Je repostulerai régulièrement ; vous savez, je suis obstiné.
- Je pense que – comme nous en avons discuté – je corresponds bien au profil recherché. Pour quelle raison préféreriez-vous un autre candidat ?
- Je serais étonné que vous trouviez mieux que moi !
- Si je n'ai pas ce poste, je ne sais pas ce que je ferai. J'en ai vraiment besoin pour vivre.

À NE PAS FAIRE

- *Omettre de demander pourquoi vous ne convenez pas au poste.*
- *Oublier de rebondir.*
- *Partir sans demander votre reste.*
- *Vous montrer défaitiste.*

À FAIRE

- Demander ce qui vous manquerait pour remplir les conditions nécessaires pour être embauché.
- Démontrer que ce poste correspond à vos compétences.
- Montrer que vous êtes prêt à persévérer, que vous tenez à ce poste.

À NE PAS DIRE

- *Alors pourquoi m'avez-vous demandé de venir à votre entretien ?*
- *Je ne vois pas ce que vous désirez de plus.*
- *Je regrette de ne pas vous convenir.*
- *Ne me dites pas que je ne vous ai pas convaincu…*

À DIRE

- Après avoir éclairci cette question avec vous, je proposerais mes services à une entreprise poursuivant les mêmes buts que la vôtre.
- Je suis heureux que votre choix se porte sur un candidat qui vous convienne à 100 %.
- Puis-je vous demander ce qui ne vous a pas convenu dans ma candidature.
- Sur quel point n'ai-je pas répondu à votre attente ?

Je pense que – comme nous en avons discuté – je corresponds bien au profil recherché. Pour quelle raison préféreriez-vous un autre candidat ?

N° 166

Quand serez-vous disponible ? Quelle est votre activité actuelle ?

Ce que votre interlocuteur veut vraiment savoir :

- Êtes-vous actif, dynamique, motivé ?
- Êtes-vous en poste, en formation, sans emploi ?
- Puis-je compter sur vous ? Avez-vous conscience de nos besoins et de leur urgence ?

Les réponses possibles

(bonne réponse en bas ci-contre)*

- Sous quel délai désirez-vous que nous collaborions ?
- Actuellement, je suis au chômage. Immédiatement si vous le désirez.
- Dès que mon employeur actuel me laissera partir.
- J'ai un job peu intéressant et mal payé. Je peux travailler chez vous dès le début du mois.
- Je dois terminer mon job actuel. Je tiens à prendre des vacances et après c'est possible.

À NE PAS FAIRE

- *Ne pas assumer votre position actuelle et vos engagements avec l'employeur actuel.*
- *Oublier de préciser la raison, motivation qui vous pousse à viser le poste pour lequel vous vous présentez.*
- *Répondre immédiatement sans avoir d'abord demandé quelle est leur date probable d'engagement ?*

À FAIRE

- Adopter l'attitude de l'offreur de service.
- Démarrer une négociation sur l'entrée en fonction.
- Questionner sur la date possible d'engagement.

À NE PAS DIRE

- *Immédiatement il y a trop longtemps que j'attends un emploi.*
- *Je peux facilement m'adapter à vos exigences.*
- *Je suis actuellement en congé maladie et…*
- *Je suis au chômage et je peux commencer immédiatement.*
- *Le plus rapidement sera le mieux.*
- *Le poste est intéressant, mais je dois d'abord prendre mes vacances.*
- *Rapidement, j'ai besoin de travailler.*
- *Tout de suite étant donné que je n'ai pas d'autres propositions.*

À DIRE

- J'ai un préavis à respecter mais je peux essayer de le négocier.
- Je peux facilement m'adapter à vos exigences.
- Je peux me libérer assez rapidement, dès que nous nous serons entendus sur un délai.
- Pourrions-nous envisager une date nous convenant mutuellement ?
- Quelle est la date que vous aviez prévue pour une collaboration ?
- Rapidement ! Quelle est la date que vous avez prévue ?
- Selon mon contrat, je dois à mon employeur 2 mois de congé.
- Selon vos besoins, je pourrai me libérer dès le…

Sous quel délai désirez-vous que nous collaborions ?

N° 167

Quelles autres entreprises/ organisations avez-vous approchées ?

Ce que votre interlocuteur veut vraiment savoir :

- Depuis quand êtes-vous en recherche d'emploi ?
- Que recherchez-vous réellement ? Dans quel domaine ?
- Quel est votre véritable intérêt pour ce poste ?

Les réponses possibles

(bonne réponse en bas ci-contre)*

- Des sociétés de travail temporaire, pour survivre.
- J'ai déjà envoyé 50 dossiers et j'ai bon espoir…
- Non. Aucune pour l'instant. Vous êtes la seule société que j'ai contactée.
- Pour un poste dans l'Administration, j'ai envoyé mon dossier.
- Oui, j'ai 2 autres négociations en cours. Néanmoins, votre société m'attire tout particulièrement et je souhaite réellement que mon profil vous intéresse.

À NE PAS FAIRE

– *Dire que vous n'avez fait aucune autre démarche.*
– *Mentir.*
– *Montrer que vous n'avez pas de stratégie de recherche.*
– *Passer pour quelqu'un sans ambition.*

À NE PAS DIRE

– *Celles qui m'offriront les meilleures conditions/le meilleur salaire.*
– *J'ai envoyé 50 lettres ce mois-ci et je vais en envoyer autant la semaine prochaine.*
– *J'ai pris contact avec toutes les boîtes de la région.*
– *Non, il n'y a que vous.*
– *Trois de vos concurrents, mais il n'y a rien d'intéressant.*

À FAIRE

– Donner l'image de quelqu'un d'actif.
– Montrer que le secteur d'activité de l'entreprise correspond exactement à votre cible, à vos aspirations.
– Nommer certaines entreprises de la concurrence (si c'est vrai).
– Spécifier le secteur de recherche et mettre en avant votre intérêt pour le poste envisagé.

À DIRE

– Je suis en contact avec plusieurs entreprises de la branche et je suis en phase de négociations avancées.
– Mon intérêt étant la logistique, je suis en contact avec des entreprises de secteurs bien différents.
– En comptant la vôtre, ce sont trois entreprises qui m'ont invité à un entretien et je suis ouvert à étudier une proposition de votre part.
– Dans mon secteur de recherche, c'est votre société qui m'intéresse le plus.

Oui, j'ai 2 autres négociations en cours. Néanmoins, votre société m'attire tout particulièrement et je souhaite réellement que mon profil vous intéresse.

N° 168

Quelles raisons donneriez-vous à votre employeur lors de votre démission, si l'on vous offrait cet emploi ?

CE QUE VOTRE INTERLOCUTEUR VEUT VRAIMENT SAVOIR :

- Êtes-vous diplomate ou opportuniste ?
- Pourquoi voulez-vous démissionner de cet emploi ?
- Vivez-vous un conflit dans votre emploi actuel ?

LES RÉPONSES POSSIBLES

(bonne réponse en bas ci-contre)*

- J'ai trouvé un employeur qui me comprend bien et une entreprise où règne une meilleure ambiance de travail que chez vous.
- J'ai décidé de changer d'emploi. Quel est le délai de résiliation ? Combien de jours de vacances me reste-t-il ?
- Je pars car j'ai le droit de faire ce que je veux.
- Une entreprise m'a fait une proposition que j'ai acceptée car elle correspond à mes objectifs futurs.
- Je pense avoir fait le tour de mon emploi et vous remets ma démission.

À NE PAS FAIRE

- *Critiquer votre employeur actuel.*
- *Dramatiser la situation.*
- *Être arrogant.*
- *Parler de conflit.*
- *Rester silencieux et sans voix.*
- *Vous fermer les portes.*

À NE PAS DIRE

- *Chacun fait comme il l'entend.*
- *Ils n'ont pas besoin de savoir.*
- *Je pars, c'est décidé.*

À FAIRE

- Annoncer que vos champs d'intérêt ont changé.
- Être honnête.
- Parler d'évolution personnelle.
- Parler d'un nouveau défi professionnel.

À DIRE

- J'ai passé une excellente période de ma vie chez vous et j'ai beaucoup appris. Je vous dois beaucoup.
- J'espère rester en excellents termes avec vous.
- Le poste actuel ne correspond plus à mes objectifs.

Une entreprise m'a fait une proposition que j'ai acceptée car elle correspond à mes objectifs futurs.

Relations aux autres/ Communication

N° 169

Aimez-vous le travail en groupe ? Comment vous insérez-vous dans une équipe ?

Ce que votre interlocuteur veut vraiment savoir :

- Pouvez-vous établir et entretenir de bonnes relations avec les gens ?
- Quel est votre style de travail ?
- Vous adapterez-vous sans faire de vagues à notre équipe ou allez-vous la perturber ?

Les réponses possibles

(bonne réponse en bas ci-contre)*

- Avec moi, ne vous faites pas de souci, je suis assez populaire.
- J'ai justement quitté mon dernier travail à cause de l'ambiance dans l'équipe. C'est très important pour moi.
- Je trouve qu'il est souvent difficile de s'insérer dans une équipe si les gens ne sont pas sympas.
- Même si je suis en conflit avec mes collègues, ça ne m'empêche pas de faire mon travail.
- J'aime le travail en équipe, c'est stimulant.

À NE PAS FAIRE

- *Décrire un ou deux dysfonctionnements/conflits que vous avez eus dans le passé.*
- *Ne faire que les louanges du travail en équipe même si le poste à pourvoir n'en comporte pas ou très peu.*
- *Paraître surpris et mentionner que vous n'avez jamais de conflits.*

À FAIRE

- Donner des exemples de projets, tâches que vous avez réalisés avec succès en groupe.
- Être très précis en citant le type de contributions que vous apportez à une équipe.
- Souligner votre goût pour les relations humaines en général et votre aptitude à rencontrer des personnes nouvelles et à bien vous entendre avec les autres.

À NE PAS DIRE

- *Dire « Non » ou « Pas du tout ».*
- *Je préfère travailler seul.*
- *Plus ou moins bien. Je trouve toujours difficile de concilier plusieurs méthodes de travail.*

À DIRE

- Grâce à l'effort fourni par mon équipe, j'ai réussi à dépasser les objectifs du projet X.
- Je trouve que le travail en équipe aide à trouver les points forts de chaque collaborateur.
- Le travail en équipe développe la créativité.

J'aime le travail en équipe, c'est stimulant.

N° 170

Avez-vous jamais eu des difficultés dans vos relations avec les autres ?

CE QUE VOTRE INTERLOCUTEUR VEUT VRAIMENT SAVOIR :

- Comment gérez-vous les conflits ?
- Savez-vous travailler en équipe ?
- Serez-vous capable de vous intégrer chez nous ?

LES RÉPONSES POSSIBLES

(bonne réponse en bas ci-contre)*

- Ça dépend des jours : « C'est la vie… ».
- Bien évidemment, comme tout le monde, cependant j'y ai toujours remédié.
- Moi ? Jamais !
- Oui, mais ce n'est jamais moi qui les provoquais. Je trouve que les personnes sont de plus en plus stressées.
- Rarement, mais lors de mon dernier emploi, j'ai vécu 2 cas difficiles.

À NE PAS FAIRE

- *Mettre la faute sur les autres.*
- *Ne donner aucune réponse.*
- *Vous étaler en décrivant un conflit dans les moindres détails.*

À NE PAS DIRE

- *Avec l'autorité !*
- *J'ai parfois de la peine à me faire accepter par les autres.*
- *Je suis fin psychologue ! Vous ne risquez rien avec moi !*

À FAIRE

- En parler très brièvement.
- Être serviable.
- Rester calme.
- Vous montrer sympathique.

À DIRE

- Dans une équipe, j'apprécie une communication ouverte et claire.
- J'aime travailler en équipe et échanger des idées.
- Je me suis toujours efforcé d'être réceptif afin de faire régner une bonne entente.
- Le travail en équipe permet de multiplier les idées. Cela me plaît !

Bien évidemment, comme tout le monde, cependant j'y ai toujours remédié.

N° 171

Comment contribuez-vous à la vie d'une équipe ?

Ce que votre interlocuteur veut vraiment savoir :

- Aimez-vous prendre des initiatives ?
- Comment vous insérez-vous dans une équipe ?
- Préférez-vous travailler seul ou en équipe ?

Les réponses possibles

(bonne réponse en bas ci-contre)*

- C'est moi qui faisais tout dans mon ancienne équipe et ça l'arrangeait bien. Je pense que j'ai l'étoffe d'un manager et vous pouvez me faire confiance.
- Comme je suis efficace, on me respecte.
- J'aime beaucoup la vie de groupe et donc j'essaie de m'impliquer le plus possible dans chaque décision d'équipe.
- Je fais de mon mieux, bien qu'étant très autonome.
- Je fais toujours des efforts pour faire équipe avec mes collègues. Je m'en sors bien.

À NE PAS FAIRE

- *Avoir des propos humiliants pour les autres.*
- *Dire que vous étiez toujours le meilleur.*
- *Émettre des jugements négatifs sur les collaborateurs.*
- *Trop montrer que vous êtes solitaire et réservé.*

À NE PAS DIRE

- *Je laisse toujours les autres dire ce qu'il faut faire. C'est plus malin.*
- *Je peux tout faire tout seul.*
- *Je suis plutôt solitaire.*
- *L'esprit d'équipe ? Génial, surtout pendant la pause !*

À FAIRE

- Insister sur vos compétences sociales.
- Montrer que vous avez un impact positif sur une équipe.
- Parler de votre goût pour la communication.
- Présenter vos méthodes de planification de ressources.
- Souligner votre sens de la solidarité.
- Valoriser l'équipe et ses résultats.

À DIRE

- J'adore participer à la construction d'un projet en groupe.
- J'aime travailler au sein d'une équipe.
- Je m'intègre très bien dans une équipe et j'y participe activement par exemple…
- Je suis de nature ouverte et apprécie l'échange de compétences.

J'aime beaucoup la vie de groupe et donc j'essaie de m'impliquer le plus possible dans chaque décision d'équipe.

N° 172

Comment pensez-vous intégrer notre société ?

CE QUE VOTRE INTERLOCUTEUR VEUT VRAIMENT SAVOIR :

- Arrivez-vous à identifier les valeurs qui comptent pour nous ?
- Comment voyez-vous notre collaboration ?
- Que pouvez-vous nous apporter ?

LES RÉPONSES POSSIBLES

(bonne réponse en bas ci-contre)*

- Je ne sais pas, ça dépendra des chefs, des collègues. À eux de faire !
- Je vais faire le tour de tous les départements, après on verra…
- Je vais observer pendant quelque temps, ensuite je vous dirai.
- Ne craignez rien, je sais m'imposer ! En général on me respecte très vite.
- J'ai pour habitude d'observer et de rapidement comprendre comment me faire accepter.

À NE PAS FAIRE

- *Faire comprendre que vous ne vous êtes pas posé la question.*
- *Faire penser que vous allez tout « révolutionner ».*
- *Ne montrer aucune motivation.*
- *Ne pas faire valoir vos talents/compétences, qui correspondent au poste.*
- *Ne poser aucune question sur l'organisation.*

À NE PAS DIRE

- *Ça m'est égal, l'essentiel est que vous m'engagiez.*
- *Il m'est difficile de me projeter avant d'avoir débuté notre collaboration.*
- *Je ne connais pas assez votre société pour vous répondre.*
- *Je ne sais pas, je ne peux pas vous dire pour le moment.*
- *Je vais avoir besoin d'un temps d'adaptation important.*

À FAIRE

- Donner un exemple de votre bonne intégration dans votre dernier job.
- Être curieux et poser des questions.
- Mettre en relation des compétences que vous avez développées et les besoins de la société.
- Montrer votre motivation pour le poste.
- Vous renseigner sur le fonctionnement de l'entreprise.

À DIRE

- Je suis une personne très sociable et je m'intègre facilement.
- J'espère pouvoir répondre à vos attentes le plus rapidement possible.
- Qu'entendez-vous par cette question ?
- Qu'attendez-vous de moi ? Je mettrai tout en œuvre pour vous satisfaire.
- Rapidement !

J'ai pour habitude d'observer et de rapidement comprendre comment me faire accepter.

N° 173

Comment vous entendiez-vous avec votre dernière équipe ?

Ce que votre interlocuteur veut vraiment savoir :

- Êtes-vous respectueux ?
- Êtes-vous sociable ?
- Pouvons-nous vous intégrer dans notre équipe ?
  Quelle est votre capacité d'intégration ?

Les réponses possibles

(bonne réponse en bas ci-contre)*

- L'équipe ne m'aimait pas beaucoup car j'étais le dernier venu/le plus jeune/un homme…
- On allait manger ensemble.
- C'était une équipe très unie, où les gens se respectaient les uns les autres.
- On avait rarement les mêmes points de vue.
  C'était parfois chaud… mais ça marchait tout de même.
- On s'entendait parfaitement.

À NE PAS FAIRE

- *Critiquer ses collègues.*
- *Émettre des critiques et déraper dans le ressenti personnel.*
- *Énumérer les problèmes (disputes…).*

À FAIRE

- Éviter d'entrer dans les détails, si ça s'est mal passé.
- Montrer qu'un travail est essentiel au succès d'une entreprise.
- Rester positif !

À NE PAS DIRE

- *Je n'appréciais pas certains collègues.*
- *Le courant ne passait plus.*
- *Non, je n'aime pas m'intégrer à une équipe, je préfère travailler seul.*

À DIRE

- Bien dans l'ensemble, l'ambiance était parfaite.
- J'ai eu beaucoup de plaisir à travailler avec eux.
- J'ai toujours eu de bons rapports avec mon équipe de travail.
- J'aimerais toujours pouvoir travailler avec une équipe de cette qualité-là.

C'était une équipe très unie, où les gens se respectaient les uns les autres.

N° 174

Comment vous positionnez-vous parmi vos pairs ?

Ce que votre interlocuteur veut vraiment savoir :

- Êtes-vous ambitieux, modeste, égoïste ?
- Quelles sont vos aptitudes à travailler en équipe ?
- Quels types de relations entretenez-vous avec les autres, vos pairs, vos collègues ?

Les réponses possibles

(bonne réponse en bas ci-contre)*

- J'aime l'échange, l'apport d'idées nouvelles et le respect d'autrui.
- J'ai tendance à m'effacer lors des réunions de travail. J'ai peut-être un peu tort.
- Je me trouve souvent plus doué qu'eux.
- Je n'aime pas me comparer.
- Je suis assez timide de nature !

À NE PAS FAIRE

- *Dévaloriser et critiquer les autres.*
- *Montrer trop d'ambition, trop de volonté à faire cavalier seul.*
- *Parler de la résolution des conflits dans l'équipe dans laquelle vous avez travaillé.*
- *Vous montrer très individualiste.*

À FAIRE

- Décrire votre capacité d'écoute et de convivialité.
- Indiquer votre envie de faire partie d'une équipe.
- Montrer votre confiance en vous.
- Parler de la vie d'équipe en général, de la collaboration pour atteindre les objectifs.
- Parler en termes de « Nous » et non pas de « Je ».
- Retourner la question : « En tant que chef ou en tant que subordonné ? ».
- Souligner votre esprit d'entreprise.

À NE PAS DIRE

- *J'ai de la difficulté à faire ma place.*
- *Je les évite.*
- *Je n'apprécie ni la comparaison, ni la compétition.*
- *Je suis mal à l'aise avec mes pairs.*
- *Moins je les vois, mieux je me porte.*

À DIRE

- Ils sont une source inépuisable de nouvelles idées et d'apprentissage.
- J'ai un très bon contact avec eux. J'aime échanger nos expériences.
- J'apprécie leur feed-back.
- Je recherche leur contact.
- L'énergie d'une équipe est toujours plus forte que la somme des énergies des individus qui la composent.

J'aime l'échange, l'apport d'idées nouvelles et le respect d'autrui.

N° 175

Dans votre dernier emploi/emploi actuel, quel pourcentage de temps avez-vous travaillé seul ou en groupe ?

Ce que votre interlocuteur veut vraiment savoir :

- Comment gérez-vous les tensions/conflits entre les personnes ?
- Êtes-vous conscient de votre manière de travailler ?
- Êtes-vous habitué à travailler en équipe ou de façon autonome ?

Les réponses possibles

(bonne réponse en bas ci-contre)*

- Je ne sais plus. Ça dépendait.
- Je travaillais presque toujours seul, car je ne m'entends pas avec tout le monde. Mais, s'il le faut je peux travailler en équipe.
- On n'est jamais si bien servi que par soi-même.
- Si je prends une journée type (ou une semaine, ou un mois), cela représentait 1/3 en équipe et 2/3 seul.
- Travailler en équipe m'épuise.

À NE PAS FAIRE

- *Avouer ne pas savoir.*
- *Dire que cela vous est égal.*
- *Préciser que vous travaillez plus volontiers seul/en groupe.*

À FAIRE

- Éviter de prendre parti pour l'une des deux situations.
- Offrir des exemples concrets pour étayer votre point de vue.
- Présenter le pour et le contre des deux situations.
- Prouver par des réalisations passées que les deux formules vous conviennent.
- S'enquérir de la raison qui incite votre recruteur à vous poser cette question.

À NE PAS DIRE

- *J'aime être tout le temps présent pour contrôler les erreurs des autres.*
- *Je suis partisan d'un chef qui prend les choses en main.*
- *Les autres peuvent se débrouiller sans moi !*
- *On ne peut compter que sur soi-même !*
- *Sans moi rien ne va plus !*

À DIRE

- Je peux m'adapter à toutes les situations.
- L'autonomie permet la prise de distance, le groupe permet la créativité !
- Planifier le temps de travail entre réflexion individuelle et partage en groupe me paraît idéal.
- Toutes leurs situations ont leurs avantages, j'apprécie la diversité des moments.

Si je prends une journée type (ou une semaine, ou un mois), cela représentait 1/3 en équipe et 2/3 seul.

N° 176

Décrivez-moi une équipe dont vous avez été membre. Comment fonctionnait cette équipe ? Comment contribuiez-vous à la vie de cette équipe ?

Ce que votre interlocuteur veut vraiment savoir :

- Quelle est votre capacité à travailler en équipe ?
- Quelle est votre capacité d'intégration ? Êtes-vous facilement accepté ?
- Quelle est votre notion du groupe ?

Les réponses possibles

(bonne réponse en bas ci-contre)*

- Il faut d'abord que je connaisse les membres de l'équipe pour m'investir.
- Le travail en équipe permet de trouver de nouvelles idées et solutions. Par exemple dans mon dernier emploi…
- Je faisais mon boulot correctement pour mes supérieurs. Donc pas de problème. D'ailleurs les équipes sont pratiquement toujours les mêmes.
- Je m'intéressais à mes collègues en leur demandant leurs activités du week-end.
- On fonctionnait selon la politique de l'entreprise.

À NE PAS FAIRE

- *Décrire des conflits que vous avez vécus.*
- *Dire que vous préférez travailler seul.*
- *Laisser entendre que vous avez une certaine difficulté à travailler en équipe.*
- *Montrer que vous êtes très sélectif.*
- *Parler trop en détail de votre expérience.*

À FAIRE

- Apporter un exemple de succès en équipe.
- Démontrer que vous avez une bonne capacité d'intégration.
- Expliquer que la cohésion d'une équipe est pour vous quelque chose d'important.
- Parler de votre contribution à l'avancement d'une équipe dont vous avez fait partie.
- Prouver que l'énergie d'un groupe de cinq est supérieure à la somme des énergies des cinq personnes.
- Souligner que le travail d'équipe stimule la créativité de chacun.

À NE PAS DIRE

- *J'ai besoin de bien connaître les personnes.*
- *J'ai parfois du mal à m'intégrer mais en fin de compte ça marche.*
- *J'ai souvent été trahi donc, je suis devenu prudent.*
- *Je me méfiais de mon équipe.*
- *Je suis plutôt solitaire.*

À DIRE

- Grâce à la participation de chaque membre de l'équipe, nous avons réussi…
- J'ai souvent travaillé en équipe. Par exemple…
- J'aime travailler en équipe. C'est stimulant. La preuve…
- J'aime travailler en équipe. Votre équipe est constituée de combien de personnes ?
- Le travail en équipe permet de trouver de nouvelles idées et solutions.

Le travail en équipe permet de trouver de nouvelles idées et solutions. Par exemple dans mon dernier emploi…

N° 177

Je vais vous décrire l'équipe que vous pourriez rejoindre. Comment pensez-vous vous y intégrer ?

CE QUE VOTRE INTERLOCUTEUR VEUT VRAIMENT SAVOIR :

- Préférez-vous travailler seul ou en équipe ?
- Quelle est votre faculté d'adaptation ?
- Quels problèmes avez-vous rencontrés lors de vos expériences passées ?

LES RÉPONSES POSSIBLES

(bonne réponse en bas ci-contre)*

- Ces personnes m'ont l'air tout à fait prêtes à intégrer quelqu'un de ma valeur.
- De toute façon, l'équipe ce n'est pas important, moi je fais mon boulot même si l'ambiance de travail n'est pas la meilleure.
- J'ai déjà eu affaire à des gens comme ça dans le passé ; ça ne me fait pas peur.
- Je pense que ça ne dépend pas de moi, mais plutôt d'eux. Je suis sûr de me faire respecter si je dois passer par là.
- D'abord en observant, ensuite en lui offrant mon expérience de terrain.

À NE PAS FAIRE

- *Avoir l'air absent, regarder ailleurs.*
- *Changer brusquement de sujet.*
- *Laisser entendre que l'on est un marginal, un solitaire.*
- *Relater des mauvaises expériences vécues précédemment avec certaines personnes.*
- *Se montrer prétentieux en affirmant savoir s'intégrer partout.*
- *Soulever toutes sortes de problèmes qui pourraient arriver si vous rejoigniez effectivement cette équipe.*

À FAIRE

- Choisir une qualité de l'équipe et démontrer pourquoi vous l'appréciez particulièrement.
- Exposer les avantages du travail d'équipe.
- Faire un parallèle avec une collaboration similaire vécue précédemment.
- Poser des questions et montrer de l'intérêt pour cette équipe et ses réalisations.
- Sortir l'agenda pour fixer un rendez-vous pour faire connaissance avec l'équipe.

À NE PAS DIRE

- *C'est ma première expérience, je ne sais pas.*
- *Je pense que c'est plutôt à eux de m'intégrer… moi je ne peux pas faire grand-chose.*
- *Je suis un individualiste. Je préfère travailler seul plutôt qu'en groupe.*
- *On verra bien.*

À DIRE

- Je me réjouis d'avoir des échanges très enrichissants avec mes collègues.
- Je suis impatient de travailler avec eux, et je pense qu'ils apprécieront une personne qui a envie d'apprendre et qui a mes spécialisations.
- Je trouve important qu'eux aussi puissent faire ma connaissance.
- Je vais tout d'abord profiter de leur expérience pour me former, puis je pense pouvoir rapidement apporter une contribution enrichissante.
- Tout me laisse croire que nous pourrions établir une collaboration fructueuse.

D'abord en observant, ensuite en lui offrant mon expérience de terrain.

N° 178

Quand vous commencez à travailler avec de nouvelles personnes, comment vous y prenez-vous ? Savez-vous prévoir leurs réactions ?

Ce que votre interlocuteur veut vraiment savoir :

- Avez-vous le contact facile ou êtes-vous timide ?
- Quelles sont vos qualités humaines ? Êtes-vous stratège dans le domaine des relations ?
- Savez-vous respecter une équipe déjà en place ou avez-vous tendance à tout de suite imposer vos vues/votre style ?

Les réponses possibles

(bonne réponse en bas ci-contre)*

- Ce sont les autres qui doivent s'adapter à moi et non le contraire.
- Je suis tolérant avec les anciens, mais pas tant avec les nouveaux.
- Je tiens peu compte de l'avis de mes collègues, sinon on n'avance pas.
- En discutant avec chaque personne pour mieux la connaître.
- Les nouvelles personnes doivent s'adapter. C'est du management de base.

À NE PAS FAIRE

- *Dire que vous êtes surtout individualiste et que vous n'aimez pas le travail en groupe.*
- *Être indifférent à la question.*
- *Montrer que vous avez de la difficulté à respecter les systèmes mis en place par d'autres.*
- *Parler de conflits.*
- *Vous montrer imposant ou envahissant.*

À FAIRE

- Considérer les compétences des autres.
- Créer le contact.
- Demander à rencontrer les futurs collègues.
- Devenir une ressource complémentaire à l'équipe.
- Faire préciser ce que l'entreprise attend de vous, quelles sont les priorités.
- Mettre en avant votre capacité d'écoute, d'analyse.
- Montrer que dans un premier temps vous observez et respectez ce que d'autres ont mis en place sans critiquer.
- Ne pas vous profiler comme l'employé « je sais tout ».
- Prouver votre capacité d'adaptation à une nouvelle culture d'entreprise, à l'écoute d'une nouvelle équipe.
- Questionner les futurs collègues.
- Vous montrer souriant et agréable.

À NE PAS DIRE

- *J'aime bien foncer dans le tas.*
- *Je fais ce qu'il faut et ça ne peut pas ne pas marcher.*
- *Je ne fais rien de spécial.*

À DIRE

- J'ai appris et sais gérer le stress.
- J'ai beaucoup à apprendre des autres.
- J'ai beaucoup apprécié, dans mon dernier emploi, la possibilité de programmer des projets de groupe.

En discutant avec chaque personne pour mieux la connaître.

N° 179

Quel type de personnes vous conviennent le mieux et le moins ?

CE QUE VOTRE INTERLOCUTEUR VEUT VRAIMENT SAVOIR :

- Comment travaillez-vous en groupe ?
- Quelle ambiance de travail recherchez-vous ?
- Préférez-vous travailler avec des hommes ou avec des femmes ?

LES RÉPONSES POSSIBLES

(bonne réponse en bas ci-contre)*

- J'aime bien les personnes franches et j'aime moins ces petits chefs qui se croient supérieurs et écrasent les autres. D'ailleurs je sais les remettre à leur place si cela est nécessaire.
- Je n'aime pas ceux qui profitent.
- Je n'aime pas les personnes qui ne comprennent pas vite.
- Je ne me suis jamais posé cette question.
- Avec ceux qui me conviennent le moins, j'essaie d'en tirer le meilleur. Avec ceux qui me conviennent le plus, de m'en inspirer pour m'améliorer. Donc je pense pouvoir m'adapter à tous les types de personnes.

À NE PAS FAIRE

- *Critiquer.*
- *Dire que vous êtes individualiste.*
- *Être catégorique ou radical.*
- *Exprimer un avis personnel tranché.*
- *Montrer trop d'indépendance.*

À FAIRE

- Demander si c'est dans le domaine professionnel, extra-professionnel ou les deux ?
- Montrer vos capacités et vos qualités à travailler en groupe.
- Présenter des exemples de travaux que vous avez pu faire avec différents types de personnes.
- Rester neutre.

À NE PAS DIRE

- *Avec certaines personnes, on sait tout de suite que ça n'ira pas !*
- *J'ai toujours préféré travailler seul.*
- *J'aime bien les gens qui ont les mêmes qualités que moi.*
- *Je m'entends bien avec tout le monde. Je n'ai jamais de problèmes !*
- *Je m'entends bien avec tout le monde. Mais je préfère ne pas travailler avec des femmes/des hommes/des jeunes/des vieux...*
- *Je m'entends toujours bien avec les jolies filles. Ah ! Ah ! Ah !*
- *Les patrons trop collants ne me conviennent pas !*

À DIRE

- En tant que responsable d'une équipe, ou que membre d'un groupe ?
- Je peux collaborer avec tout le monde, mais il est important de poursuivre les mêmes objectifs.
- On dit que l'on s'entend moins bien avec les personnes qui ont le même caractère que soi. Alors un peu de divergence n'est que bénéfique.
- On ne trouve que rarement des situations idéales. il est important de savoir se comporter avec des personnes, même si elles ne nous conviennent pas parfaitement.
- On peut toujours apprendre quelque chose des autres.

Avec ceux qui me conviennent le moins, j'essaie d'en tirer le meilleur. Avec ceux qui me conviennent le plus, de m'en inspirer pour m'améliorer. Donc je pense pouvoir m'adapter à tous les types de personnes.

N° 180

Quelle importance donnez-vous à la communication avec les autres dans le travail ?

Ce que votre interlocuteur veut vraiment savoir :

- Comment envisagez-vous les échanges professionnels ? Partagez-vous vos idées avec vos collègues ?
- Êtes-vous plutôt : leader, membre d'une équipe, exécutant ou solitaire ?
- Quel est votre style de communication ?

Les réponses possibles

(bonne réponse en bas ci-contre)*

- Chacun doit faire son travail et les choses se déroulent sans heurts.
- Beaucoup : de bons rapports humains rendent le travail plus efficace.
- Je ne viens pas au travail pour discuter… c'est à l'extérieur que je discute.
- Je pense qu'il ne faut pas trop communiquer au travail. Ça prend beaucoup de temps.
- Pour moi, ce n'est pas très important. J'ai toujours exécuté mon job de façon autonome.

À NE PAS FAIRE

- *Faire comprendre que vous êtes très timide.*
- *Mettre en avant votre autonomie.*
- *Montrer un côté « sauvage » et solitaire.*
- *Ne pas écouter le recruteur, répondre à côté.*

À NE PAS DIRE

- *Je n'aime le contact qu'en dehors de mon travail.*
- *Je préfère travailler pour mon propre apport.*
- *Une grande importance, je mets tout par écrit et je classe dans mon agenda tous les billets adressés à mes collègues.*

À FAIRE

- Citer une expérience réelle.
- Demander de rencontrer l'équipe du travail.
- Donner des informations sur vos activités de réseau.

À DIRE

- La qualité du travail est proportionnelle à la capacité de communiquer.
- Les échanges sont primordiaux pour la formation continue.
- Les relations humaines sont enrichissantes.

Beaucoup : de bons rapports humains rendent le travail plus efficace.

N° 181

Quelles sont vos relations aux autres ?

Ce que votre interlocuteur veut vraiment savoir :

- Acceptez-vous facilement de recevoir des ordres ? Êtes-vous prétentieux, imbu de vous-même ?
- Avez-vous une nature conflictuelle ?
- Comment acceptez-vous la hiérarchie ?

Les réponses possibles

(bonne réponse en bas ci-contre)*

- J'accepte volontiers des ordres de mes supérieurs quand ils sont intelligents.
- Je m'entends avec tout le monde ! Pas de problème !
- Je suis une personne très indépendante. Je peux réaliser un travail sans devoir consulter d'autres personnes.
- J'apprécie de faire la connaissance de nouvelles personnes ; cela a toujours été un enrichissement et m'a permis d'évoluer.
- Je suis une personne très ouverte. Je peux discuter de tout et n'importe quoi pendant des heures avec mes collègues.

À NE PAS FAIRE

- *Citer ou critiquer un ancien chef.*
- *Critiquer tel ou tel type de personnes.*
- *Faire croire que tout le monde vous aime.*
- *Faire entendre que si vous êtes sans emploi, c'est la faute aux autres.*
- *Manifester de la rancœur face aux travailleurs étrangers.*
- *Passer pour une personne sans personnalité qui s'efface devant les autres et qui accepte tout le monde.*
- *Vous focaliser sur une mauvaise expérience relationnelle vécue, sur un conflit passé.*

À NE PAS DIRE

- *Aucun problème, je m'entends bien avec tout le monde.*
- *Chacun a ses problèmes.*
- *J'adore me faire des relations.*
- *J'ai de très bonnes relations avec les jolies femmes/les beaux messieurs…*
- *Je n'aime pas être dirigé.*
- *Je préfère travailler seul qu'en groupe.*
- *Je suis plutôt solitaire.*
- *Travailler avec les étrangers me déplaît.*

À FAIRE

- Citer des réalisations faites en groupe.
- Démontrer que vous avez un environnement social et familial équilibré.
- Expliquer votre intérêt pour les cultures différentes et votre ouverture aux autres.
- Mentionner d'autres activités (ex : bénévolat).
- Mettre en avant votre esprit de groupe.
- Montrer votre capacité de modérateur et que vous savez être à l'écoute.
- Soumettre un exemple de collaboration et d'adaptation.

À DIRE

- Grâce à ma connaissance de sa culture, j'ai évité de…
- J'aime les rapports de qualité basés sur la confiance.
- Je suis intervenu avec succès dans un différend entre…
- Si un problème survenait, c'est vers moi que les collègues se tournaient car ils savaient que j'étais capable de…
- Tout savoir doit être partagé pour être amélioré.

J'apprécie de faire la connaissance de nouvelles personnes : cela a toujours été un enrichissement et m'a permis d'évoluer.

N° 182

Trouvez-vous important de communiquer avec les autres dans votre travail ?

Ce que votre interlocuteur veut vraiment savoir :

- Comment vous entendez-vous avec vos collègues ?
- Qu'est-ce qui vous fait communiquer avec vos collègues ?
- Quand décidez-vous qu'il est utile de communiquer ?

Les réponses possibles

(bonne réponse en bas ci-contre)*

- C'est le rôle de mon chef/boss de bien transmettre les informations.
- Cet aspect ne me paraît pas essentiel dans le cadre de mon métier.
- Je suis autonome et je préfère envoyer des rapports à tout le monde que de leur parler. C'est plus simple et je gagne du temps.
- Oui mais sans tomber dans la réunionite.
- La communication est la base de la synergie d'une équipe.

À NE PAS FAIRE

- *Critiquer les anciens supérieurs pour leur manque de participation aux séances.*
- *Décrire une situation où vous avez été isolé de vos collègues.*
- *Expliquer que vous travaillez mieux seul.*
- *Laisser entrevoir que vous êtes un solitaire.*
- *Montrer que l'échange n'est pas primordial.*
- *Parler de problèmes avec des collègues.*

À FAIRE

- Démontrer que vous aimez communiquer à travers vos activités extra-professionnelles également.
- Laisser entrevoir que vous avez gardé de bons contacts avec les collaborateurs de différentes entreprises où vous avez travaillé.
- Montrer que vous avez su construire et entretenir un réseau.
- Placer la communication comme un élément essentiel à la réussite d'une équipe.

À NE PAS DIRE

- *Cela ne m'intéresse pas, je ne discute pas durant mon travail.*
- *Je ne suis pas payé pour communiquer, mais pour produire.*
- *La majorité de mes collègues sont des hommes…, ils n'aiment pas parler.*
- *Oui, durant les soirées d'entreprise, sinon je préfère rester discret.*

À DIRE

- Il est important de communiquer pour aider les autres.
- La communication apporte des idées.
- La communication doit être honnête et franche. Cela crée une bonne ambiance.
- 90 % de la réussite d'une entreprise sont dus à une bonne communication.
- Pour être efficace, la communication doit être courte mais régulière. De cette manière on se rappelle mieux les choses et cela aide à maintenir une stimulation au travail.

La communication est la base de la synergie d'une équipe.

Salaire

N° 183

Combien doit-on vous offrir pour que vous acceptiez notre proposition ? Quelles sont vos prétentions de salaire ?

CE QUE VOTRE INTERLOCUTEUR VEUT VRAIMENT SAVOIR :

- À combien vous estimez-vous ?
- Êtes-vous un fin négociateur ?
- Quel était votre ancien salaire ?

LES RÉPONSES POSSIBLES

(bonne réponse en bas ci-contre)*

- Je veux ce travail, le salaire est secondaire.
- Dans mon dernier poste, je gagnais…
- Quel montant avez-vous budgété pour ce poste ?
- Je n'ai pas de limite ! Je préfère vous écouter ! J'espère que vous serez généreux !
- Je veux recevoir X% de plus que ce que je gagne actuellement.

À NE PAS FAIRE

- *Aborder le premier la question salaire…*
- *Citer un chiffre précis.*
- *Donner votre ancien salaire.*
- *Donner une fourchette « étroite ».*
- *Surévaluer votre dernier salaire.*
- *Vouloir le maximum sans argumenter sur vos compétences.*

À NE PAS DIRE

- *Je ne coûte pas cher.*
- *Mon dernier salaire était de… et je souhaite 20 % de plus.*
- *C'est à vous de voir ce que je vaux !*
- *Je ne sais pas… Comme les autres.*
- *Je suis en mesure de m'adapter à votre offre.*
- *Pas moins de…*

À FAIRE

- Chercher à connaître leur budget.
- Demander quelle est votre position sur leurs barèmes.
- Donner deux chiffres dans une fourchette large.
- Mettre en avant vos réalisations.
- Remercier et demander s'il existe une courbe des salaires.

À DIRE

- À combien estimez-vous mon profil ?
- Combien avez-vous prévu pour ce poste ?
- Quelles sont les prestations que vous offrez pour ce poste ?
- Je vous remercie de votre proposition. Avez-vous un barème de salaire à me proposer ?
- Si nous tombons d'accord sur le poste, nous serons forcément d'accord pour le salaire.
- Venez-vous de me faire une proposition ferme d'embauche ?

Quel montant avez-vous budgété pour ce poste ?

N° 184

Le salaire est-il important pour vous ?

Ce que votre interlocuteur veut vraiment savoir :

- À combien puis-je vous embaucher ?
- Êtes-vous intéressé par les responsabilités ou par le salaire ?
- Quelles sont vos vraies valeurs ?

Les réponses possibles

(bonne réponse en bas ci-contre)*

- Oui, comme tout le monde. Mais, avec mesure.
- C'est sûr !
- Et pour vous, ça ne l'est pas ?
- Il faudrait être un imbécile pour penser que le salaire n'est pas important !
- De nos jours, l'argent est quand même important. Surtout quand les salaires sont faibles et que l'on n'a pas beaucoup de responsabilités.

À NE PAS FAIRE

- *Vous sentir mal à l'aise et répondre sur un ton arrogant.*
- *Être surpris par la question et restez silencieux, bouche bée, tout en fixant votre interlocuteur dans les yeux.*
- *Parler des difficultés financières que vous rencontrez dans le but d'attendrir votre interlocuteur.*

À FAIRE

- Montrer que le salaire est important et a sa place dans votre prise de décision.
- Éviter de vous brader en pensant qu'en abaissant vos prétentions vous augmentez vos chances de vous voir offrir le poste. C'est en général le contraire qui se produit.
- Mettre en perspective le salaire et les responsabilités et/ou les possibilités de promotion et/ou la dimension hiérarchique et/ou les possibilités de formation.
- Demander à votre interlocuteur s'il y a des courbes de salaire dans l'entreprise.

À NE PAS DIRE

- *Si vous me donnez deux fois le salaire que je touchais précédemment, nous trouverons sûrement un terrain d'entente.*
- *À dire vrai, le salaire ne compte pas trop pour moi. Mon conjoint travaille et…*
- *Je ne suis pas un fanatique de la société de consommation et pour moi le salaire…*

À DIRE

- Dois-je comprendre que vous venez de me faire une proposition ferme d'embauche ?
- Le salaire est l'un des cinq éléments que j'aimerais négocier avec vous. Mais peut-être pourrait-on l'aborder en dernier ?
- Jusqu'à maintenant, j'ai toujours reçu un salaire qui correspondait à ma contribution. Je souhaite continuer et qu'il en soit toujours ainsi.
- Dans tout bon contrat, il y a toujours deux gagnants.

Oui, comme tout le monde. Mais, avec mesure.

N° 185

Nous avons le choix entre le salaire fixe et le salaire au mérite. Avez-vous une préférence ?

Ce que votre interlocuteur veut vraiment savoir :

- Croyez-vous en vous ?
- Êtes-vous plutôt « pantouflard » ?
- Souhaitez-vous prendre des responsabilités et des risques ?

Les réponses possibles

(bonne réponse en bas ci-contre)*

- J'ai 3 enfants, il me faut un salaire fixe.
- Je n'aime pas trop les risques. À dire vrai et si j'ai le choix, je choisis le salaire fixe.
- Je préfère un salaire fixe.
- Dites m'en plus. Je suis ouvert.
- Puisque vous m'offrez le choix, un salaire fixe me convient.

À NE PAS FAIRE

- *Faire des réserves (mêmes minimes).*
- *Répondre par la négative.*
- *Vous renseigner auprès du recruteur concernant les avantages et les inconvénients de ces formules.*

À NE PAS DIRE

- *Ça m'est égal, pour autant que la somme prévue soit conséquente.*
- *Je ne veux pas trop de responsabilités.*
- *Le salaire fixe, je dois assurer ma position.*

À FAIRE

- Affirmer votre goût pour les responsabilités et les défis.
- Être enthousiaste.
- Montrer votre facilité dans les contacts humains.

À DIRE

- Chez XXX, j'ai dépassé mes objectifs de…
- J'ai un portefeuille clients important dans votre région.
- J'aime les défis et organiser mon travail de manière indépendante.

Dites-m'en plus. Je suis ouvert.

N° 186

Quel est le salaire minimum que vous êtes prêt à accepter ?

Ce que votre interlocuteur veut vraiment savoir :

- Combien valez-vous réellement ? Savez-vous négocier ?
- Avez-vous une image positive de vous-même ?
- Combien gagnez-vous dans votre job actuel/dernier emploi ?

Les réponses possibles

(bonne réponse en bas ci-contre)*

- Aussi longtemps que mes besoins de base sont atteints, je suis ouvert à la négociation.
- Qu'en vous dites minimum, vous pensez minimum ou minimum minimum ?
- Tout travail mérite salaire, non ?
- Nous n'avons pas encore abordé la description du poste et vous me demandez déjà de faire des sacrifices !
- Pourquoi me posez-vous cette question ? Votre entreprise est-elle en difficulté ?

À NE PAS FAIRE

- *Avoir l'air gêné et montrer que vous êtes prêt à accepter n'importe quoi.*
- *Monter sur vos grands cheveux ou sortir de vos gonds et ne plus vous contrôler.*
- *Parler du coût de la vie et des lourdes charges auxquelles vous devez faire face chaque mois.*

À NE PAS DIRE

- *La vie devient de plus en plus chère et il est difficile de parler de salaire minimum.*
- *À salaire minimum… travail minimum !!!*
- *Quand une personne reçoit un salaire trop bas/minimum, elle ne se donne jamais à fond. Je ne pense pas que le salaire minimum soit un bon calcul.*
- *Un salaire minimum n'est jamais motivant.*

À FAIRE

- Garder la porte ouverte et vous montrer souple.
- Demander à votre interlocuteur ce qu'il entend par salaire minimum.
- Mettre en avant votre expérience, votre savoir-faire et vos réalisations passées, les chiffrer, puis dire quel salaire minimum correspond à votre contribution future.
- Annoncer un montant extrêmement bas et, tout en souriant, dire que vous souhaitez par contre beaucoup d'avantages en nature.

À DIRE

- Pourvu que je m'y retrouve, je peux commencer très bas, vous faire gagner beaucoup d'argent et vous en demander une juste part.
- Puisque vous parlez de salaire minimum, avez-vous des grilles/courbes dans votre entreprise ?
- Je suis prêt à démarrer très bas, pour autant que mon salaire soit ajusté dès que j'aurai fait mes preuves (dans trois à six mois).

Aussi longtemps que mes besoins de base sont atteints, je suis ouvert à la négociation.

N° 187

Quel était votre dernier salaire/est votre salaire actuel ?

Ce que votre interlocuteur veut vraiment savoir :

- Combien allez-vous me coûter ?
- Êtes-vous aussi bien, que vous en avez l'air ?
- À combien puis-je vous avoir ? Êtes-vous une bonne affaire ?

Les réponses possibles

(bonne réponse en bas ci-contre)*

- C'est confidentiel. Je ne peux pas vous le dire.
- Ce ne serait pas très malin de ma part de vous le dire.
- Je crains de devoir vous annoncer un chiffre qui va vous sembler beaucoup trop bas/haut.
- Je ne pense pas utile de vous le dire. On m'a dit de ne jamais parler en premier si l'on veut bien négocier.
- Il existe un gentleman's agreement dans mon entreprise qui consiste à ne pas le dévoiler.

À NE PAS FAIRE

- *Annoncer brutalement un chiffre nu, vrai ou faux.*
- *Paraître mal à l'aise.*
- *Vous lancer dans de longues explications, complexes et par lesquelles vous tentez de justifier votre situation.*
- *Vous plaindre et dire que vous êtes sous-payé et que c'est pour cela que vous changez d'emploi.*

À FAIRE

- Garder un air détendu et ne pas répondre trop vite/lentement.
- Poser une question pour faire préciser les responsabilités du poste à pourvoir.
- Repousser la négociation avec tact et élégance.
- Sourire et parler avec les yeux pour dire « Je ne vous le dirai pas ! ».

À NE PAS DIRE

- *J'étais exploité. Mon salaire était ridicule.*
- *Je vais vous le dire, mais je veux gagner plus. Je gagne… par an.*
- *Le minimum que je dois gagner, c'est…*
- *Mon employeur, c'est connu, payait très mal et il profitait de son excellente image.*

À DIRE

- Dois-je comprendre que vous venez de me faire une proposition ferme d'embauche ?
- Le salaire que je gagnais est tout à fait situé dans la fourchette que je vise.
- Je vous le communiquerai avec plaisir après avoir négocié mon salaire chez vous !
- Quelle échelle des salaires avez-vous dans votre société ?

Il existe un gentleman's agreement dans mon entreprise qui consiste à ne pas le dévoiler.

N° 188

Quelle répartition entre salaire et avantages en nature souhaitez-vous avoir ?

Ce que votre interlocuteur veut vraiment savoir :

- Êtes-vous vraiment intéressé par cet emploi ?
- Savez-vous montrer de la souplesse ?
- Avez-vous de grands besoins ? Quels sont-ils ?

Les réponses possibles

(bonne réponse en bas ci-contre)*

- Je ne veux que du salaire, pas d'avantages en nature car on se fait souvent avoir.
- Le maximum. Je n'ai pas de limite supérieure.
- Personnellement, je suis ouvert. Ce qui compte surtout, ce sont les responsabilités du poste.
- Qu'entendez-vous par avantages en nature.
- Si vous me donnez un appartement, une voiture, les frais d'école de mes enfants, des costumes et me payer mes vacances, on peut alors discuter du salaire.

À NE PAS FAIRE

- *Avoir une attitude rigide et inflexible.*
- *Rire bêtement par ce que vous êtes gêné.*
- *Regarder votre interlocuteur avec stupéfaction et ne rien dire.*
- *Entrer immédiatement dans les détails et commencer à ergoter.*

À FAIRE

- Montrer que vous êtes ouvert et que les responsabilités constituent votre point focal.
- Questionner votre interlocuteur intelligemment pour qu'il vous dise le type d'avantages en nature que la société offre en général.
- Demander à votre interlocuteur ce qui se pratique dans son entreprise en termes de répartition (50/50, 40/60, 30/70, 20/80).

À NE PAS DIRE

- *Je ne sais pas. Je n'ai aucune idée…*
- *Votre question me surprend. Comment est-ce possible que je n'y ai jamais pensé avant.*
- *Je ne veux que du salaire. On se fait toujours avoir sur les avantages en nature.*
- *Si je peux payer moins d'impôts, ça m'intéresse.*

À DIRE

- Merci de me proposer cette opportunité. Je trouve cela très intéressant. Quels avantages en nature offrez-vous habituellement à vos employés ?
- Une répartition X%/Y% me conviendrait parfaitement. Néanmoins je reste ouvert à une autre formule.
- Il me faut au minimum X euros pour faire face à mes obligations. Le reste est tout à fait négociable.

Personnellement, je suis ouvert. Ce qui compte surtout, ce sont les responsabilités du poste.

N° 189

Vous a-t-on jamais demandé de réduire votre salaire ? Pourquoi ?

Ce que votre interlocuteur veut vraiment savoir :

- Avez-vous conscience de la crise que traverse le secteur ?
- Êtes-vous prêt à accepter une baisse de vos prétentions de salaire ?
- Êtes-vous vraiment motivé par ce type d'activité ou uniquement attiré par le salaire ?

Les réponses possibles

(bonne réponse en bas ci-contre)*

- Bien sûr ! Avec l'âge que j'ai, plus personne ne veut payer le salaire que je mérite !
- Ils n'en ont pas le droit. Il y a des barèmes.
- Oui, parce que je n'avais pas atteint mes objectifs annuels.
- Non, car j'ai toujours pu mesurer avec mes employeurs passés ma contribution.
- Pour quelles raisons mes employeurs passés auraient-ils fait cela ?

À NE PAS FAIRE

- *Faire mine de ne pas comprendre la question.*
- *Montrer que vous êtes prêt à n'importe quel sacrifice, car vous êtes désespéré.*
- *Vous accrocher à des prétentions salariales beaucoup plus élevées que celles du marché actuel.*
- *Vous asseoir sur des acquis du passé.*
- *Vous sous-évaluer.*

À FAIRE

- Expliquer la plus-value que vous offrez.
- Identifier, en questionnant, quelles sont les intentions du recruteur avec cette question.
- Justifier votre valeur.
- Vous montrer disponible à négocier.

À NE PAS DIRE

- *Je comprends leur point de vue.*
- *Je suis d'accord de revoir régulièrement les salaires.*
- *Non, mais si c'est votre cas, bien sûr que j'accepterai. J'ai tellement besoin de ce poste.*
- *Non. Et si on me demandait de le faire, ce serait hors de question.*
- *Oui, mais j'ai refusé catégoriquement.*

À DIRE

- Compte tenu du cahier des charges et des objectifs définis pour ce poste, mes prétentions me semblent justifiées. Mais je suis ouvert à la discussion.
- Oui, on m'a demandé de baisser mes prétentions de salaire avec en contrepartie la prise en charge par l'entreprise d'une formation coûteuse et prestigieuse. Cette contrepartie m'a semblé intéressante.
- Quelle fourchette avez-vous budgétée pour ce poste ?
- Trouvez-vous mes prétentions trop élevées ?

Non, car j'ai toujours pu mesurer avec mes employeurs passés ma contribution.

Statut/
État civil

N° 190

Avez-vous, à la maison, des personnes dont vous devez vous occuper ?

Ce que votre interlocuteur veut vraiment savoir :

- Êtes-vous disponible ?
- Êtes-vous prêt à faire des heures supplémentaires ?
- Peut-on vraiment compter sur vous ?

Les réponses possibles

(bonne réponse en bas ci-contre)*

- Mon épouse et moi formons, avec nos 3 enfants, une famille très unie et bien organisée.
- J'ai 2 petits enfants et 3 chats. Je m'en occupe, c'est parfois difficile mais ça marche.
- Ma vie familiale est privée. Je ne pense pas devoir en parler.
- On a des enfants et une jeune fille. Mais, vous savez, c'est toujours difficile de faire vraiment confiance.
- Oui 5 enfants et ils sont bien sympas. Tout le monde s'occupe de tout le monde.

À NE PAS FAIRE

- *Citer tous les membres de votre famille.*
- *Donner trop de détails.*
- *Mentir.*
- *Parler de vos animaux.*
- *Vous plaindre.*

À FAIRE

- Démontrer que le système de garde mis en place comporte des solutions d'urgence.
- Profiter pour démontrer votre sens de l'organisation et de la prévoyance.
- Rassurer le recruteur sur votre disponibilité.

À NE PAS DIRE

- *Oui et c'est difficile avec les systèmes actuels de crèche !*
- *Oui et ça me prend beaucoup de temps, car je dois régulièrement emmener ma vieille mère malade chez son médecin.*
- *Oui, justement ! Est-il possible de faire une partie du travail à la maison ?*

À DIRE

- Je sais me rendre disponible autant que nécessaire !
- Oui mais j'ai toujours pu m'organiser. Mes précédents postes n'en ont jamais souffert.
- Oui, j'ai 4 enfants. J'ai mis en place un système de garde très efficace, même lorsque les enfants sont malades.

Mon épouse et moi formons, avec nos 3 enfants, une famille très unie et bien organisée.

N° 191

Cet emploi nécessite de travailler de longues heures. Cela posera-t-il un problème à votre conjoint ?

Ce que votre interlocuteur veut vraiment savoir :

- Avez-vous des obligations familiales ?
- Pouvez-vous assumer des heures supplémentaires ? Êtes-vous flexible ?
- Savez-vous vous organiser ?

Les réponses possibles

(bonne réponse en bas ci-contre)*

- Ça dépend.
- Combien d'heures supplémentaires par mois devrai-je effectuer ? Si c'est raisonnable je veux bien. Dans le cas contraire, je risque d'avoir des problèmes avec mon conjoint.
- Mon conjoint me soutient dans ma carrière et est tout à fait prêt à accepter les contraintes de ma profession.
- En principe ça devrait aller. Bien que je sois travailleur, je ne veux pas être exploité.
- Non si je peux l'avertir une semaine à l'avance.

À NE PAS FAIRE

- *Détailler votre situation familiale.*
- *Montrer que cela vous dérange.*
- *Présenter toutes vos activités extra-professionnelles.*
- *Vous buter face à la question.*

À FAIRE

- Accepter la contrainte en négociant la contrepartie.
- Demander des précisions sur les objectifs à court et à moyen terme du poste.
- Être transparent.
- Faire préciser la fréquence et obtenir des informations sur le volume d'heures supplémentaires.
- Montrer votre capacité d'adaptation.

À NE PAS DIRE

- *Cela dépend. Comment les heures supplémentaires sont-elles prises en compte ?*
- *Je ne sais pas vraiment ; je ne lui en ai pas encore parlé.*
- *Oui, évidemment. Nous tenons à notre vie de famille.*

À DIRE

- Je suis une personne souple et je sais que cela fait partie de ce poste.
- Mon conjoint me soutient dans ma candidature pour ce poste… À ce propos, si c'est aux heures supplémentaires que vous faites allusion, quel en est le rythme, la fréquence ?
- Mon conjoint n'y voit pas d'inconvénient. À ce propos, quels sont les objectifs à court et moyen terme de ce poste ?
- Ni mon conjoint, ni moi-même, n'y voyons d'inconvénients. À ce propos, comment les heures supplémentaires sont-elles prises en compte ? Quel système appliquez-vous ?

Mon conjoint me soutient dans ma carrière et est tout à fait prêt à accepter les contraintes de ma profession.

N° 192

Envisagez-vous d'avoir des enfants ?

Ce que votre interlocuteur veut vraiment savoir :

- Allez-vous être longtemps absente pour cause de maternité ?
- Comment vous voyez-vous dans 2 ans ?
- Quelles sont vos priorités ?

Les réponses possibles

(bonne réponse en bas ci-contre)*

- En principe vous n'avez pas le droit de me poser cette question et j'ai le droit de ne pas vous répondre.
- Je n'en sais rien. On verra. L'amour ça ne se commande pas.
- Nous sommes actuellement en train d'essayer d'en avoir un. C'est dur ! On a même vu des spécialistes sur le sujet.
- Oui, d'ici 2 à 3 ans.
- Pas pour l'instant, le plus important pour moi est de pouvoir m'investir professionnellement.

À NE PAS FAIRE

- *Faire remarquer que cette question est indiscrète.*
- *Mentionner le fait que vous avez déjà 4 enfants.*
- *Mentir !*
- *Vous offusquer et répondre agressivement.*

À NE PAS DIRE

- *C'est ma vie privée, elle ne vous regarde pas.*
- *C'est un point dont je ne discute qu'avec mon conjoint.*
- *Pourquoi voulez-vous savoir cela ?*
- *Vous n'avez pas le droit de poser cette question.*

À FAIRE

- Contrôler votre gestuelle.
- Ne pas vous sentir accusée.
- Poser des questions pour savoir s'il y a eu déjà des femmes enceintes dans l'entreprise.

À DIRE

- Avec mon conjoint nous envisageons d'avoir un enfant dans 3 ou 5 ans.
- Ceci n'est pas d'actualité.
- Je suis célibataire et compte me consacrer à ma vie professionnelle pour quelques années encore.
- Oui, mais soyez certain que ceci n'obérera pas la qualité de mon travail.

Pas pour l'instant, le plus important pour moi est de pouvoir m'investir professionnellement.

N° 193

Êtes-vous marié ? Que dira/pensera votre conjoint si vous acceptez de travailler chez nous ?

Ce que votre interlocuteur veut vraiment savoir :

- Avez-vous un compagnon ?
- Avez-vous un projet familial ?
- Votre vie personnelle pourrait-elle perturber votre vie professionnelle ?

Les réponses possibles

(bonne réponse en bas ci-contre)*

- De toute façon, je lui annonce ma décision et ne tiens pas à lui demander son avis.
- Il y a le travail et la famille. Ce sont deux choses très différentes.
- Mon conjoint en sera certainement ravi.
- Mon conjoint me posera une question : le salaire !
- Mon conjoint ne sait pas que nous avons cet entretien. Je lui réserve la surprise !

À NE PAS FAIRE

- *Adopter une attitude défensive, croiser vos bras.*
- *Donner l'impression que vous ne prenez jamais de décision seule.*
- *Être trop exubérant dès que le sujet familial est évoqué.*
- *Montrer que vous vous ennuyez dès que les sujets familiaux sont abordés.*
- *Signifier que votre vie familiale a plus d'importance que le travail.*

À FAIRE

- Affirmer que vous avez son soutien.
- Donner une réponse positive.
- Montrer que cela ne posera aucun problème, puis ramener la conversation sur le professionnel.

À NE PAS DIRE

- *Il n'a rien à dire. C'est une situation que je gère seule.*
- *Il trouve que ce n'est pas un job pour moi.*
- *Je ne souhaite pas répondre à cette question.*
- *Je trouve que la question n'a rien à voir avec le poste.*
- *Nous ne sommes pas d'accord sur ce point.*

À DIRE

- Il me soutiendra dans mon choix.
- Il pense que j'ai le profil pour ce job.
- Je suis célibataire, je décide seule de ma carrière.
- Mon conjoint sera ravi que j'aie retrouvé un emploi qui me plaise et me convienne.
- Nous en avons discuté avec mon conjoint. Il pense de la même façon que moi.

Mon conjoint en sera certainement ravi.

N° 194

Où êtes-vous né ?

CE QUE VOTRE INTERLOCUTEUR VEUT VRAIMENT SAVOIR :

- Êtes-vous étranger ? Quelles sont vos origines ? Où avez-vous fait vos études ?
- Vous êtes-vous bien intégré ?
- Quel type de permis possédez-vous ?

LES RÉPONSES POSSIBLES

(bonne réponse en bas ci-contre)*

- Je suis né en… et suis venu en France à… ans. J'ai fait mes études à Paris et je suis bilingue français-…
- Dans quelle mesure ceci a-t-il de l'importance pour ce recrutement ?
- Dans un pays qui a une culture très différente de la vôtre.
- Je ne pense pas que vous connaissiez mon pays/ma ville d'origine.
- Très loin/très près d'ici.

À NE PAS FAIRE

- *Entrer dans les détails et donner trop d'explications sur vos origines.*
- *Hésiter dans la réponse.*
- *Rester vague ou gêné.*
- *Vous justifier.*

À FAIRE

- Confirmer que vous êtes très bien dans ce pays.
- Donner quelques précisions brèves sur votre lieu d'origine, puis rebondir.
- Répondre précisément, consciemment et clairement.

À NE PAS DIRE

- *À l'étranger.*
- *À… et j'ai prévu d'y retourner bientôt.*
- *À… Ce n'est pas facile pour moi de m'intégrer en France.*
- *Ça ne fait pas très longtemps que je suis en Suisse.*
- *J'ai eu beaucoup de peine à m'adapter.*

À DIRE

- J'ai fait mes études en France.
- Je me sens bien en Suisse.
- Je suis en Suisse depuis de nombreuses années.
- Je suis né à… et je suis en Belgique depuis… années.

Je suis né en… et suis venu en France à… ans. J'ai fait mes études à Paris et je suis bilingue français-…

N° 195

Quelle est votre situation de famille ? Que font votre conjoint et vos enfants ?

Ce que votre interlocuteur veut vraiment savoir :

- Avez-vous des contraintes ? Quelle est votre disponibilité/flexibilité horaire ? Serez-vous disposé à voyager ?
- Avez-vous l'intention d'avoir des enfants prochainement ?
- Serez-vous soutenu professionnellement par votre entourage familial ?

Les réponses possibles

(bonne réponse en bas ci-contre)*

- Ça, c'est une longue histoire. Voulez-vous que je vous la raconte ?
- Je suis divorcé avec 2 enfants en bas âge à charge.
- Pourquoi me posez-vous cette question ? Cela fait partie de ma vie privée.
- Je vis avec ma femme et nos trois enfants. Elle a une activité professionnelle qui lui plaît et les enfants sont scolarisés à…
- Que voulez-vous savoir exactement ?

À NE PAS FAIRE

- *Exposer une dépendance trop forte à votre conjoint.*
- *Oublier de rassurer le recruteur sur le système de garde d'enfant que vous avez su mettre en place.*
- *Solliciter dès l'entrée en matière de l'entretien des conditions de travail spécifiques pouvant effrayer le recruteur.*
- *Vous étendre trop longuement sur le sujet.*

À NE PAS DIRE

- *À ce propos, serait-il possible d'aménager mes horaires ?*
- *J'ai de la peine à payer mes pensions alimentaires...*
- *Je vis un divorce douloureux...*
- *Mes charges familiales sont très élevées.*
- *Mon conjoint m'a quitté !*
- *Mon conjoint travaille et mes enfants sont encore petits..., ce n'est pas facile tous les jours.*

À FAIRE

- Montrer votre capacité à développer un équilibre harmonieux entre vie familiale et vie professionnelle.
- Pour les femmes en âge de maternité, démontrer votre intention actuelle de vous impliquer pour un projet professionnel motivant.
- Rassurer le recruteur sur votre mobilité et/ou flexibilité horaire.
- Rester bref et concis.

À DIRE

- Avec mon conjoint, nous avons mis en place un système infaillible de garde pour nos 2 enfants.
- Cela fait déjà 2 ans que nos enfants ont quitté le domicile.
- J'ai un conjoint compréhensif...
- Je fais totalement confiance à mon conjoint.
- Je n'ai pas d'enfants et c'est une situation que je n'envisage pas avant 4 ou 5 ans.
- Mon conjoint prend en charge nos 3 enfants durant la semaine et moi je participe activement durant les week-ends.
- Nous avons une bonne organisation familiale.

Je vis avec ma femme et nos trois enfants. Elle a une activité professionnelle qui lui plaît et les enfants sont scolarisés à...

N° 196

Vos enfants ne vont-ils pas vous obliger à vous absenter de temps en temps ?

Ce que votre interlocuteur veut vraiment savoir :

- Avez-vous des obligations familiales ?
  Serez-vous souvent absent pour des raisons personnelles ?
- Comment vous organisez-vous avec votre famille ?
- Avez-vous des enfants ?

Les réponses possibles

(bonne réponse en bas ci-contre)*

- Cela me préoccupe énormément. Mais je pense que dans la vie tout finit par s'arranger.
- Je suis très organisé. Jeune fille au pair, parents, beaux-parents, voisins et crèche et excellent médecin de famille. Je n'ai jamais eu de problème dans le passé.
- Je ne suis pas encore organisé sur ce point, j'ai été plus d'un an sans emploi.
- Les enfants n'ont qu'à se débrouiller, ils sont assez grands.
- Oui, effectivement. J'ai 3 enfants âgés de 15 mois à 9 ans, je dois m'organiser entre la crèche, l'école et les activités extrascolaires… De plus je suis en plein divorce, il faut absolument que je trouve un emploi.

À NE PAS FAIRE

- *Acquiescer et ainsi renforcer les craintes du recruteur.*
- *Bafouiller, baisser les yeux et ne rien répondre.*
- *Décrire votre famille pour essayer de sensibiliser le recruteur sur cette question.*
- *Raconter vos dernières mésaventures ou blagues et/ou prouesses de vos enfants.*
- *Laisser apparaître de l'angoisse dans votre attitude et que vous êtes seul pour gérer ce sujet.*
- *Montrer les photos de vos enfants pour amadouer le recruteur.*

À FAIRE

- Laisser entendre que vous pouvez vous appuyer sur des personnes de confiance et que vous êtes très organisé.
- Démontrer que tout est sous contrôle par 1 ou 2 exemples passés.
- Parler des solutions que vous avez mises en place.

À NE PAS DIRE

- *Auriez-vous une bonne baby-sitter à me conseiller, la mienne vient de s'en aller.*
- *Ça ne vous regarde pas, c'est ma vie privée.*
- *Favorisez-vous les familles nombreuses ?*
- *La crèche ferme à 17 heures donc je ne pourrai pas rester plus tard.*
- *Y a-t-il des jours de congé parental dans votre entreprise ?*

À DIRE

- Actuellement, mon objectif est ma carrière professionnelle et je n'ai pas de projet pour créer une famille dans l'immédiat.
- Je n'ai pas d'enfant.
- Je peux trouver de l'aide rapidement auprès de personnes responsables.

Je suis très organisé. Jeune fille au pair, parents, beaux-parents, voisins et crèche et excellent médecin de famille. Je n'ai jamais eu de problème dans le passé.

N° 197

Votre accent me plaît. Où avez-vous été élevé ? D'où viennent vos parents ?

Ce que votre interlocuteur veut vraiment savoir :

- D'où êtes-vous originaire ? Connaissez-vous nos coutumes ?
- Êtes-vous intégré depuis assez longtemps pour vous plaire chez nous ?
- Quelle éducation avez-vous reçue ?

Les réponses possibles

(bonne réponse en bas ci-contre)*

- Je n'ai pas d'accent !
- Je suis désolé, je ne parle pas très bien votre langue.
- Je viens de loin et j'ai beaucoup de peine à apprendre votre langue.
- Merci. Je travaille ici depuis 2001 et j'ai fait mes études à YYY.
- Vous avez raison, j'ai un très fort accent. J'espère que vous arrivez à me comprendre.

À NE PAS FAIRE

- *Avoir honte de votre origine.*
- *Expliquer que vous venez d'un pays avec une culture très différente.*
- *Insister sur vos difficultés avec cette langue.*
- *Parler longtemps de vos origines.*
- *Rester vague.*
- *Vous montrer réticent et être sur le qui-vive.*

À NE PAS DIRE

- *Avec ma langue maternelle et mes origines il est difficile de s'intégrer ici.*
- *C'est une langue très difficile.*
- *Ça ne fait pas longtemps que je suis ici.*
- *Déjà à l'école on me traitait d'étranger !*
- *Et vous ? D'où venez-vous ?*

À FAIRE

- Dire que vous avez déjà travaillé un certain temps en France.
- Montrer clairement votre fierté par rapport à votre pays d'origine.
- Parler des formations que vous avez suivies dans cette langue/en France.
- Remercier et répondre brièvement.
- Saisir l'occasion pour donner une petite anecdote sur le pays d'origine.

À DIRE

- Ah bon, merci, je suis en Suisse depuis 7 ans et mes parents viennent d'Italie.
- La France, c'est chez moi, mais l'origine de mes parents, c'est mon pays.
- Merci. J'aime beaucoup cette langue. Je suis originaire de…
- Merci. Ma langue maternelle est l'italien. J'ai appris le français durant mes études à Lausanne.

Merci. Je travaille ici depuis 2001 et j'ai fait mes études à YYY.

Vision /
Évaluation

N° 198

Où pensez-vous que réside notre plus grande opportunité ? Quel est notre plus grand atout par rapport à nos concurrents ?

Ce que votre interlocuteur veut vraiment savoir :

- Avez-vous de la vision ? Êtes-vous stratège ?
- Que savez-vous de nous et de notre secteur ?
- Que pourrions-nous améliorer actuellement ?

Les réponses possibles

(bonne réponse en bas ci-contre)*

- Par rapport à vos concurrents, votre compétence distinctive est… En ce qui concerne votre plus grande opportunité, il me faut mieux vous connaître.
- Ce serait à moi de vous poser la question !
- Je ne sais pas très bien qui sont vos concurrents.
- Je vous rencontre pour la première fois ; comment pourrais-je savoir où se trouvent vos opportunités !
- Vous avez beaucoup de concurrents ?

À NE PAS FAIRE

- *Être irrité par une question si pointue, alors que l'entretien vient de démarrer.*
- *Vous montrer ignorant sur les problèmes, les concurrents, les tendances du secteur de l'entreprise.*
- *Vous présenter à l'entretien sans avoir visité le site Internet de l'entreprise, la presse spécialisée du secteur…*

À FAIRE

- Donner un exemple de réalisation dans une entreprise similaire, face à une situation identique.
- Poser des questions sur les objectifs à court et moyen termes du poste et de l'entreprise.
- Proposer une recherche d'informations en vue d'une amélioration.
- Vous informer sur les projets en cours.

À NE PAS DIRE

- *Dans la nouveauté !*
- *Il n'y a rien à améliorer.*
- *J'attends que vous décriviez votre entreprise.*
- *Je ne connais pas assez votre société.*
- *Je ne peux pas vous répondre !*
- *Les conditions sociales !*

À DIRE

- Afin d'identifier de façon sûre vos opportunités, il m'est nécessaire de mieux vous connaître ; mais à priori vous possédez 3 qualités évidentes qui sont…
- Après avoir pris des informations, j'ai pu constater que…
- Votre secteur est actuellement confronté à un grand défi. Il semble que grâce à… et à… vous êtes bien armés pour le relever.
- Votre site met en avant 2 points fort intéressants que je n'ai pas retrouvés chez vos concurrents. Il s'agit de… et de…

Par rapport à vos concurrents, votre compétence distinctive est… En ce qui concerne votre plus grande opportunité, il me faut mieux vous connaître.

N° 199

Précisez la façon dont votre (dernier) emploi correspond aux objectifs généraux de notre département/organisation.

CE QUE VOTRE INTERLOCUTEUR VEUT VRAIMENT SAVOIR :

- Allez-vous nous aider à atteindre nos objectifs, à les dépasser ?
- Qu'est-ce qui vous attire dans notre entreprise ? Pour quelles raisons venez-vous chez nous ?
- Votre expérience (vos tâches ou responsabilités dans votre emploi) est-elle suffisante pour les responsabilités que l'on va vous confier ?

LES RÉPONSES POSSIBLES

(bonne réponse en bas ci-contre)*

- Ils étaient beaucoup plus ambitieux, mais je ne veux plus tant de responsabilités.
- Je ne connais pas les objectifs de votre département/organisation. Il faudrait que vous m'en parliez d'abord.
- Bien que sensiblement différents, ils se recoupent sur 3 axes communs : …
- Mes objectifs passés n'avaient pas grand-chose à voir avec les vôtres.
- Vos objectifs sont beaucoup plus ambitieux, j'espère que je serai à la hauteur !

À NE PAS FAIRE

- *Demander des précisions sur leurs objectifs.*
- *Dénigrer l'employeur ou le poste précédent.*
- *Mentionner les objectifs que vous n'avez pas su atteindre.*
- *Montrer que vous n'avez aucune idée.*

À FAIRE

- Énumérer les compétences acquises et développer celles qui seront utiles pour le nouveau poste.
- Expliquer ce que vous pouvez apporter à l'entreprise.
- Montrer quelles compétences sont transférables dans ce nouvel emploi.
- Parler avec enthousiasme de vos réalisations, des objectifs atteints, voire dépassés.
- Prouver que vous avez compris quels étaient les objectifs de l'entreprise.

À NE PAS DIRE

- *Je ne connais pas vos objectifs.*
- *Les objectifs de mon dernier poste n'ont strictement rien à voir avec les vôtres.*
- *Mes objectifs étaient exagérément élevés et d'ailleurs impossibles à atteindre.*
- *Mon supérieur était incapable de poser des objectifs clairs et réalistes.*
- *Nos objectifs sont similaires, je peux donc vous garantir que si vous m'engagez, je réaliserai une augmentation de votre chiffre d'affaires de X %.*

À DIRE

- La direction principale poursuivie par votre organisation est… ; pourriez-vous s'il vous plaît m'en dire plus sur les objectifs du poste à 5 ans ?
- Les objectifs de mon dernier poste sont en parfaite adéquation avec les vôtres ; voici 2 réalisations qui sauront vous convaincre de ce que je suis à même de vous apporter.
- Mes objectifs étaient légèrement différents des vôtres ; voici toutefois un défi que j'ai su relever avec succès. J'aime relever des défis !
- Si vous m'engagez, quels sont les 3 résultats sur lesquels vous m'évaluerez à la fin de ma 1e année chez vous ?

Bien que sensiblement différents, ils se recoupent sur 3 axes communs : …

N° 200

Quel est, cette année, le projet majeur de votre employeur ?

CE QUE VOTRE INTERLOCUTEUR VEUT VRAIMENT SAVOIR :

- Avez-vous une vue d'ensemble, ou ne regardez-vous que les détails de votre poste ?
- Connaissez-vous l'entreprise ?
- Vous êtes-vous tenu au courant de ce qui se passe dans votre secteur ?

LES RÉPONSES POSSIBLES

(bonne réponse en bas ci-contre)*

- Gagner encore plus. Mais il ne me dit pas grand-chose. Il est très secret.
- Je ne me sens pas vraiment concerné par cette question. C'est son problème.
- Maintenir son chiffre d'affaires qui chute régulièrement et dangereusement.
- Ses projets sont si nombreux !
- Consolider et augmenter sa rentabilité et suivre l'évolution économique.

À NE PAS FAIRE

- *Critiquer votre employeur.*
- *Donner des détails qui peuvent porter préjudice à votre employeur (confidentialité, médisances…).*
- *Refuser de parler de votre employeur.*

À FAIRE

- Orienter la discussion vers ce que vous avez apporté à l'équipe pour faire avancer les priorités du département, de l'entreprise.
- Partir sur des solutions stratégiques plus rentables.
- Rebondir sur des compétences.
- Vous montrer motivé par rapport aux résultats et objectifs visés.

À NE PAS DIRE

- *C'est inutile de le savoir.*
- *Il m'indiffère et ne me concerne plus.*
- *Je ne sais pas…*
- *Sans commentaires.*
- *Son projet est trop ambitieux pour moi !*

À DIRE

- Augmenter sa clientèle et surtout la fidéliser.
- Consolider sa croissance.
- S'agrandir par acquisition externe.

Consolider et augmenter sa rentabilité et suivre l'évolution économique.

N° 201

Quelle tendance ou évolution majeure voyez-vous dans notre secteur/industrie ?

CE QUE VOTRE INTERLOCUTEUR VEUT VRAIMENT SAVOIR :

- Allez-vous apporter de la fraîcheur, des idées nouvelles à notre entreprise ?
- Avez-vous une connaissance réelle du secteur ?
- Êtes-vous un visionnaire ? Possédez-vous une vision stratégique ?

LES RÉPONSES POSSIBLES

(bonne réponse en bas ci-contre)*

- Bien malin qui le saura !
- C'est une question difficile.
- Le secteur va certainement augmenter/diminuer de X% dans les prochains 6 mois. Ça, c'est sûr !
- Il me faut un peu de temps pour m'immerger dans la réalité et prendre en compte tous les paramètres réels de la situation.
- Les avis des experts ne sont pas concordants et je ne me hasarderai pas à faire des prévisions. Mais quand même je pense que…

À NE PAS FAIRE

- *Affirmer des tendances futures qui ne sont que des hypothèses discutables.*
- *Dire n'importe quoi pour pouvoir répondre.*
- *Faire des comparaisons hâtives avec un autre secteur que vous connaissez bien.*
- *N'avoir aucune réponse à donner.*

À FAIRE

- Donner les dernières informations que vous avez pu lire dans la presse/Internet.
- Proposer de vous renseigner et d'en parler ensuite.
- Vous renseigner sur le secteur avant l'entretien.
- Vous tenir au courant de l'évolution du marché (Internet, presse, associations…).

À NE PAS DIRE

- *Et vous ?*
- *L'évolution… c'est moi qui vais vous l'apporter !*
- *Le secteur est sinistré, l'essentiel c'est de survivre !*
- *Non, je ne vois pas…*

À DIRE

- C'est avec plaisir que je me renseignerai à ce sujet !
- Je ne peux prévoir l'avenir, mais je peux volontiers tout mettre en œuvre pour m'informer et être optimiste.
- Pouvons-nous comparer nos avis, le mien ne pouvant être qu'extérieur à l'entreprise ?
- Serait-ce là l'occasion de collaborer sur un projet futur ?

Il me faut un peu de temps pour m'immerger dans la réalité et prendre en compte tous les paramètres réels de la situation.

N° 202

Puisque vous avez vu notre site Internet, que devons-nous faire pour l'améliorer ?

Ce que votre interlocuteur veut vraiment savoir :

- Avez-vous préparé soigneusement votre entretien avant de venir ?
- Pouvez-vous faire des critique tout en restant diplomate ?
- Avez-vous l'esprit analytique ? Remarquez-vous les détails ?

Les réponses possibles

(bonne réponse en bas ci-contre)*

- Ah non ! Je n'ai pas pensé à le visiter/je n'ai pas eu le temps de le voir.
- Je l'aime beaucoup et je ne changerais rien.
- Mon ordinateur est un peu lent, ce qui fait que je me suis limité à votre page d'accueil.
- J'ai bien aimé votre façon de présenter les choses, mais je trouve qu'une présentation alphabétique est quand même plus classique et plus facile.
- J'ai aimé les graphiques sur votre site, particulièrement… Je pense que l'illustration de… peut être légèrement agrandie afin d'avoir un meilleur impact.

À NE PAS FAIRE

- *Aller à un entretien sans que vous ayez étudié le site de la société.*
- *Annoncer que vous ne l'avez pas apprécié sans justifier votre position.*
- *Critiquer le site sans offrir de suggestions ou de recommandations d'amélioration.*
- *Dire que vous l'avez apprécié sans étayer ce que vous avancez.*
- *Dire que vous n'avez pas d'ordinateur et donc vous n'avez pas pu aller le voir.*
- *Ne rien dire.*

À FAIRE

- Donner des exemples concrets pour illustrer ce que vous avancez.
- Mentionner avec délicatesse les erreurs de frappe.
- Approcher des points très précis sans être trop critique.
- Suggérer l'utilisation de couleurs/sons/graphiques si vous le jugez nécessaire.

À NE PAS DIRE

- *J'ai pensé que votre site était très chargé et sincèrement, je n'ai pas su ce qu'il fallait vraiment regarder.*
- *Les sites sont tous pareils. Ils sont tous ennuyeux.*
- *Qui a conçu votre site ? Je pourrai lui donner quelques conseils.*
- *Je n'ai pas très bien compris toute la partie sur... peut-être que mon navigateur ne fonctionne pas très bien.*
- *Je pense qu'il faudrait plus d'illustrations et de dessins sur votre site.*

À DIRE

- J'ai beaucoup apprécié la section sur les portfolios. Je me demande si une formule avec des puces ne rendrait pas la matière encore plus attirante visuellement.
- J'ai trouvé qu'il était particulièrement facile de se déplacer à l'intérieur de votre site. Les services que vous offrez sont très faciles à percevoir au premier coup d'œil.
- J'ai beaucoup aimé la couleur que vous avez choisie pour votre site. Cela invite le lecteur à en savoir plus et à séjourner plus longtemps sur vos pages.

J'ai aimé les graphiques sur votre site, particulièrement... Je pense que l'illustration de... peut être légèrement agrandie afin d'avoir un meilleur impact.

Et maintenant entraînez-vous avec 200 tests de logique et d'intelligence *

Les experts définissent l'intelligence comme ce qui est mesuré par les tests d'intelligence.

Les tests captent l'intelligence à travers des supports de :
– mots (support verbal) ;
– raisonnement mathématique (support de chiffres) ;
– raisonnement sur des images/graphiques/dessins (support image).

Tous les tests que vous trouverez dans les pages qui suivent présentent des exemples qui pourraient faire partie des tests d'intelligence étalonnés et proposés par des éditeurs des tests psychométriques.

Bien que le QI soit considéré comme héréditaire et invariable tout au long de la vie, il est possible d'améliorer ses performances aux tests d'intelligence. En s'exerçant sur différents types de questions, une personne peut accroître son score de quelques points.

Les tests de QI sont établis et utilisés en partant du principe que ceux qui s'y soumettent ignorent tout de la méthode d'évaluation et de la logique des questions posées. Par conséquent, il est clair qu'en apprenant à vous familiariser avec ce type d'exercice, vous pouvez améliorer vos scores. Tel est le but de ces exercices. Il est certain que de bons résultats aux tests peuvent améliorer les perspectives d'embauche d'une personne.

Les tests ci-après ne sont pas standardisés. Ainsi, nous ne pouvons fournir une évaluation exacte du niveau du QI. Cependant, ils vous permettent d'évaluer vos résultats à la fin de chaque série de 25 tests. Vous pouvez vous aider d'une calculatrice pour résoudre les questions d'ordre mathématique.

Il est important de préciser que les tests d'intelligence évaluent uniquement la capacité de chacun à raisonner. Ils ne mesurent en aucun cas les autres qualités, indispensables à la réussite, telles que le caractère, la personnalité, le talent, la persévérance et l'application.

* Pour poursuivre l'entraînement, procurez-vous *500 tests de logique et d'intelligence* dans la même collection ou *101 tests de logique et d'intelligence* (tomes 1, 2, 3, 4) dans la collection Carrément emploi !

TEST 1 - Questions

1. Quel est le synonyme du mot en lettres capitales ?

   IRRÉFUTABLE (perdu, sûr, sage, stable, optimal).

2. Trouvez le chiffre qui doit remplacer le point d'interrogation.

7	5	6	6
5	4	3	4
2	9	4	?

3. Quel est l'intrus ?
   transcender, dégringoler, s'effondrer, s'affaisser, descendre.

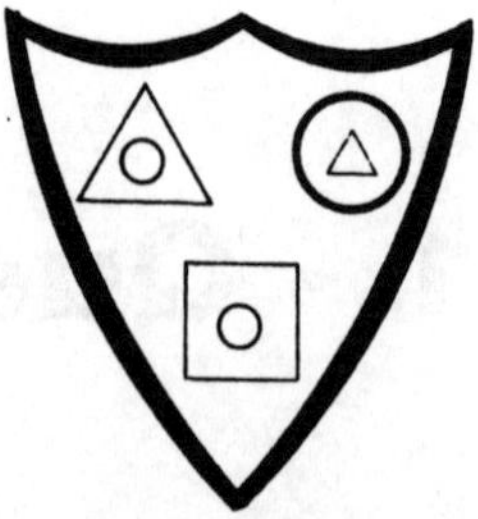

4. Lequel des écussons suivants ressemble le plus à celui présenté ci-dessus ?

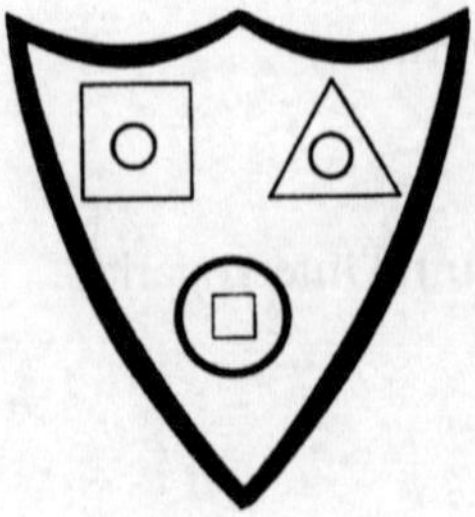

A

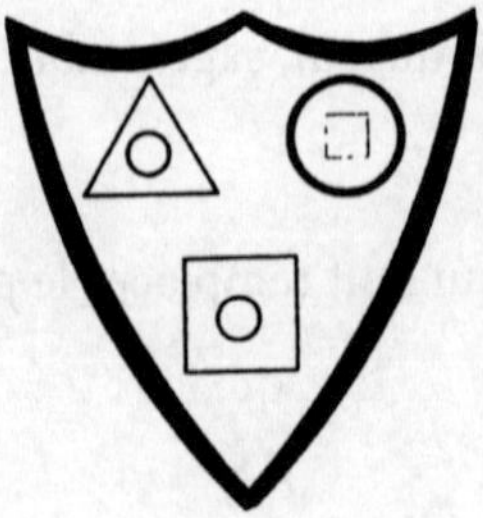

B

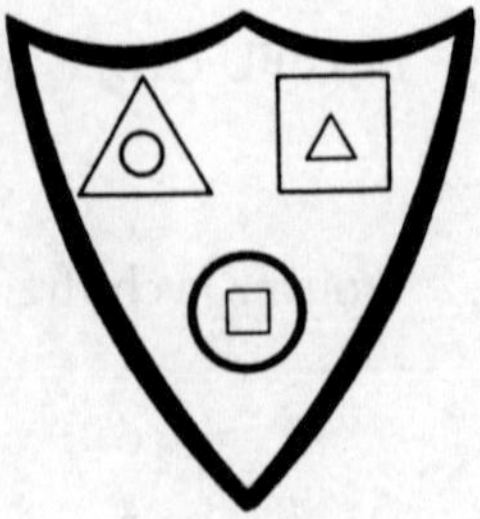

C

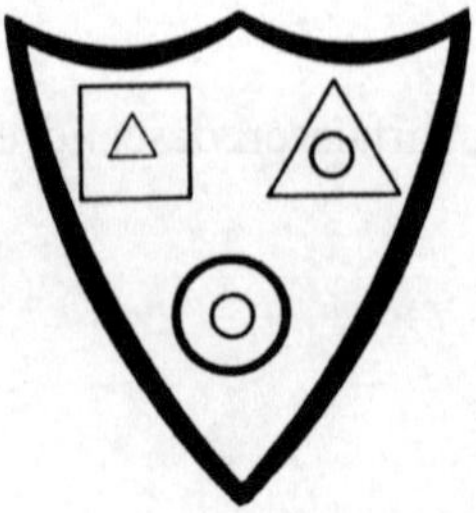

D

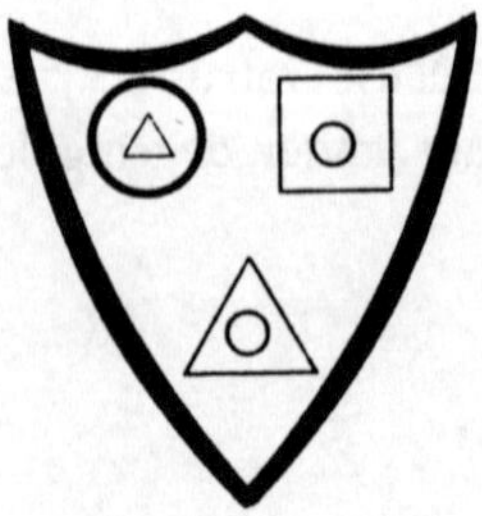

E

5.

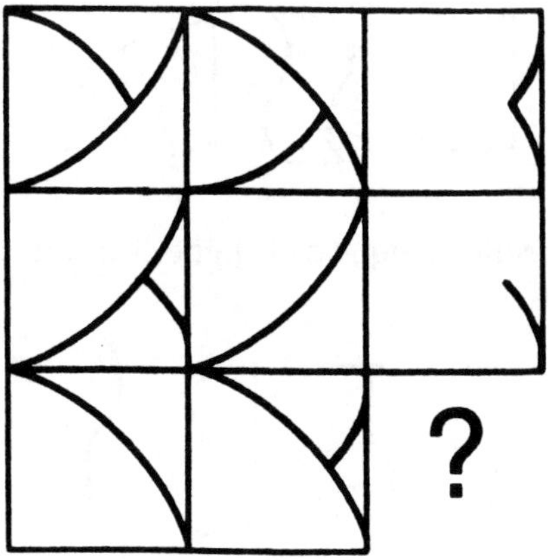

Quel est le carré qui doit remplacer le point d'interrogation ?

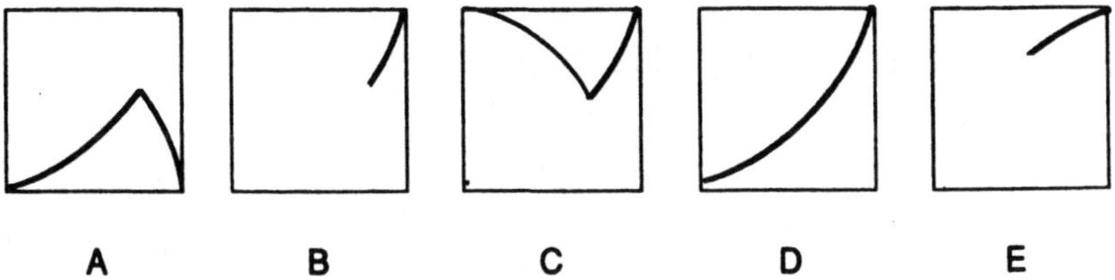

6. Un train roule à une vitesse de 144 km/h lorsqu'il entre dans un tunnel de 5,6 km de long. Le train mesure 400 mètres de long (0,4 km). Combien de temps lui faut-il pour traverser le tunnel, entre le moment où l'avant du train passe dans le tunnel et celui où l'arrière en sort ?

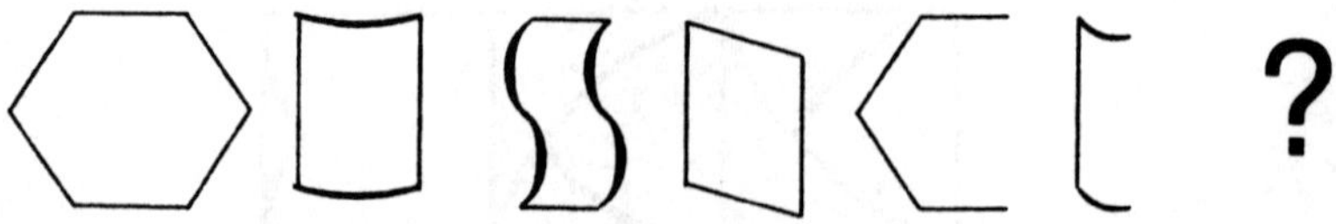

7. Quelle est la suite logique de la ligne ci-dessus ?

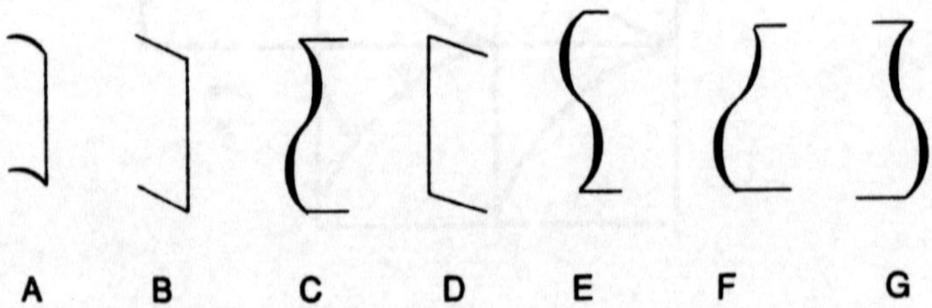

8. Trouvez le nombre qui doit remplacer le point d'interrogation.

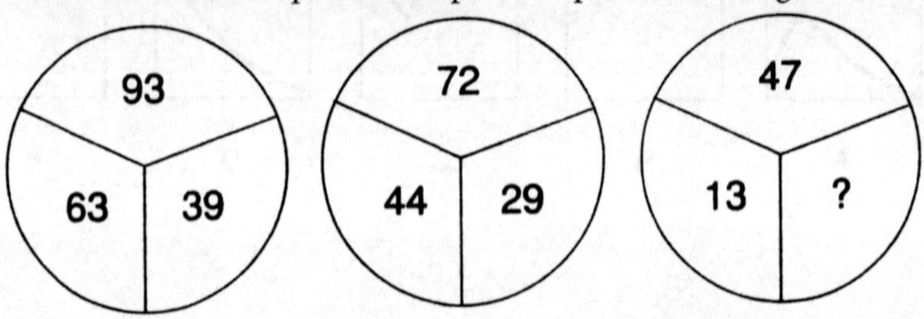

9. Dans la suite ci-dessous, quelle lettre se situe à deux lettres à droite de la lettre immédiatement à gauche de la lettre à trois lettres à droite de la lettre à deux lettres à gauche de la lettre D ?
A, B, C, D, E, F, G, H.

10. Trouvez le chiffre qui doit remplacer le point d'interrogation.

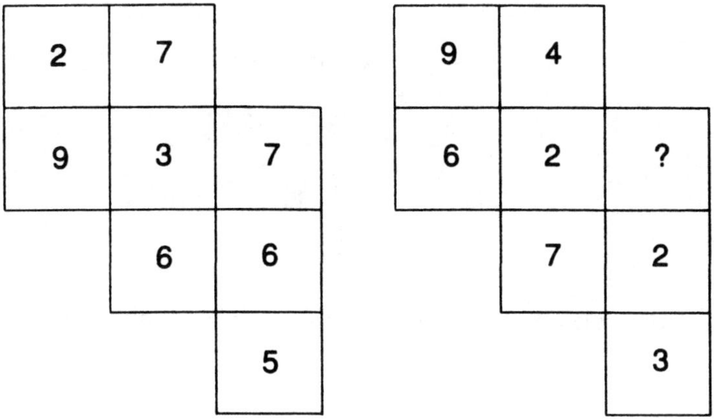

11. Trouvez l'intrus :

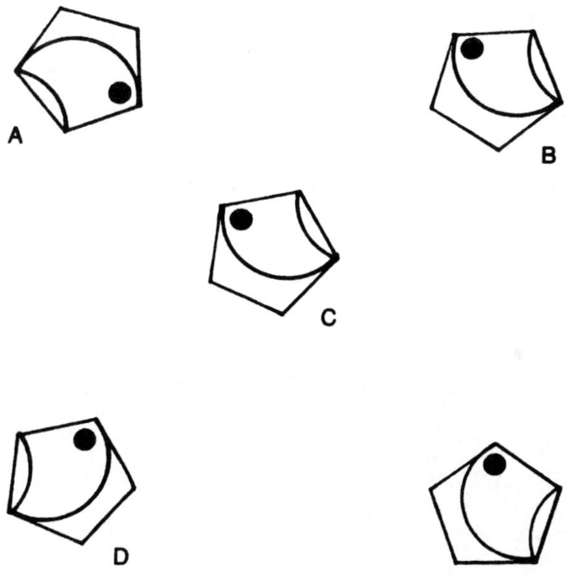

12. Quelle lettre doit remplacer le point d'interrogation ?

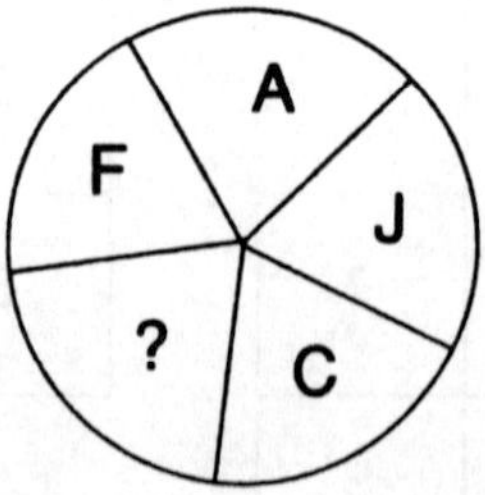

13. Trouvez le nombre qui doit remplacer le point d'interrogation.

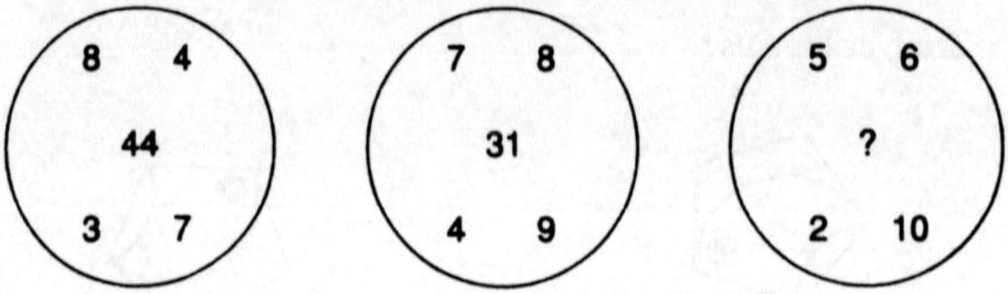

14. Lequel de ces mets associe-t-on toujours à une entrecôte ?
    anguille ;
    crème ;
    riz ;
    steak.

15.

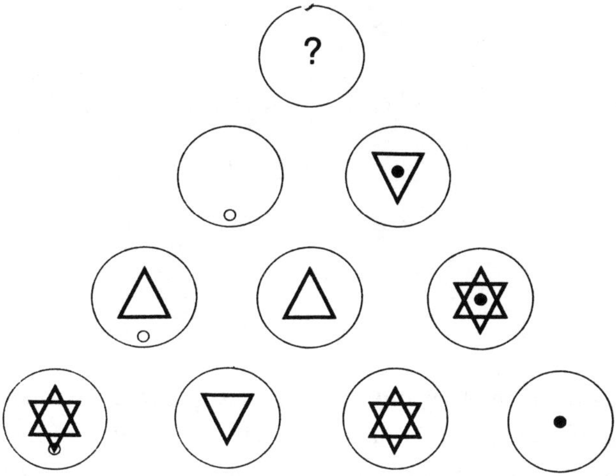

Trouvez le cercle, parmi ceux ci-dessous, qui doit remplacer le point d'interrogation.

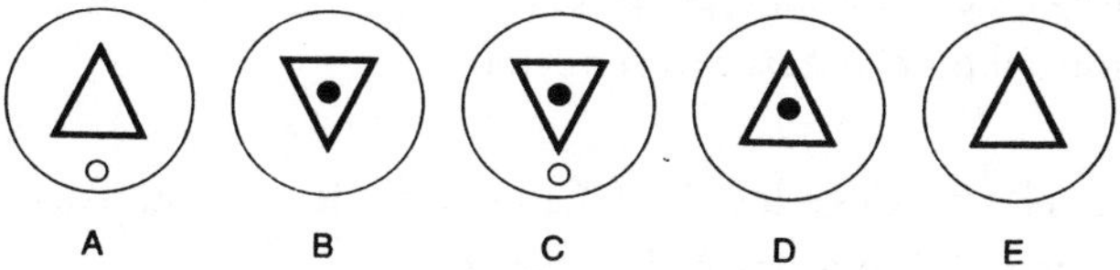

16. Trouvez le nombre qui doit remplacer le point d'interrogation.

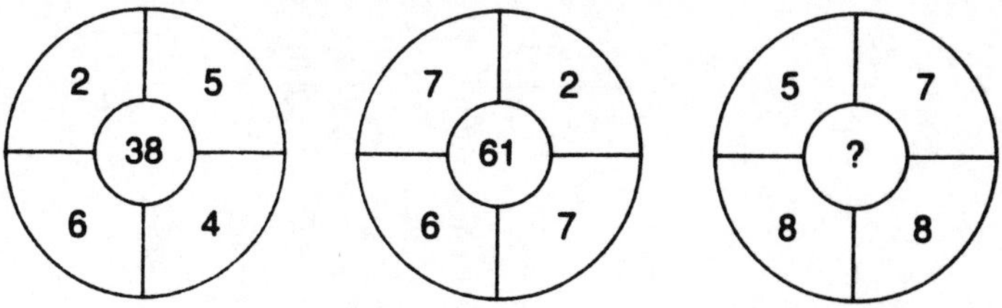

17.

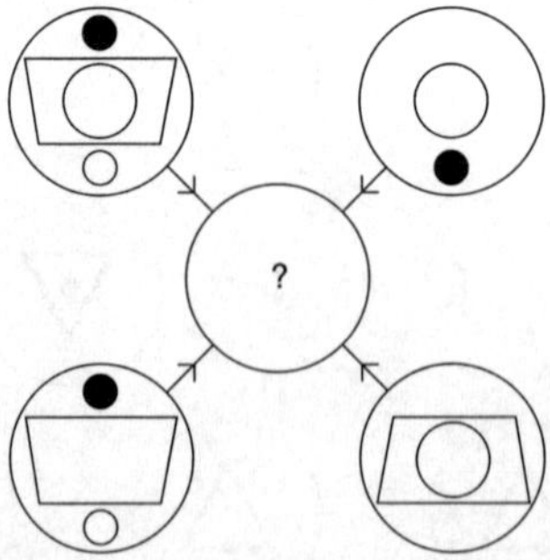

Chaque ligne et chaque symbole des quatre cercles extérieurs ci-dessus sont reportés dans le cercle du milieu suivant les règles suivantes : si un symbole ou une ligne apparaît dans les cercles extérieurs :

1 fois : il ou elle est reporté(e) dans le cercle au centre ;
2 fois : il ou elle n'est pas obligatoirement reporté(e) ;
3 fois : il ou elle est reporté(e) ;
4 fois : il ou elle n'est pas reporté(e).

Lequel de ces cercles, A, B, C, D ou E, devrait-on placer au centre du diagramme montré ci-dessus ?

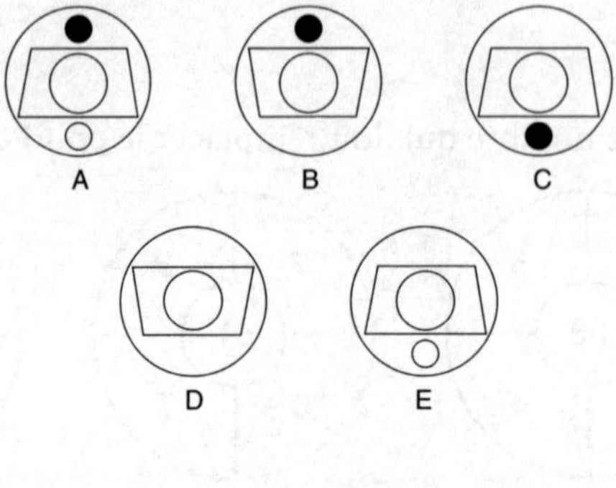

18. Replacez les voyelles pour former un mot :

C, R, P, C

19. Qu'est-ce qu'une célosie ?

du poivre ;
un cheval ;
une fleur ;
une architrave.

20. À combien de minutes sommes-nous de midi, si quinze minutes plus tôt, l'heure équivalait à quatre fois plus de minutes passées de 9 heures ?

21. Quels sont les deux synonymes ?
boycotter, plaider, proscrire, sanctionner, postuler, destiner à.

22. Trouvez les lettres manquantes pour former un mot dans le sens des aiguilles d'une montre.

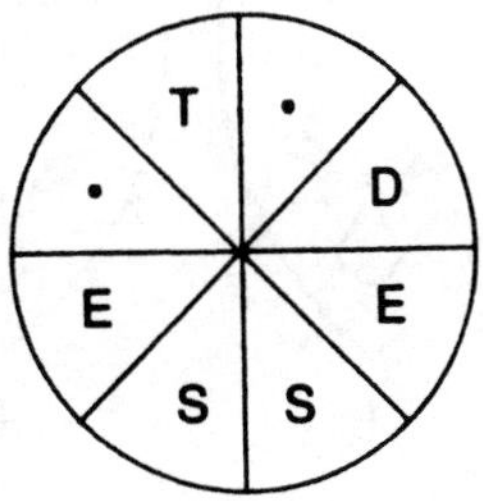

23.

Quel est l’écusson qui doit remplacer le point d’interrogation ?

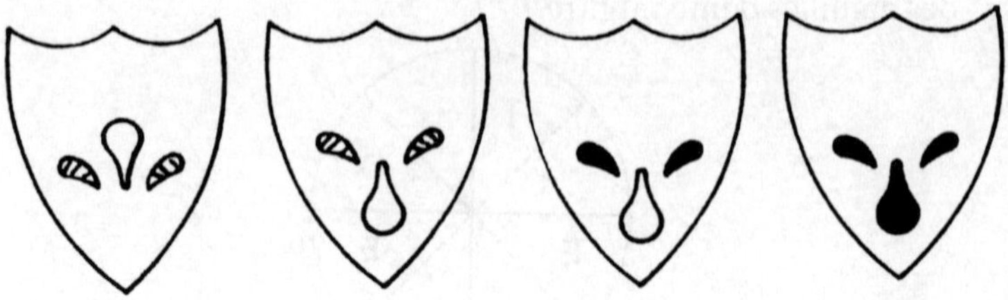

A B C D

24. « Combien y a-t-il de marches jusqu'au sommet de la tour Eiffel ? », demande le touriste. « 896 marches, plus la moitié du nombre de marches », répond le gendarme. Quel est le nombre de marches ?

25.

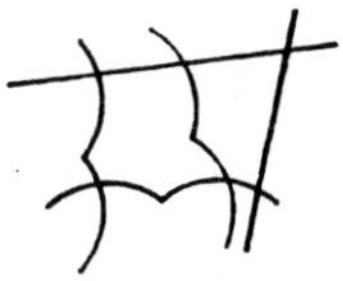

est à :

ce que

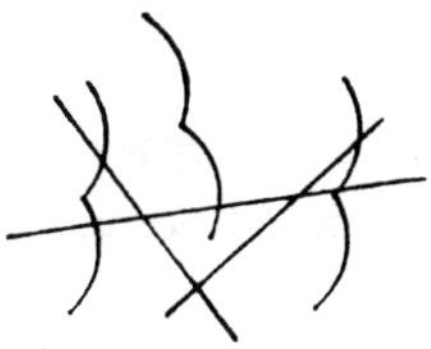

est à :

A 

B 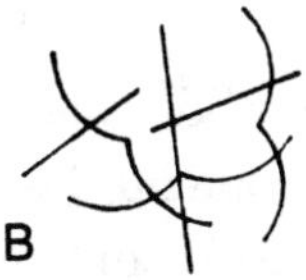

C 

D 

E 

TEST 1 - Réponses

1. Sûr.

2. Additionnez les trois premiers chiffres de chaque rangée, divisez la somme obtenue par 3 pour obtenir le résultat final : 2 + 9 + 4 = 15/3 = 5.

3. Transcender : contrairement aux autres verbes qui se rapportent tous à la chute, « transcender » signifie s'élever au-delà.

4. La figure E. Elle contient un triangle dans un cercle, un cercle dans un carré et un cercle dans un triangle.

5. B. Le contenu du dernier carré de chaque ligne horizontale et verticale est déterminé par le contenu des deux premiers carrés. Les lignes des deux premiers carrés sont reproduites dans le dernier carré, sauf lorsque deux lignes sont positionnées de façon identique. Dans ce cas, elles s'annulent.

6. 2 minutes 30 secondes.
   ((5,6 + 0,4) x 60/144) minutes = 6 x 60/144 = 2,5 minutes, soit 2 minutes 30 secondes.

7. E. Les quatre premières figures sont répétées dans le même ordre, mais seule la partie gauche est montrée.

8. 15. Additionnez le nombre de la case supérieure avec le nombre de la case de gauche, puis divisez la somme obtenue par 4 : 47 + 13 = 60/4 = 15.

9. F.

10. 5. Parcourez les colonnes de haut en bas et de gauche à droite : 96 + 427 = 523.

11. D. Les autres sont la même figure, pivotée.

12. O. Démarrez à la lettre A, puis sautez une case dans le sens des aiguilles d'une montre : AbCdeFghiJklmnO.

13. 38. (8 x 7 = 56) – (3 x 4 = 12) = 44 ; (7 x 9 = 63) – (4 x 8 = 32) = 31 ; (5 x 10 = 50) – (2 x 6 = 12) = 38.

14. Steak.

15. C. Chaque paire de cercles fusionne pour former le cercle de la ligne au-dessus, mais les symboles identiques s'annulent.

16. 96. (6 x 5) + (2 x 4) = 38 ; (6 x 2) + (7 x 7) = 61 ; (8 x 7) + (5 x 8) = 96.

17. C.

18. Carapace.

19. réponse c : une fleur.

20. 11 h 27. Soit 33 minutes avant midi. 4 x 33 = 132 minutes passées de 9 h = 11 h 12.

21. Boycotter, proscrire.

22. Desserts.

23. B. Chaque ligne horizontale contient une partie des trois différents symboles de gauche, de droite et du milieu.

24. 1792 marches (896 x 2).

25. D. Les lignes courbes deviennent droites et les lignes droites deviennent courbes.

TEST 2 - Questions

1.

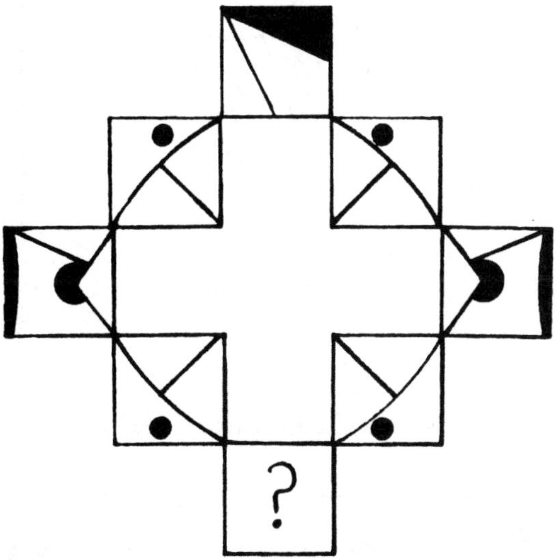

Trouvez, parmi les carrés ci-dessous, celui qui doit remplacer le point d'interrogation.

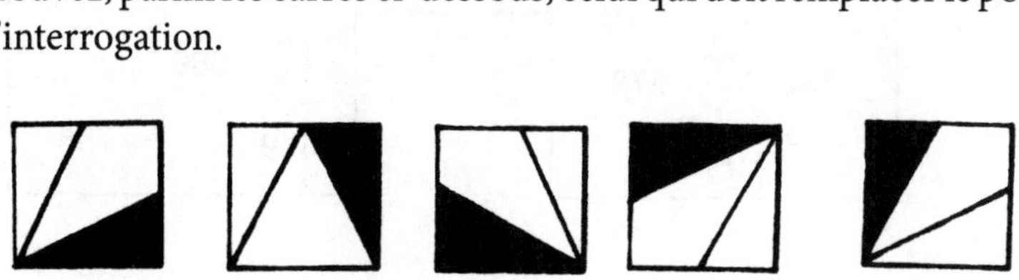

A B C D E

2. Trouvez le nombre qui doit remplacer le point d'interrogation.

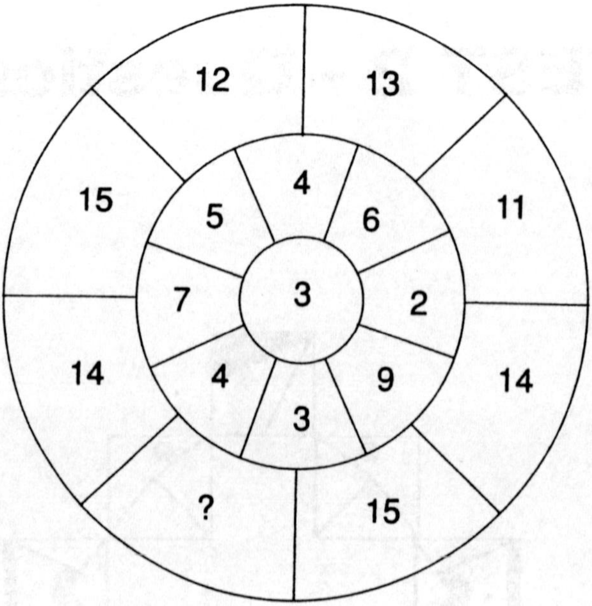

3. Cherchez l'intrus dans chaque carré ci-dessous.

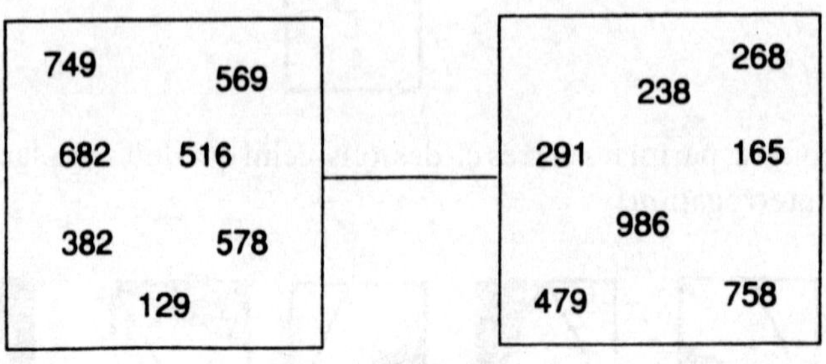

4.

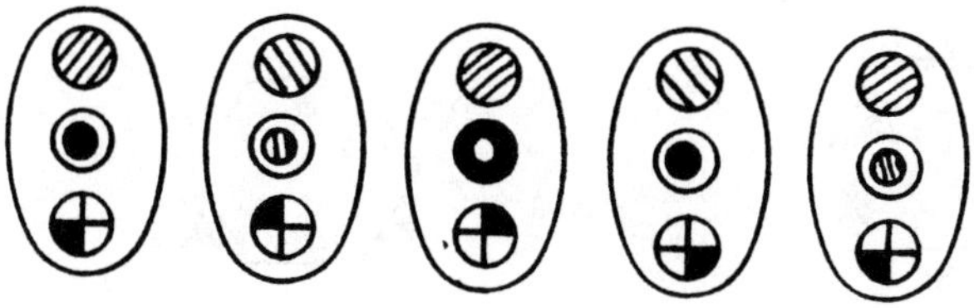

Quelle est la suite logique de la séquence ci-dessus ?

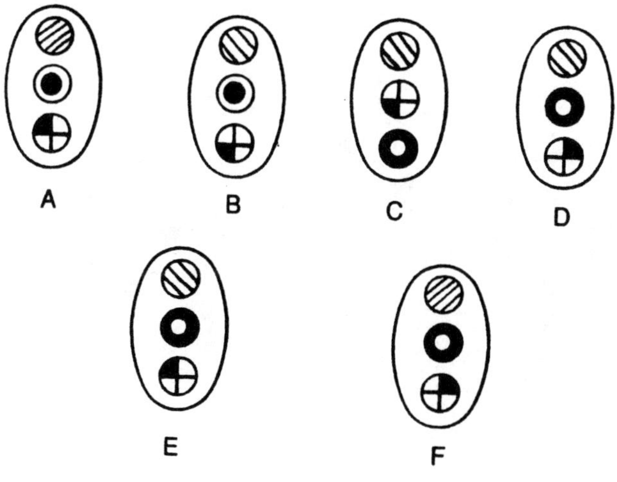

5. Quels sont les deux synonymes ?
discipline, schisme, cloque, fragment, dissidence, signal.

6. Quels sont les deux synonymes ?
prodigue, réservé, propre, rêche, généreux, anormal.

7.

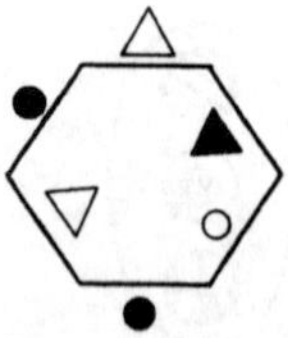

est à :

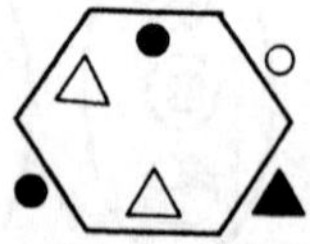

ce que

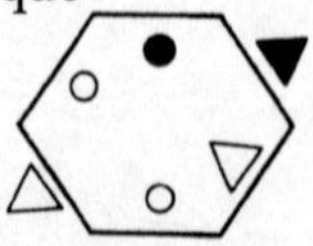

est à :

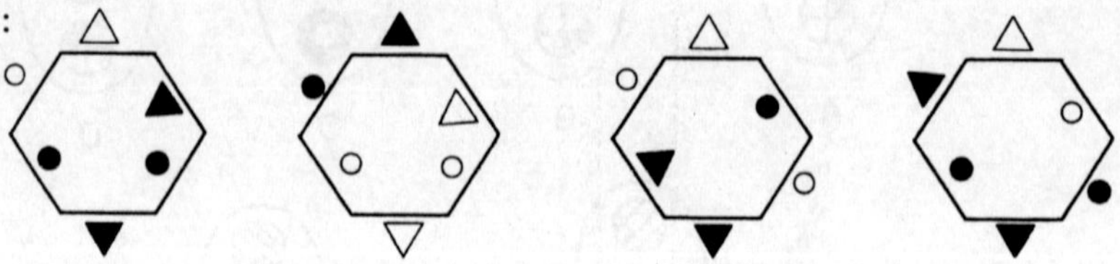

A B C D

8. Trouvez le chiffre qui doit remplacer le point d'interrogation.

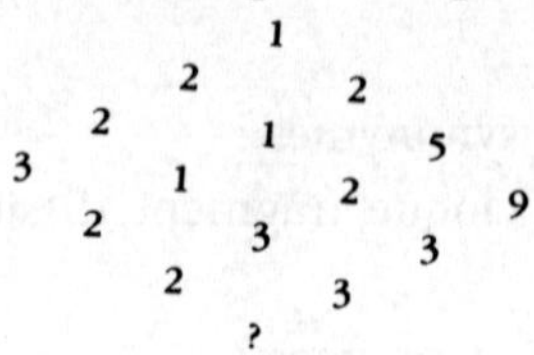

9. Trouvez le nombre qui doit remplacer le point d'interrogation.

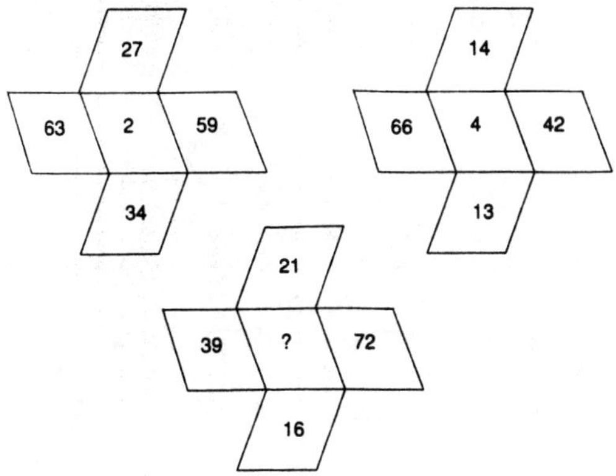

10. Quelle est la suite de la série ci-dessous ?
½, 2/3, 1 $^{5/27}$, ?

11. Parmi les groupes de quatre lettres ci-dessous, réunissez-en deux de façon à former un mot composé de huit lettres :
CONT PINE LLON BANT INUI EFFI CALA DINE TERA PAPI

12. Quelle est la suite de la série ci-dessous ?
¼, 3/8, 9/16, 1 $^{17/64}$, ?

13.

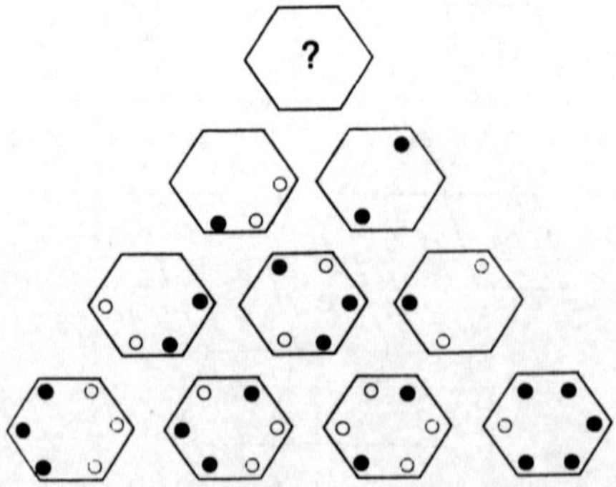

Trouvez l'hexagone, parmi les figures ci-dessous, qui doit remplacer le point d'interrogation.

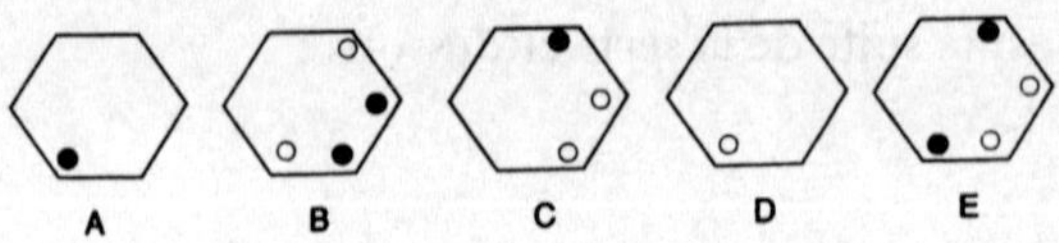

14. Trouvez le nombre qui doit remplacer le point d'interrogation.

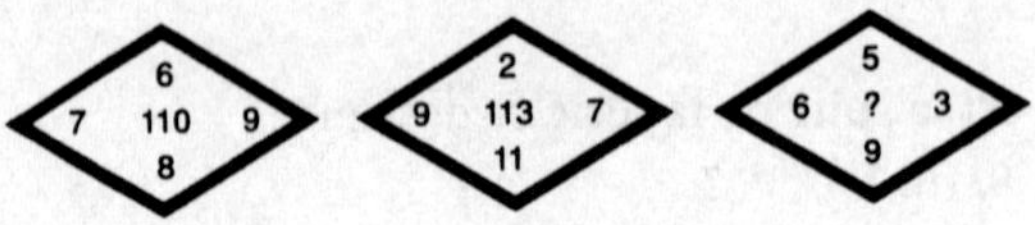

15.

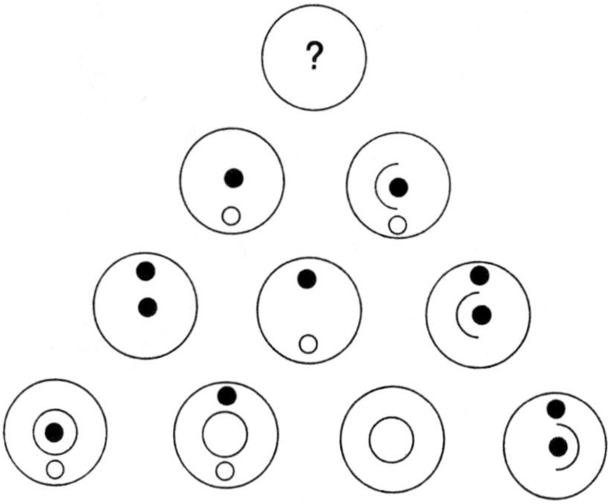

Trouvez le cercle, parmi ceux ci-dessous, qui doit remplacer le point d'interrogation.

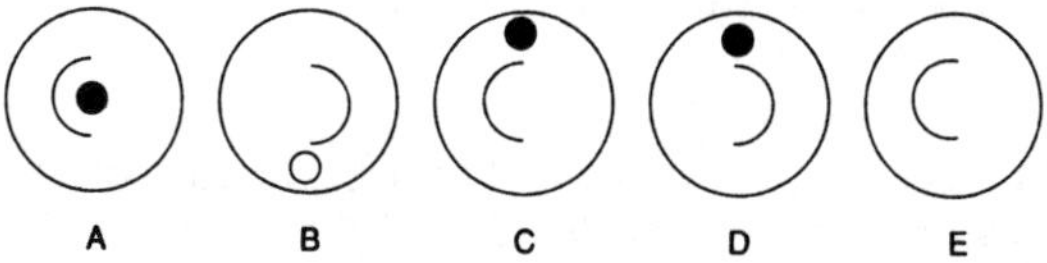

16. Qu'est-ce qu'une hacienda ?
une plante ;
un village ;
une chaîne de montagnes ;
un ranch ;
une danse.

17.

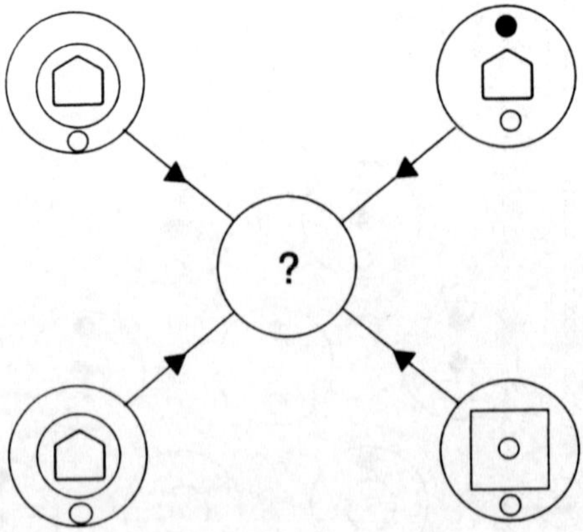

Chaque ligne et chaque symbole des quatre cercles extérieurs ci-dessus sont reportés dans le cercle du milieu suivant les règles suivantes : si un symbole ou une ligne apparaît dans les cercles extérieurs :
1 fois : il ou elle est reporté(e) dans le cercle au centre ;
2 fois : il ou elle n'est pas obligatoirement reporté(e) ;
3 fois : il ou elle est reporté(e) ;
4 fois : il ou elle n'est pas reporté(e).

Lequel de ces cercles, A, B, C, D ou E, devrait-on placer au centre du diagramme montré ci-dessus ?

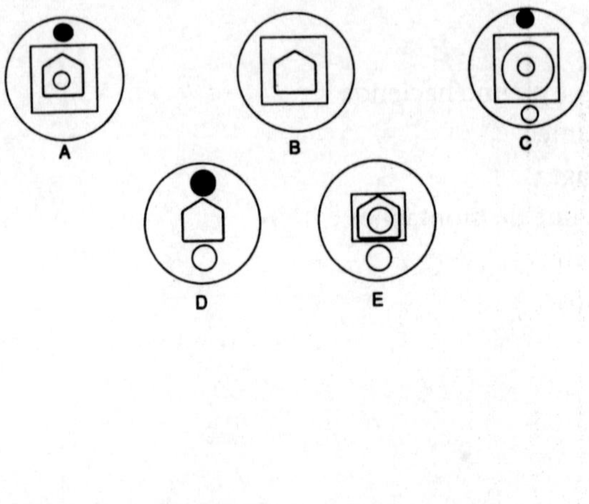

18. Lequel de ces ingrédients inclut-on toujours dans la recette de la frangipane ?
des framboises ;
du citron ;
du fromage ;
des amandes ;
du melon.

19. Trouvez le nombre qui doit remplacer le point d'interrogation.
8, 10, 9 ¾, 8 ¼, 11 ½, 6 ½, ?

20. Trouvez le nombre qui doit remplacer le point d'interrogation.

72	(68)	41
28	(98)	16
34	(??)	56

21. Trouvez le chiffre qui doit remplacer le point d'interrogation.

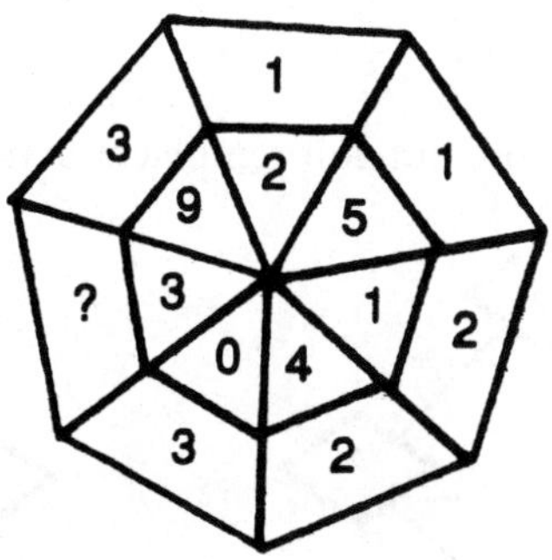

22.

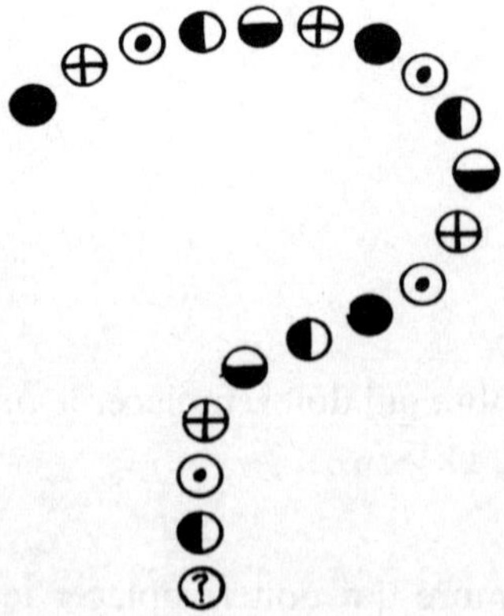

Trouvez, parmi les cercles ci-dessous, celui qui doit remplacer le point d'interrogation.

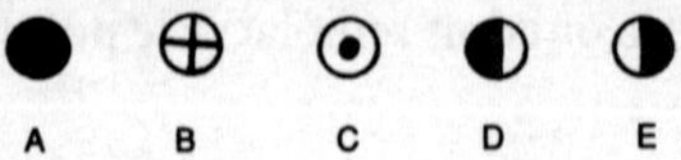

23. Trouvez le nombre qui doit remplacer le point d'interrogation.

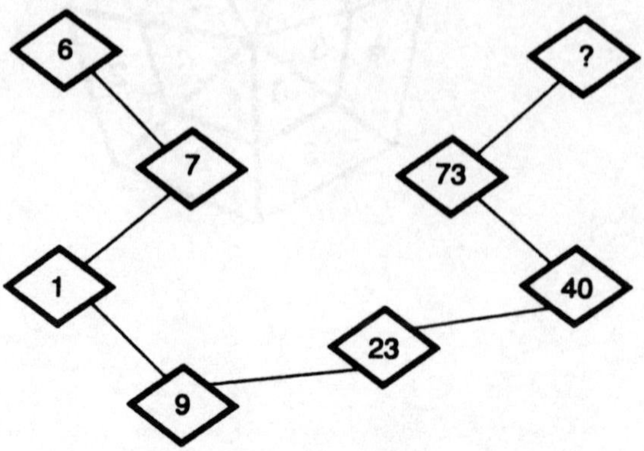

24. Quel est l'intrus ?

25.

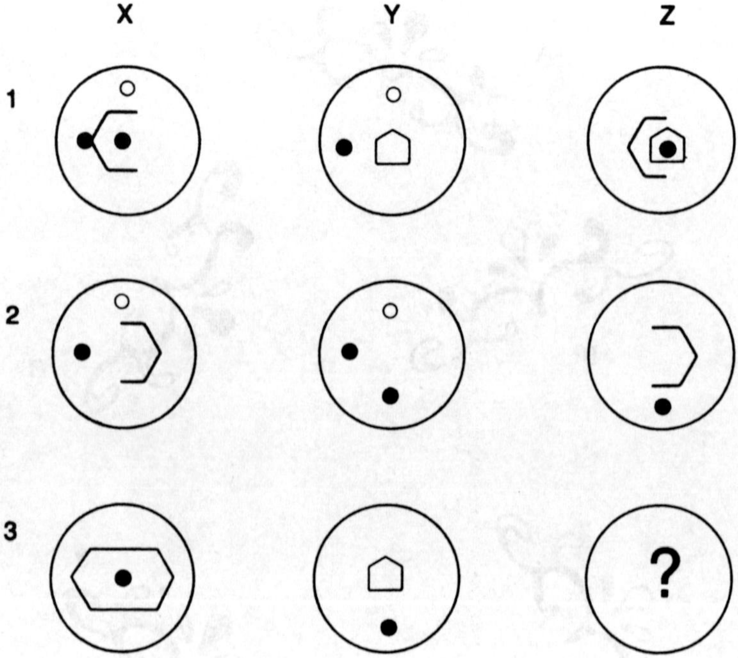

Trouvez la lettre qui doit remplacer le point d'interrogation, selon une logique absolue.

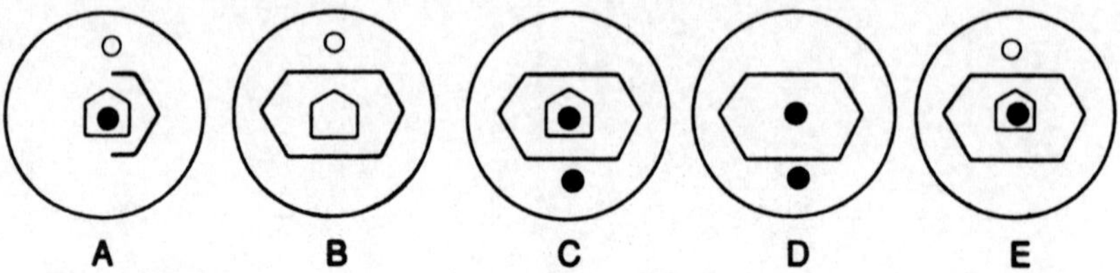

TEST 2 - Réponses

1. A. Les carrés diamétralement opposés sont des images inversées les uns des autres.

2. 10. Chaque nombre du cercle extérieur est la somme des deux chiffres des cases du cercle intérieur qui sont adjacentes à ce nombre, plus le chiffre du centre. Donc, 4 + 3 + 3 = 10.

3. 569 et 986. Tous les autres sont des paires d'anagrammes de nombres : 749/479, 682/268, 516/165, 382/238, 578/758 et 129/291.

4. E. La logique apparaît en observant chaque ligne de cercles. La ligne du haut alterne des rayures penchées à droite avec des rayures penchées à gauche. Dans la ligne du milieu, les trois premiers cercles sont répétés. Et dans la ligne du bas, le quartier noir se déplace à chaque fois d'une case dans le sens des aiguilles d'une montre.

5. Schisme et dissidence.

6. Prodigue et généreux.

7. D. Les symboles à l'extérieur de l'hexagone sont transférés à l'intérieur et ils changent de forme et de couleur. Ainsi, un cercle blanc à l'extérieur devient un triangle noir à l'intérieur.

8. 1. La somme des chiffres de chaque ligne verticale augmente à chaque fois du chiffre 1.

9. 3. 39 + 72 = 111, 21 + 16 = 37, 111 ÷ 37 = 3.

10. $1^{47/81}$ (x $1^{1/3}$)

11. Papillon.

12. $1^{115/128}$ (x 1,5).

13. D. Le contenu de chaque hexagone est déterminé par le contenu des deux hexagones placés juste en dessous de lui. Lorsque ces hexagones contiennent deux petits cercles identiques dans le même angle, ces cercles sont reproduits dans l'hexagone du dessus, mais ils changent de couleur (de noirs, ils deviennent blancs et inversement).

14. 69. (6 x 9 = 54) + (7 x 8 = 56) = 110 ; (2 x 7 = 14) + (9 x 11 = 99) = 113 ; (5 x 3 = 15) + (6 x 9 = 54) = 69.

15. E. Sur chaque ligne, les symboles de deux cercles fusionnent pour former le cercle au-dessus d'eux, mais les symboles identiques s'annulent.

16. Un ranch.

17. A.

18. Des amandes.

19. 13 ¼. Il y a deux séries qui alternent : + 1 ¾ et – 1 ¾ : 8, 9 ¾, 11 ½, 13 ¼ et 10, 8 ¼, 6 ½.

20. 99. 4 + 5 = 9,3 + 6 = 9

21. 3. En partant du haut, et en lisant dans le sens des aiguilles d'une montre, chaque nombre, formé par le chiffre de la ligne du haut et celui de la ligne du bas (dans cet ordre), correspond au nombre précédent plus la somme de ces chiffres.
Donc : 12 + 1 + 2 = 15, 15 + 1 + 5 = 21.

22. A. À partir du cercle noir, les cercles fonctionnent par groupe de 5. Le schéma se répète, mais le cercle noir avance à chaque fois d'une place.

23. 145. On obtient chaque nombre en additionnant les 4 nombres précédents.

24. A. C et D sont les mêmes figures, mais les parties blanches et noires ont été inversées. Idem pour B et E.

25. C.

TEST 3 - Questions

1. Trouvez le nombre qui doit remplacer le point d'interrogation.

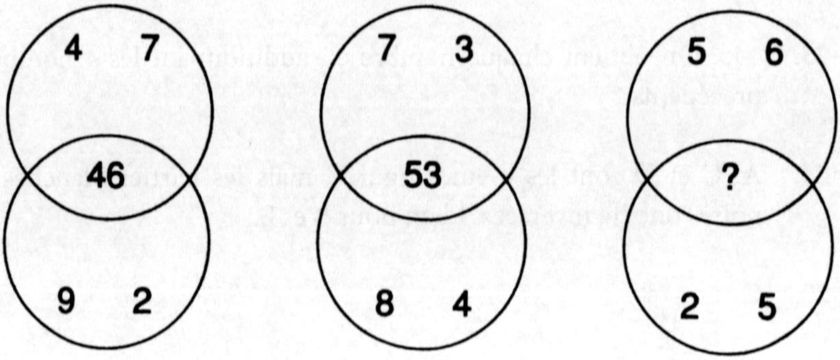

2. Qu'est-ce qu'un gros grain ?
   un plat ;
   une citerne ;
   un style de peinture ;
   un type de bois de construction ;
   un tissu.

3.

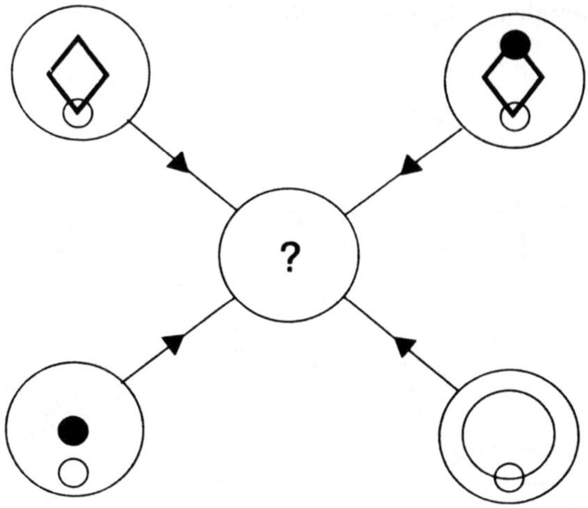

Chaque ligne et chaque symbole des quatre cercles extérieurs ci-dessus sont reportés dans le cercle du milieu suivant les règles suivantes : si un symbole ou une ligne apparaît dans les cercles extérieurs :
1 fois : il ou elle est reporté(e) dans le cercle au centre ;
2 fois : il ou elle n'est pas obligatoirement reporté(e) ;
3 fois : il ou elle est reporté(e) ;
4 fois : il ou elle n'est pas reporté(e).

Lequel de ces cercles, A, B, C, D ou E, devrait-on placer au centre du diagramme montré ci-dessus ?

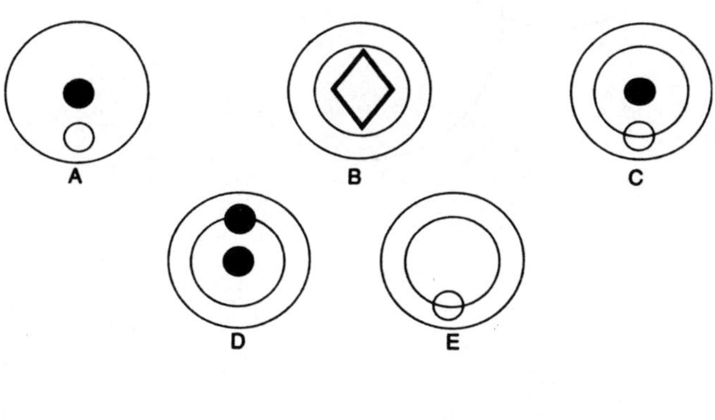

4. Combien de cercles contiennent un petit point noir ?

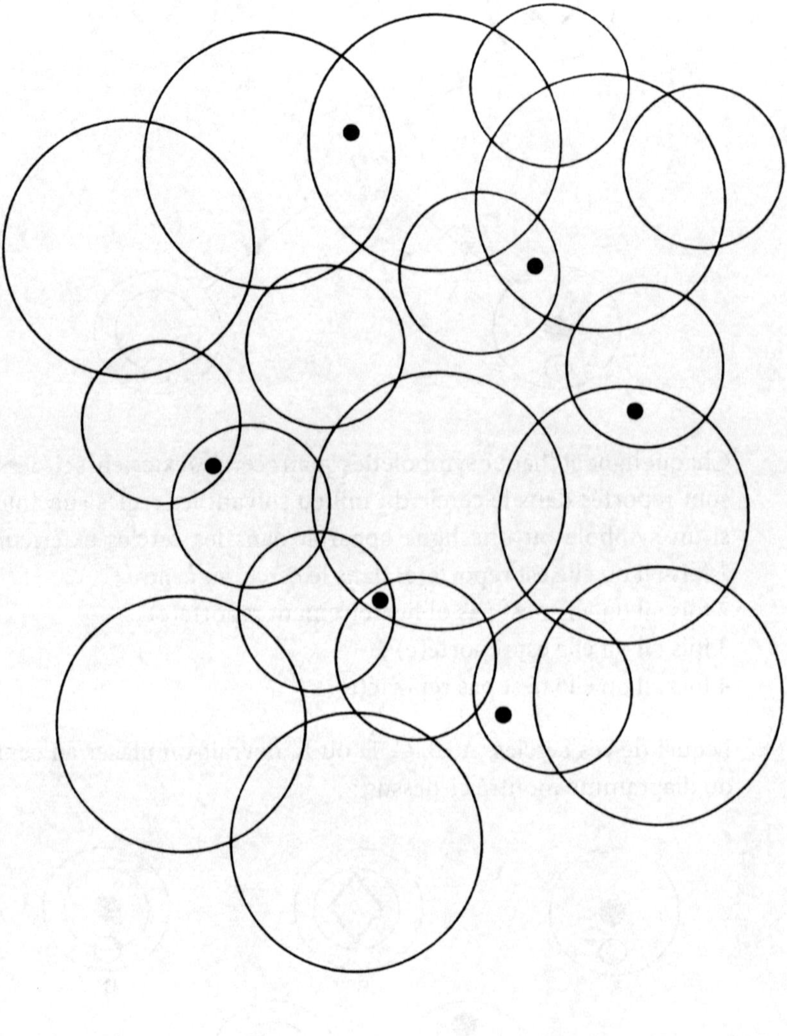

5. Quel est l'intrus ?
anthère, fleur, stigmate, pétale, nectar.

6. Complétez la dernière rangée.

7	4	9	2
11	16	9	13
22	20	24	25
?	?	?	?

7. Quel est le prochain nombre de cette suite ?
759, 675, 335, 165, ?

8. Trouvez les deux groupes de trois lettres qui, réunis, forment un nom de fruit :
SES SQU CAS ARR AST SIS POS ACE WHI NDY

9.

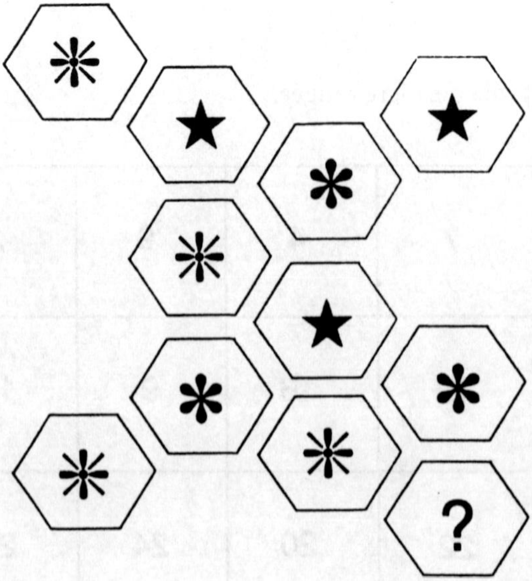

Trouvez le symbole qui doit remplacer le point d'interrogation.

10. Quel est le synonyme de léthargie ?
immunité, inactivité, franchise, tendance.

11.

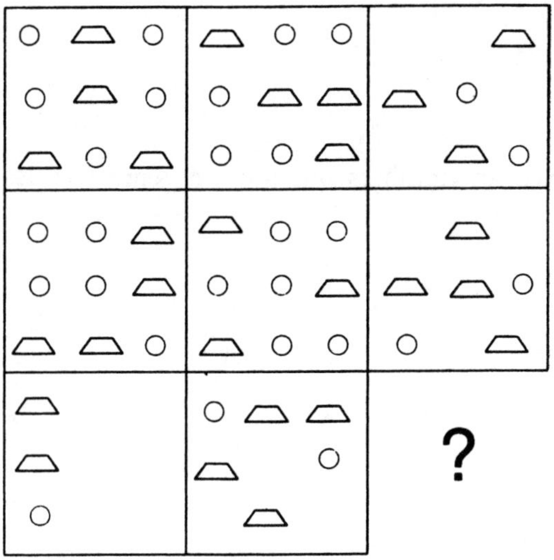

Quel carré choisir, parmi ceux présentés ci-dessous, pour remplacer le point d'interrogation ?

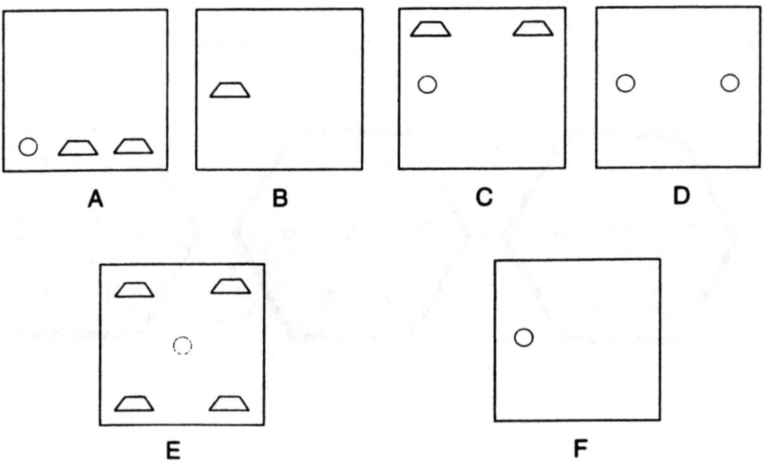

12. Complétez les chiffres de la dernière colonne.

15	20	19	20
14	23	9	?
5	15	24	?

13. Trouvez les nombres qui doivent remplacer les points d'interrogation.

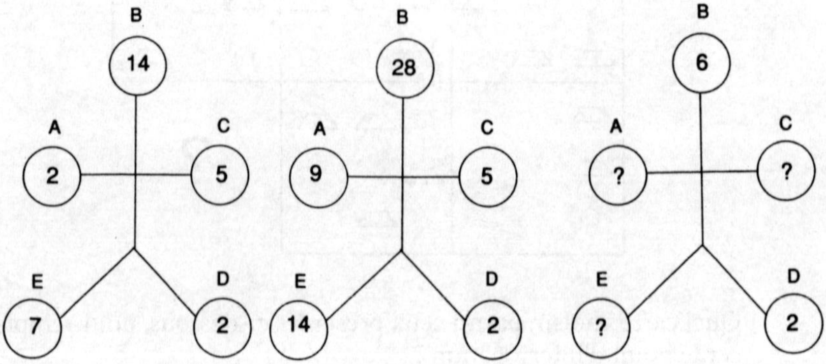

14. Trouvez le nombre qui doit remplacer le point d'interrogation.

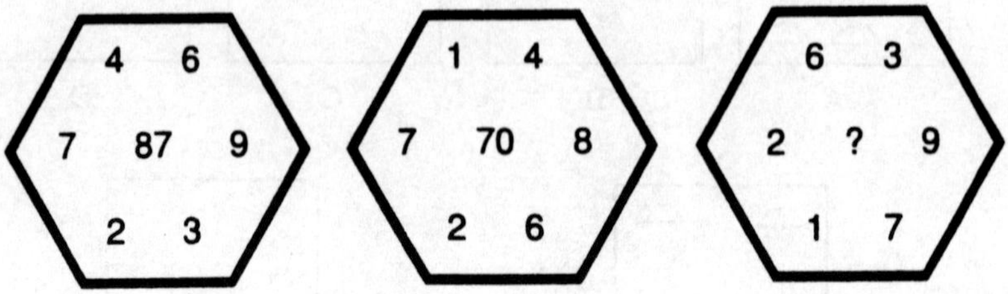

15. Trouvez la lettre qui doit remplacer le point d'interrogation.

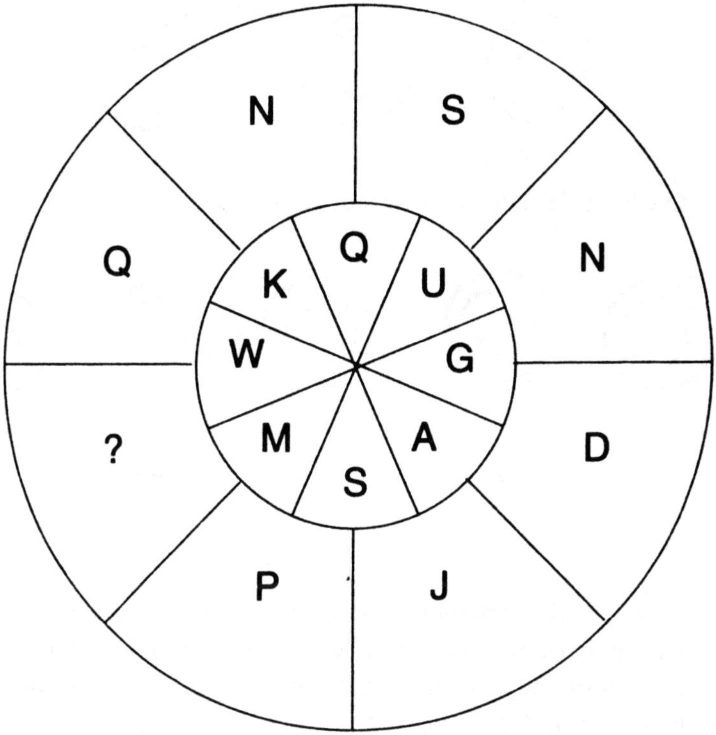

16. Qu'est-ce qu'un jacana ?
un oiseau ;
un poisson ;
un insecte ;
un animal.

17.

Quelle est la suite de la séquence ci-dessus ?

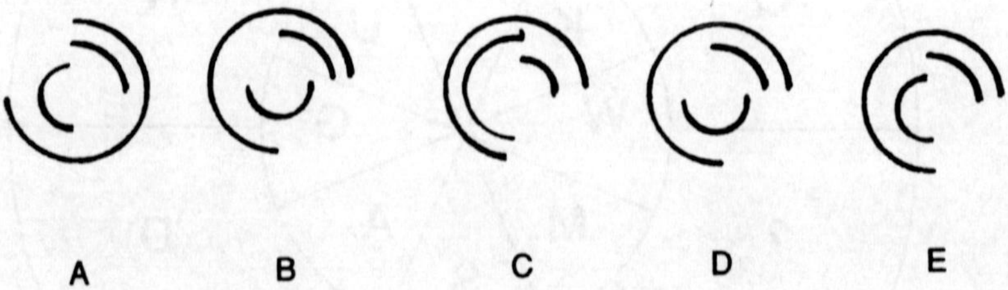

18. Un bus roule pendant la moitié de son trajet sur autoroute, à une vitesse moyenne de 64 km/h, et la seconde moitié de son trajet, à une vitesse moyenne de 96,5 km/h. Quelle est la vitesse moyenne pour la totalité de son trajet ?

19. Qu'est-ce qu'une épopée ?
un poème épique ;
une arme ;
un monocle ;
une petite barbe.

20. Dans la grille ci-dessous, chacun des neuf carrés, de 1A à 3C, doit inclure toutes les lignes et tous les symboles des carrés qui comportent la même lettre et le même numéro dans la colonne de gauche et la rangée du dessus. Par exemple, le carré 2B doit comporter les mêmes lignes et les mêmes symboles que le carré 2 et le carré B.
Un des carrés est incorrect. Lequel ?

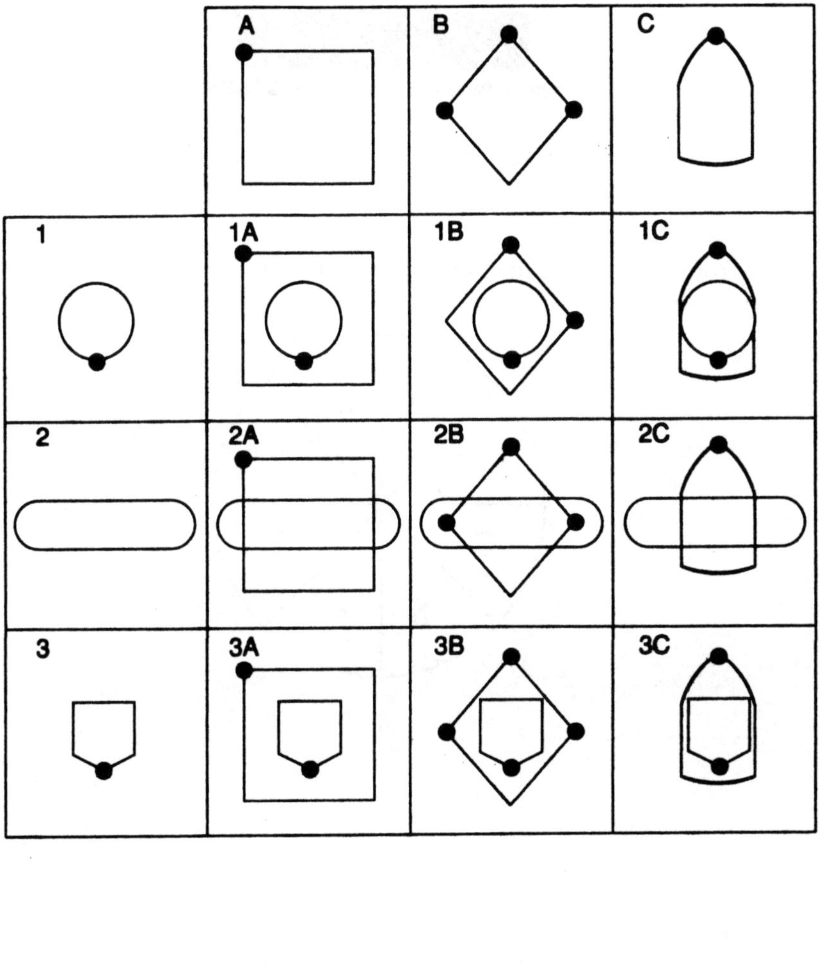

21. Depuis ma naissance, je reçois chaque année un gâteau d'anniversaire avec des bougies, une pour chaque année.

Jusqu'à ce jour, j'ai reçu 325 bougies. Quel est mon âge ?

22. Trouvez les lettres manquantes pour former un mot.

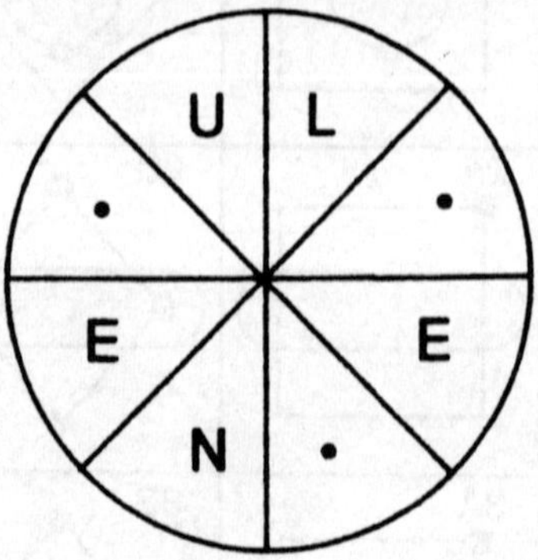

23.

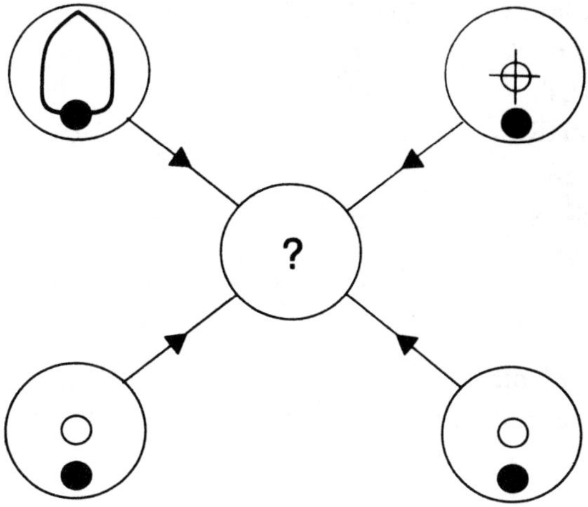

Chaque ligne et chaque symbole des quatre cercles extérieurs ci-dessus sont reportés dans le cercle du milieu suivant les règles suivantes : si un symbole ou une ligne apparaît dans les cercles extérieurs :

1 fois : il ou elle est reporté(e) dans le cercle au centre ;

2 fois : il ou elle n'est pas obligatoirement reporté(e) ;

3 fois : il ou elle est reporté(e) ;

4 fois : il ou elle n'est pas reporté(e).

Lequel de ces cercles, A, B, C, D ou E, devrait-on placer au centre du diagramme montré ci-dessus ?

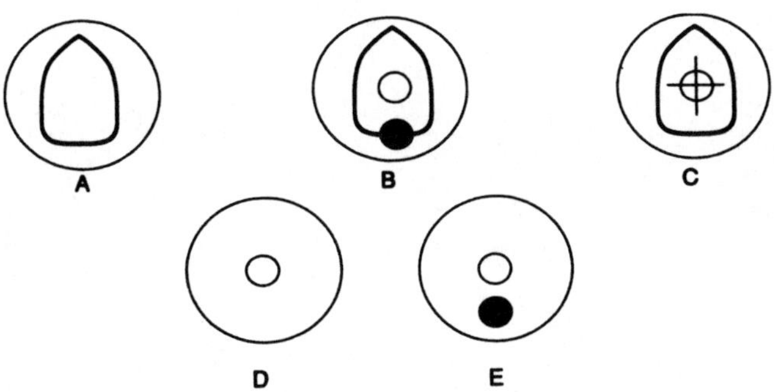

24. Parmi les personnages suivants, lequel ne fut pas président des États-Unis ?
RACRET
ROOVHE
PINCHAL
TAMRUN
SLIWNO

25. Trouvez l'intrus :
bazooka, obus, claymore, harpon, dyke, arquebuse.

TEST 3 – Réponses

1. 40. (4 x 7 = 28) + (9 x 2 = 18) = 46 ; (7 x 3 = 21) + (8 x 4 = 32) = 53 ; (5 x 6 = 30) + (2 x 5 = 10) = 40.

2. Un tissu.

3. D.

4. 12.

5. Fleur. La fleur est un tout, les autres mots décrivent seulement les parties d'une fleur.

6. 49, 46, 47, 44. Le système fonctionne par paires d'une rangée à l'autre : 7 + 9 = 16, 4 + 9 = 13, 9 + 2 = 11, 7 + 2 = 9. Donc, 22 + 24 ≐ 46, 20 + 24 = 44, 24 + 25 = 49, 22 + 25 = 47.

7. 80. Pour obtenir chaque nombre, on multiplie le nombre formé par les deux premiers chiffres du nombre précédent par le troisième chiffre de ce même nombre : donc, 16 x 5 = 80.

8. Cassis.

9. C. de façon à ce que chaque colonne, composée de trois hexagones, contienne les trois différents symboles.

10. Inactivité.

11. F. Le contenu du dernier carré de chaque ligne et de chaque colonne est déterminé par le contenu des deux premiers carrés. Lorsque deux symboles identiques se trouvent au même emplacement dans les deux premiers carrés – et seulement dans ce cas – le symbole est reproduit dans le dernier carré. Dans ce cas, deux cercles deviennent un trapèze et deux trapèzes, un cercle.

12. 26 et 5. Chaque nombre correspond à une lettre suivant son classement dans l'alphabet. Les lettres de chaque colonne forment des mots désignant des chiffres : 5, 7, 8 et 11.

13.

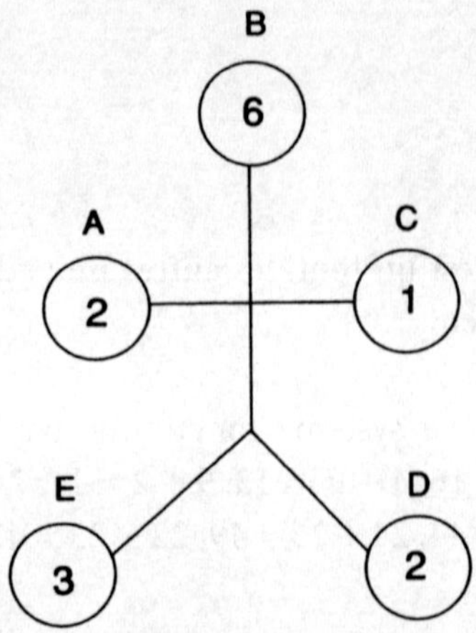

Dans chaque figure : A + C = E, A + C + E = B, B/E : D.

14. 63. Multipliez les chiffres opposés :

4 x 3 = 12	1 x 6 = 6	6 x 7 = 42
2 x 6 = 12	2 x 4 = 8	1 x 3 = 3
7 x 9 = 63	7 x 8 = 56	2 x 9 = 18
Total : 87	70	63

15. R : chaque lettre sur le cercle extérieur se trouve, dans l'alphabet, à mi-distance entre les deux lettres qui lui sont adjacentes dans le cercle central.

16. Un oiseau.

17. B : l'arc extérieur se déplace à chaque fois de 90° dans le sens des aiguilles d'une montre, l'arc du milieu de 180° et l'arc intérieur de 180°.

18. 77,2 km/h. Disons que le trajet fait 193 km (96,5 x 2). La première moitié du trajet (96,5 km) prend : 96,5 ÷ 64 = 1,5 heure ; la deuxième moitié prend 96,5 ÷ 96,5 = 1 heure. Le trajet de 193 km dure donc 1,5 + 1 = 2,5 heures. La vitesse moyenne est de 193 ÷ 2,5 = 77,2 kilomètres par heure.

19. Un poème épique.

20. 1B.

21. 25.

22. Julienne.

23. C.

24. Chaplin. Les autres sont : Carter, Hoover, Truman, Wilson.

25. Dyke.

TEST 4 - Questions

1. Quel est l'antonyme d'érudition parmi les termes ci-dessous ? ignorance, occasion, euphorie, approprié, fidèle, confiant, insipide.

2. Formez un mot en suivant les segments à l'intérieur du cercle et en vous déplaçant le long de la circonférence.

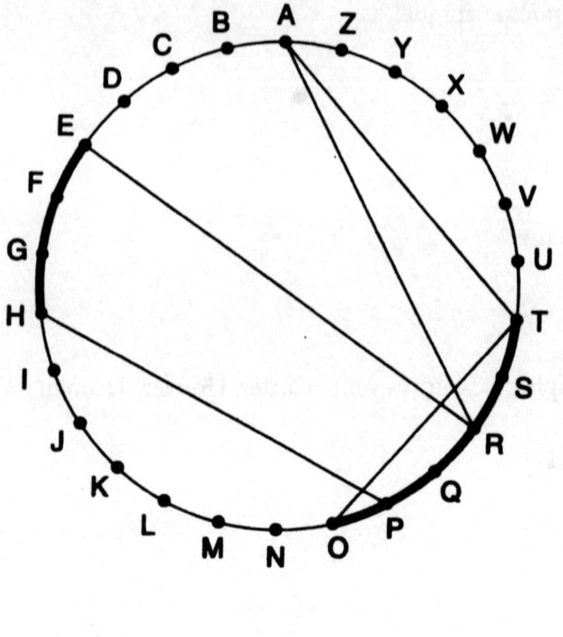

3. Quel est le mot français le plus long que l'on puisse créer à partir des dix lettres ci-dessous ?
ALDUOINBTK

4. Un sculpteur est en train de tailler une statue. La pièce originale en marbre pèse 250 kg. La première semaine, il en coupe 30 %, la deuxième semaine, 20 %. La troisième semaine, la statue est terminée lorsque 25 % de ce qui reste est coupé. Au final, combien pèse la statue ?

5. Quel est l'intrus ?
159
248
963
357
951
852

6. Dimanche
Lundi
Mardi
Mercredi
Jeudi
Vendredi
Samedi

Quel jour se trouve deux jours avant le jour qui suit immédiatement le jour trois jours avant le jour deux jours après le jour immédiatement avant vendredi ?

7. Quel est l'intrus ?

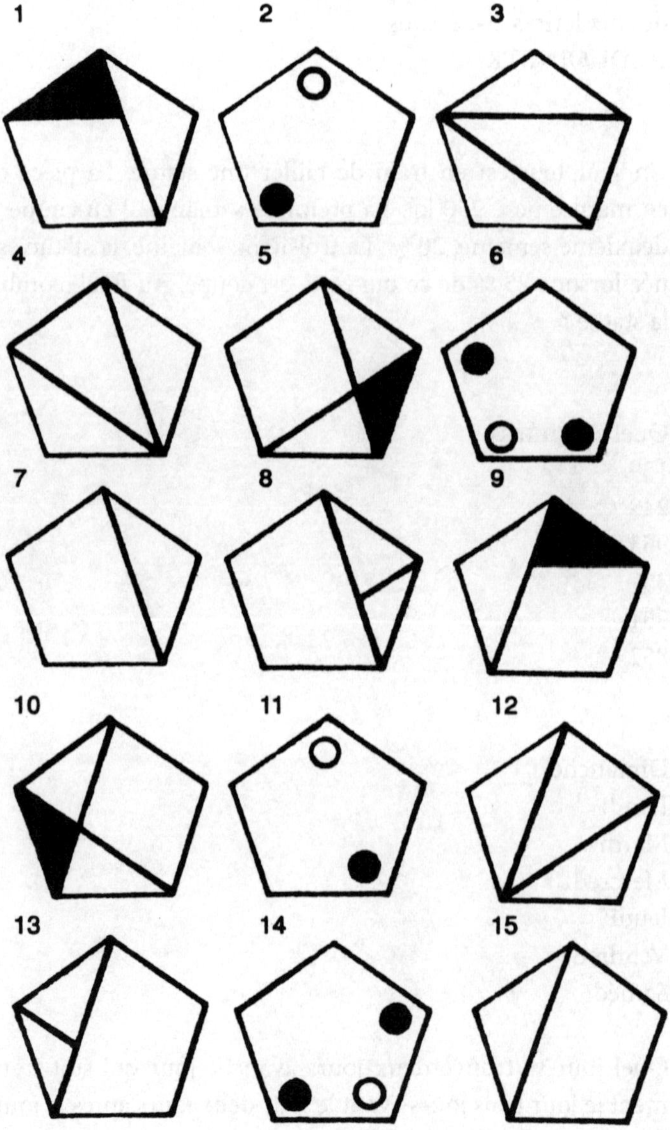

8.

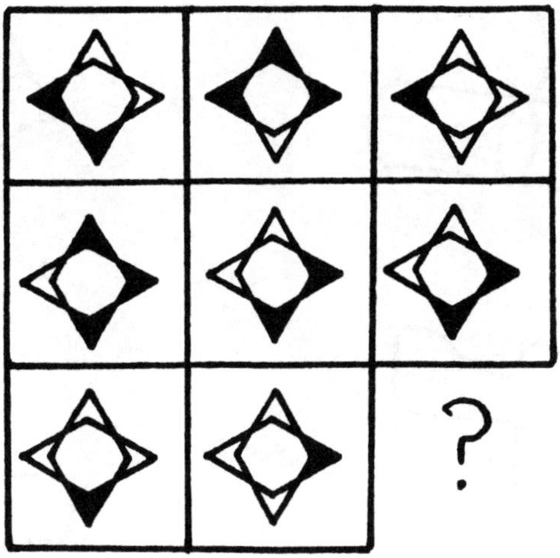

Quel est le carré, parmi ceux ci-dessous, qui doit remplacer le point d'interrogation ?

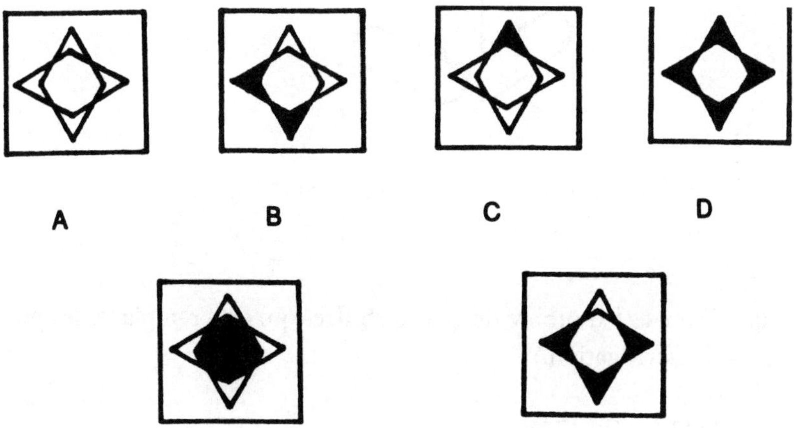

9. Quel est l'intrus ?

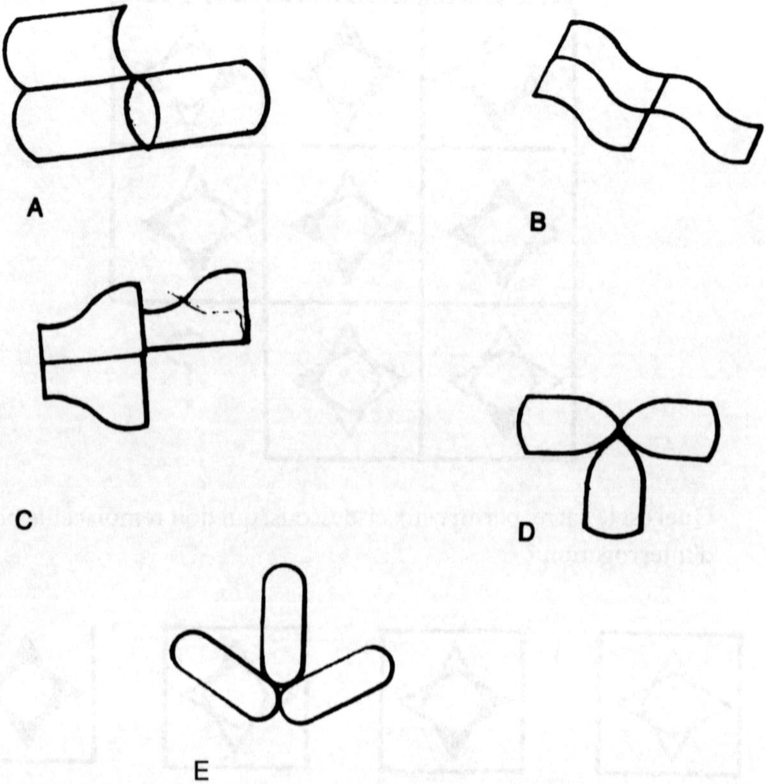

10. Trouvez le nombre de quatre chiffres qui doit remplacer les points d'interrogation.

4342 (3176) 1726
7995 (7516) 2162
8418 (? ? ? ?) 1725

11. L'hypoténuse est au triangle ce que la corde est au : polygone, cône, rhomboïde, cercle, heptagone.

12. Commencez par une lettre dans l'un des angles, puis tournez dans le sens des aiguilles d'une montre tout autour de la figure, en finissant par la lettre centrale, afin d'épeler un mot composé de neuf lettres. Vous devez trouver les lettres manquantes.

S	-	E
E	-	R
D	D	A

13. Trouvez les nombres qui doivent remplacer les points d'interrogation.

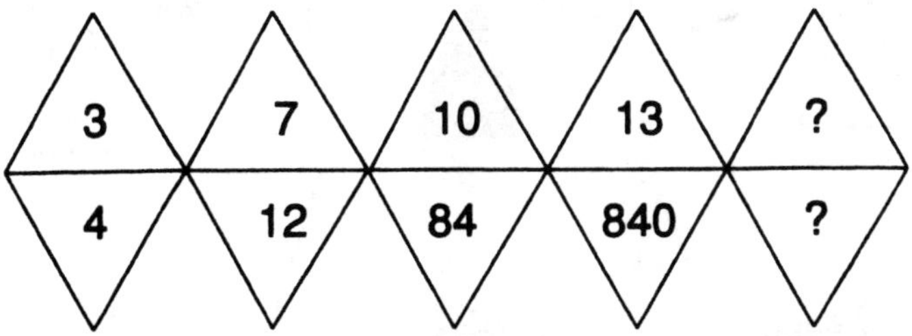

14.

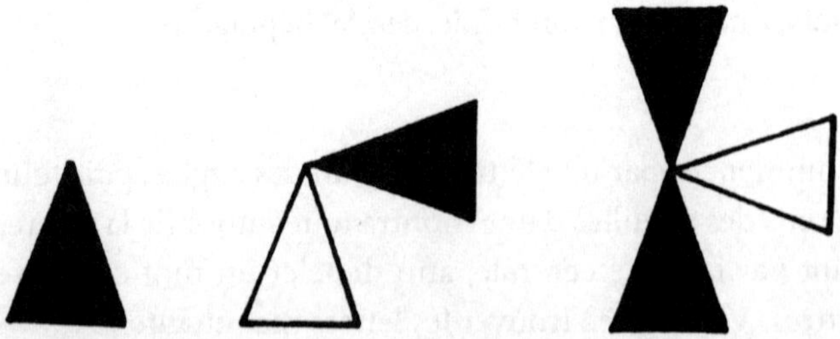

Quelle est la suite de la séquence ci-dessus ?

A

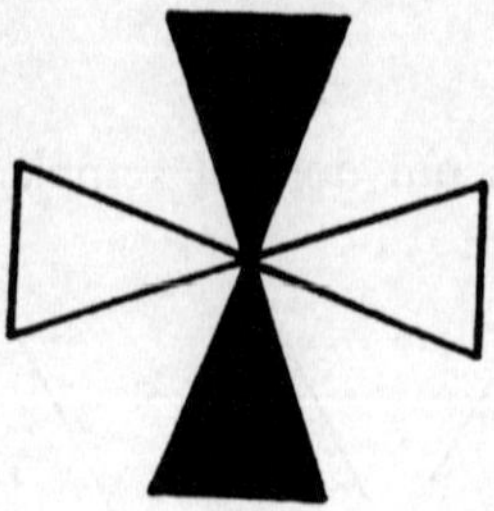

B

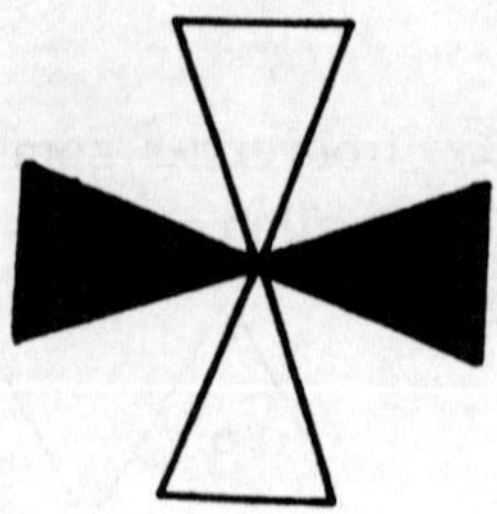

C

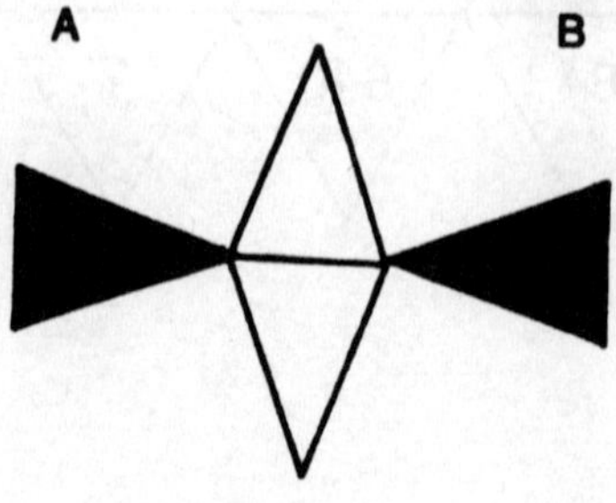

D

E

15. Comment appelle-t-on un groupe de chiens ?
une meute ;
une laîche ;
une vigie ;
une pagaïe.

16. Complétez la suite :
7/8, - 7/24, 7/72, - 7/216, ?

17. Qu'est-ce qu'un cucurbita pepo ?
une boisson ;
une citrouille ;
un moyen de transport ;
un type de fromage.

18. Quels sont les deux antonymes ?
rigueur, prudence, incitation, apaisement, impulsion, support, licenciement.

19. Trouvez le nombre qui doit remplacer le point d'interrogation.

7

5 **9**

8 **8** **4**

10 **3** **10** **7**

1 **?** **8** **3** **11**

20.

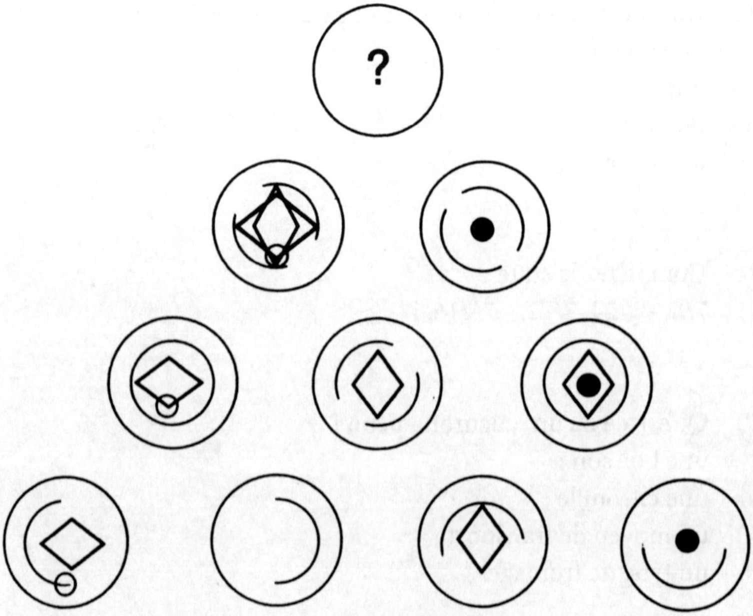

Trouvez le cercle qui doit figurer à la place du point d'interrogation.

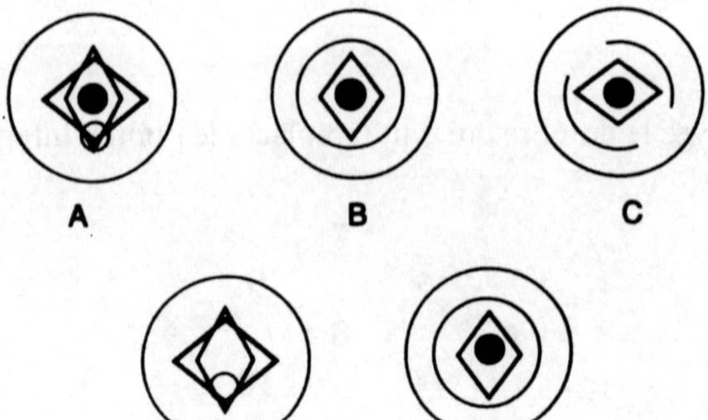

21.

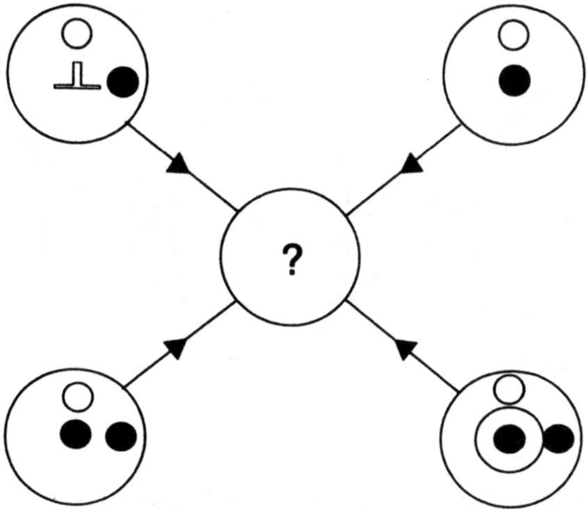

Chaque ligne et chaque symbole des quatre cercles extérieurs ci-dessus sont reportés dans le cercle du milieu suivant les règles suivantes : si un symbole ou une ligne apparaît dans les cercles extérieurs :

1 fois : il ou elle est reporté(e) dans le cercle au centre ;

2 fois : il ou elle n'est pas obligatoirement reporté(e) ;

3 fois : il ou elle est reporté(e) ;

4 fois : il ou elle n'est pas reporté(e).

Lequel de ces cercles, A, B, C, D ou E, devrait-on placer au centre du diagramme montré ci-dessus ?

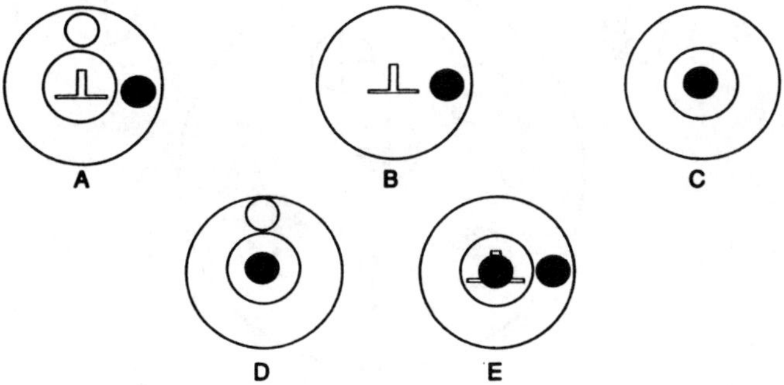

22. Trouvez le chiffre qui doit remplacer le point d'interrogation.

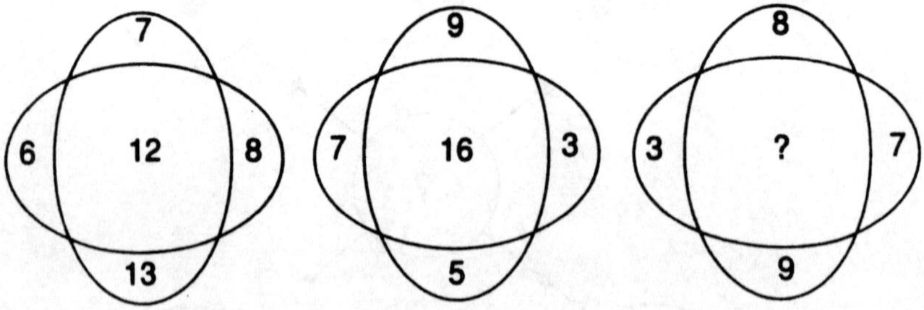

23. Parmi les cercles A, B, C, D, E ou F, lequel doit-on mettre à la place du point d'interrogation dans le grand cercle du bas ?

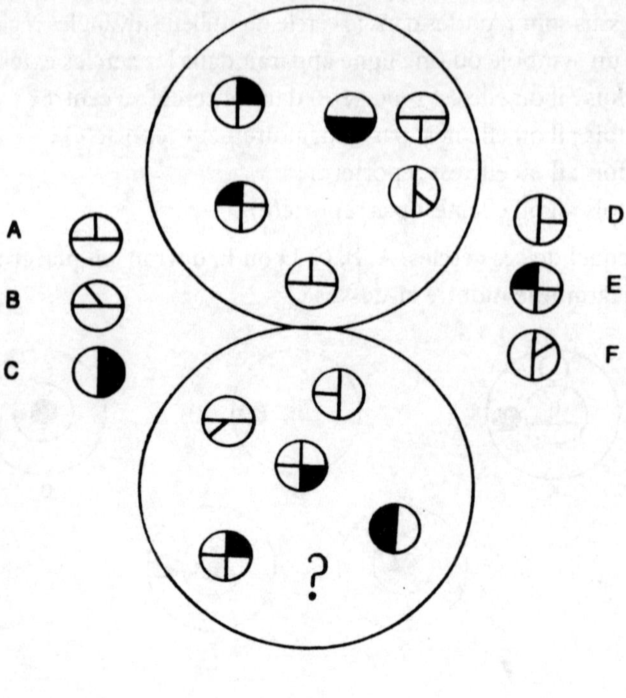

24. Trouvez la lettre qui doit remplacer le point d'interrogation.

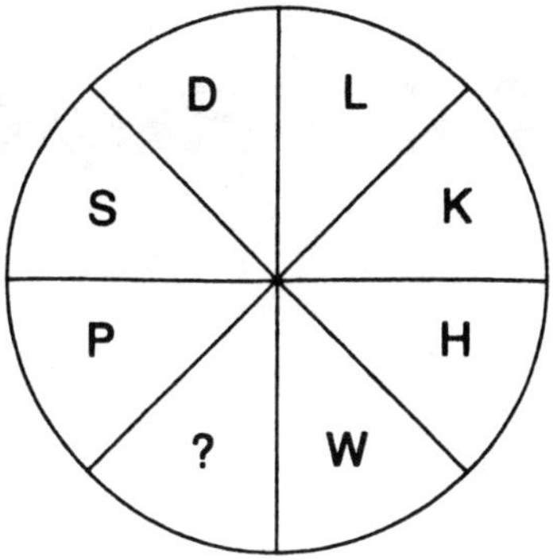

25.

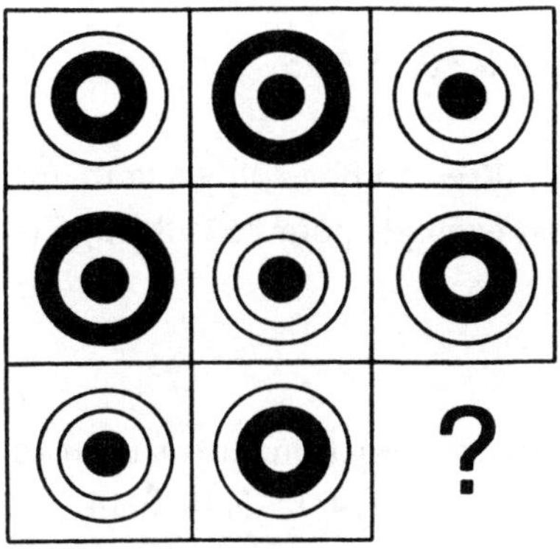

Quel est le carré qui doit remplacer le point d'interrogation ?

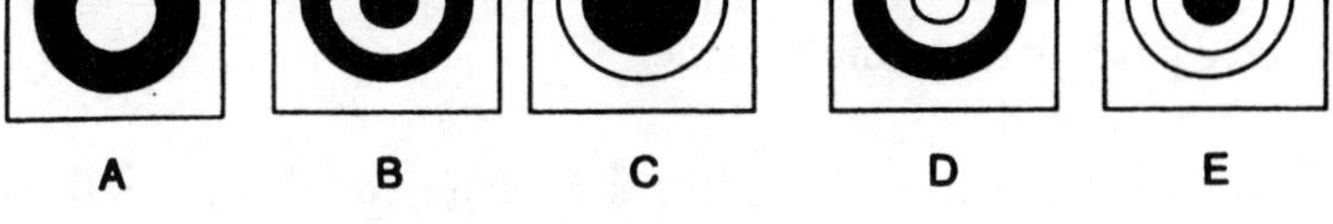

A B C D E

TEST 4 - Réponses

1. Ignorance.

2. Stratosphère.

3. Ablution.

4. 105 kg : 250 x 0,7 x 0,8 x 0,75.

5. 248. Dans les autres nombres, il y a la même différence entre chaque chiffre, par exemple pour 852 : 8 (-3) 5 (-3) 2.

6. Mardi

7. 3. Les autres figures fonctionnent par paires : elles ont toutes une image-miroir : 1/9, 2/11, 4/12, 5/10, 6/14, 7/15, 8/13.

8. A. Les segments colorés en noir sont reproduits dans le dernier carré de chaque rangée et de chaque colonne seulement lorsqu'ils sont positionnés de façon identique dans les deux premiers carrés.

9. C. Un élément de cette figure a été inversé et, après rotation, ne crée pas une figure homogène.

10. 4 275. Supprimez les chiffres à l'extérieur des parenthèses qui

apparaissent deux fois et insérez les chiffres restants dans les parenthèses, sans modifier leur ordre d'apparition – 8418 (4 725) 1725.

11. Cercle.

12. Desperado.

13. 16 au sommet, 10 920 en bas.
Le nombre du haut est la somme de tous les chiffres du losange précédent (1 + 3 + 8 + 4 + 0). Le nombre du bas est le résultat de la multiplication des deux nombres du losange précédent (13 x 840).

14. C. Chaque triangle, lorsqu'il tourne, passe du noir au blanc. À chaque étape, un nouveau triangle est ajouté et il tourne dans le sens inverse des aiguilles d'une montre. Ce nouveau triangle apparaît tout d'abord en noir, puis change de couleur lorsqu'il pivote, passant du blanc au noir.

15. Une meute.

16. 7/648 (x – 1/3)

17. Une citrouille.

18. Incitation, apaisement.

19. 10. En partant du bas et en allant vers le haut, chaque groupe triangulaire de trois nombres fait un total de 21.

20. A. Sur chaque ligne, deux cercles fusionnent pour former le cercle au-dessus d'eux, mais les symboles identiques s'annulent.

21. C.

22. 4. (13 – 7 = 6) x (8 – 6 = 2) = 12 ; (9 – 5 = 4) x (7 – 3 = 4) = 16 ; (9 – 8 = 1) x (7 – 3 = 4)
= 4

23. D. Chaque petit disque du cercle inférieur est la reproduction d'un disque du cercle supérieur, pivoté de 90° dans le sens des aiguilles d'une montre.

24. O. Les lettres diamétralement opposées se situent à la même distance, en nombre de lettres, du début et de la fin de l'alphabet.

25. B. Ainsi, chaque ligne et chaque colonne comportent les trois différents symboles.

TEST 5 - Questions

1. Quel est l'intrus ?

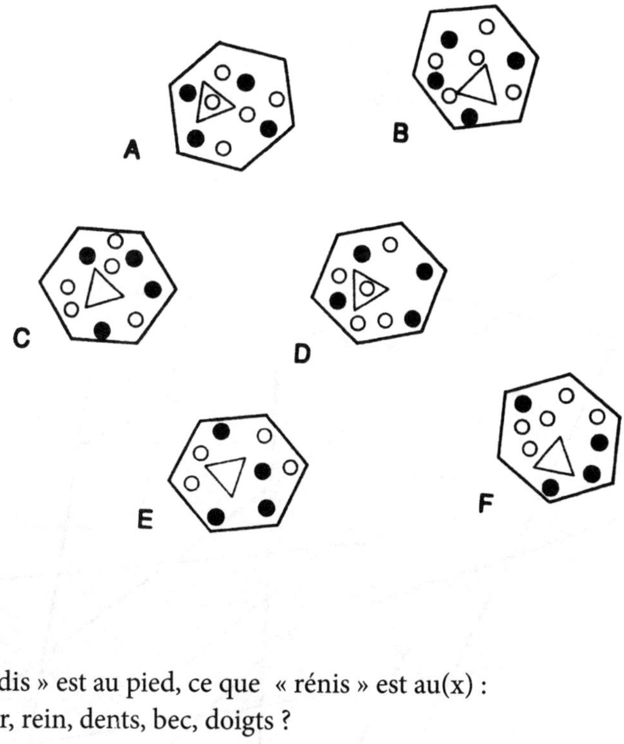

2. « Pédis » est au pied, ce que « rénis » est au(x) :
cœur, rein, dents, bec, doigts ?

3. En commençant par la lettre Q au centre, puis en vous déplaçant lettre par lettre, jusqu'à une des lettres Z à l'extérieur, combien comptez-vous de façons d'épeler le mot QUIZ ?

```
      Z
    Z I Z
  Z I U I Z
Z I U Q U I Z
  Z I U I Z
    Z I Z
      Z
```

4. Combien comptez-vous de lignes dans le dessin ci-dessous ?

5. Quelle est la longueur du segment AB ? (NB : le dessin n'est pas à l'échelle.)

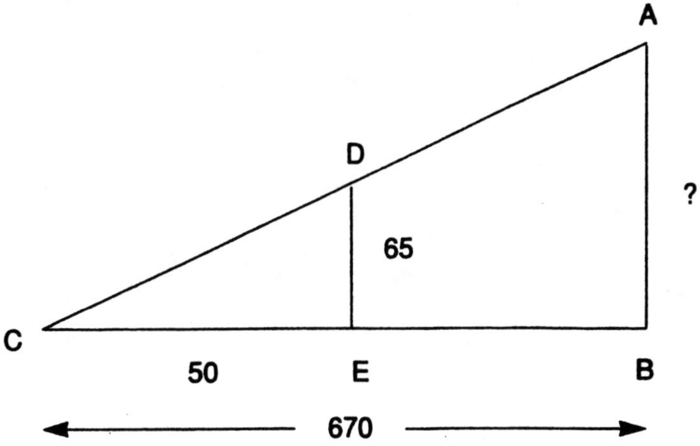

6. Trouvez le nombre qui doit remplacer le point d'interrogation.

15	2	7	10
7	8	3	4
21	6	11	16
13	4	7	?

7.

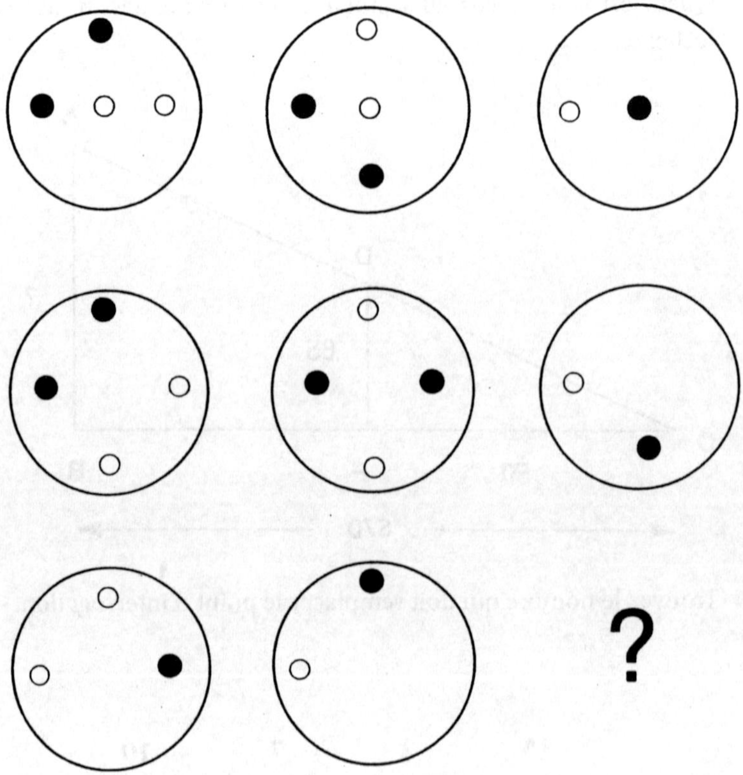

Trouvez le cercle ci-dessous qui doit remplacer le point d'interrogation.

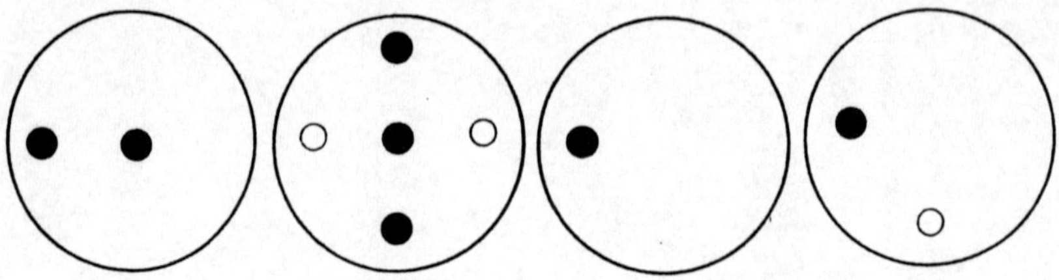

A B C D

8.

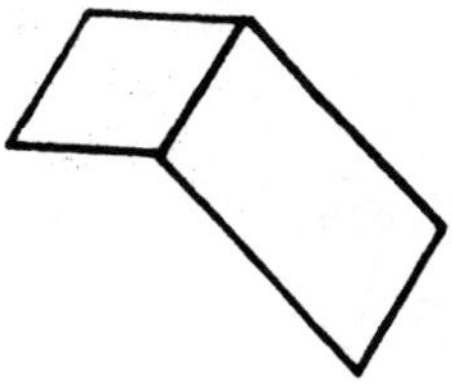

est à :

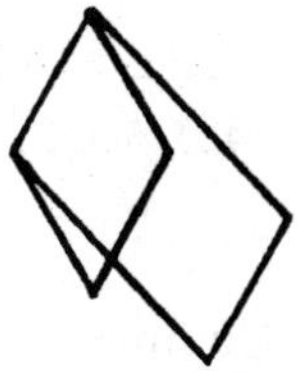

ce que

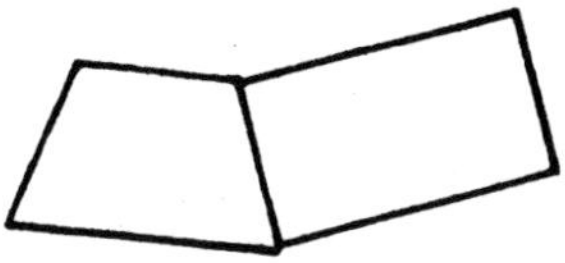

est à :

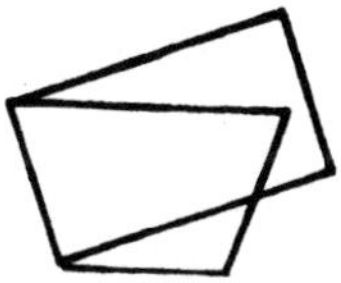

A

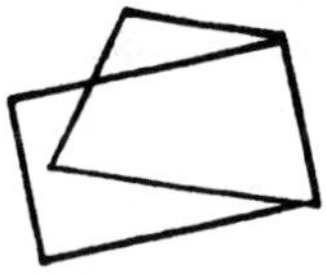

B

C

D

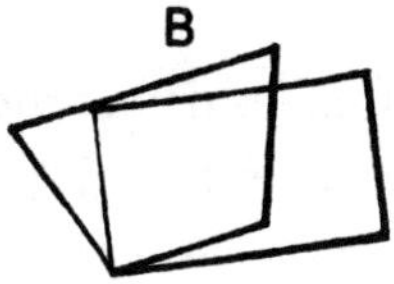

E

9. Quels sont les deux synonymes ?
discours, ouïe-dire, furie, rodomontade, rumeur, extrait.

10. Quel est l'intrus ?
9421, 7532, 9854, 8612, 6531, 8541.

11. Comme appelle-t-on le gîte des loutres ?
une tanière ;
une catiche ;
une épreinte ;
un terrier.

12. Qu'est-ce qu'un chassé ?
du matériel d'escalade ;
un pas de danse classique ;
une race de chat ;
un terme d'escrime.

13. Quelles sont les deux prochaines lettres de cette suite ?
A, F, H, K, N, ?, ?

14. Trouvez le chiffre qui doit remplacer le point d'interrogation.

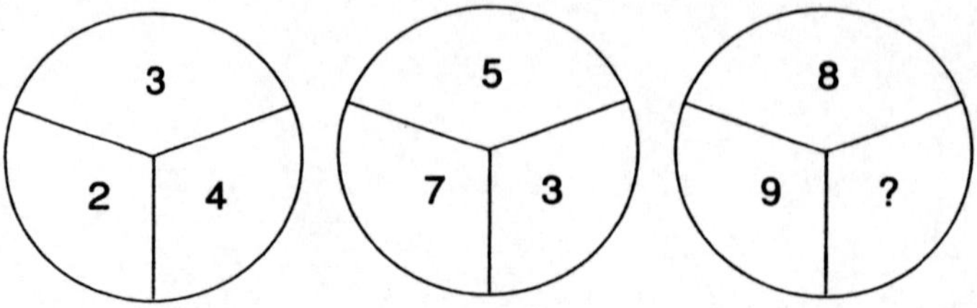

15.

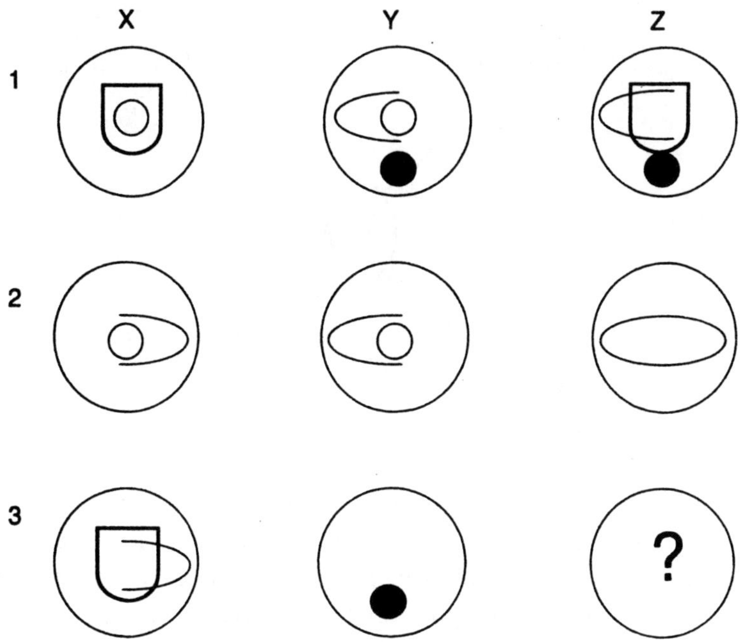

Trouvez le cercle, parmi ceux ci-dessous, qui doit remplacer le point d'interrogation.
A, B, C, D ou E.

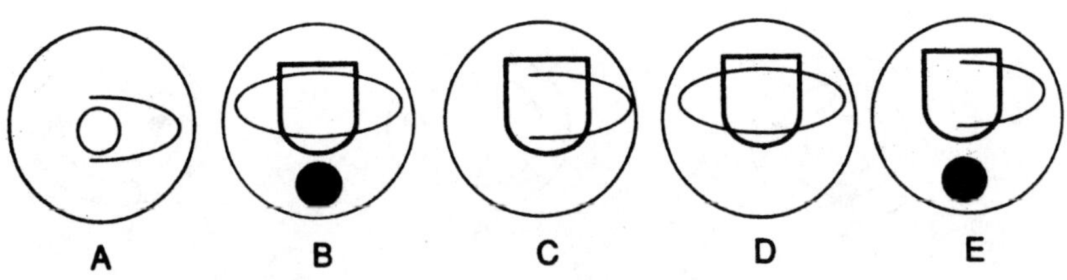

16.

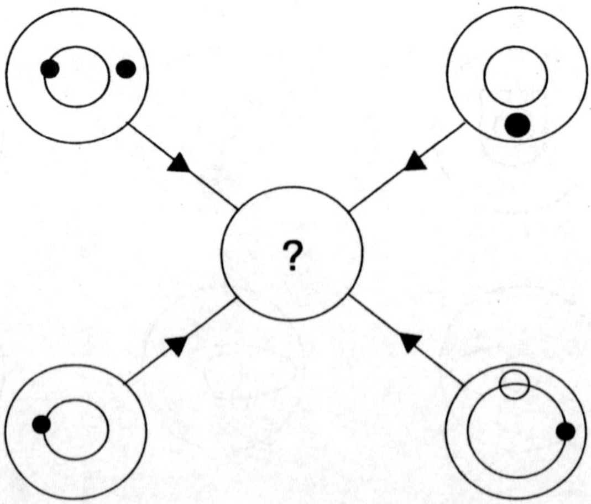

Chaque ligne et chaque symbole des quatre cercles extérieurs ci-dessus sont reportés dans le cercle du milieu suivant les règles suivantes : si un symbole ou une ligne apparaît dans les cercles extérieurs :

1 fois : il ou elle est reporté(e) dans le cercle au centre ;

2 fois : il ou elle n'est pas obligatoirement reporté(e) ;

3 fois : il ou elle est reporté(e) ;

4 fois : il ou elle n'est pas reporté(e).

Lequel de ces cercles, A, B, C, D ou E, devrait-on placer au centre du diagramme montré ci-dessus ?

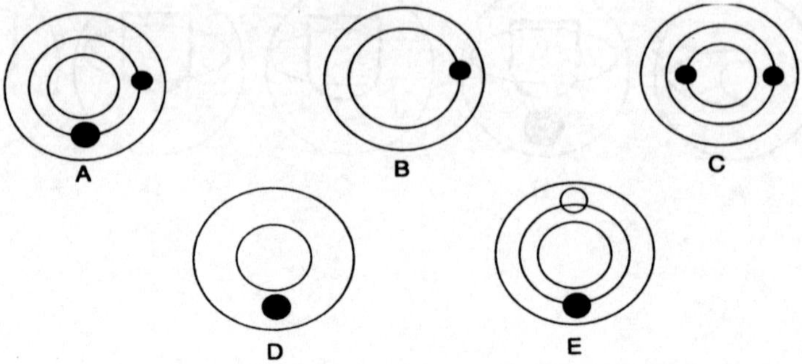

17. Parmi les groupes de quatre lettres ci-dessous, réunissez-en deux de façon à former un mot composé de huit lettres.
RONI, DAMA, TION, RENI, POEN, PENT, AGOS, MACA, GADE, TICS

18. Trouvez le chiffre qui doit remplacer le point d'interrogation.

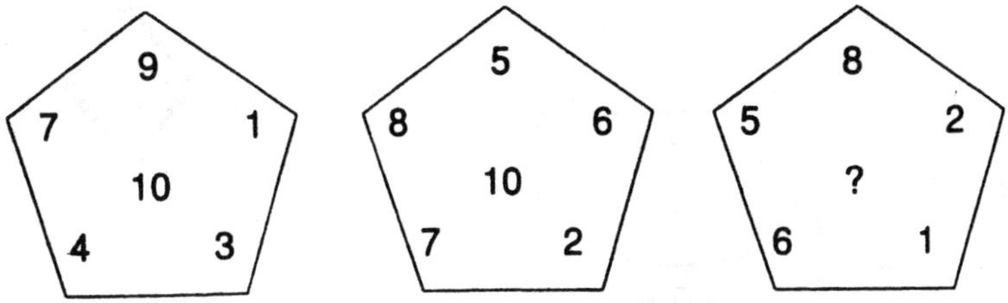

19. Lors d'une récente élection, on a totalisé 93 648 votes pour quatre candidats. Le vainqueur menait ses adversaires respectivement de 25 627, 10 681 et 5 924 voix. Combien de voix chaque candidat a-t-il remporté ?

20. Quelles sont les deux prochaines lettres de cette suite ?
A, D, I, P, Y, CF, DI, FD, ?

21. A, B, C, D, E, F, G, H.
Quelle lettre se situe à deux lettres à droite de la lettre immédiatement à droite de la lettre à deux lettres à gauche de la lettre à trois lettres à droite de la lettre immédiatement à gauche de la lettre E ?

22.

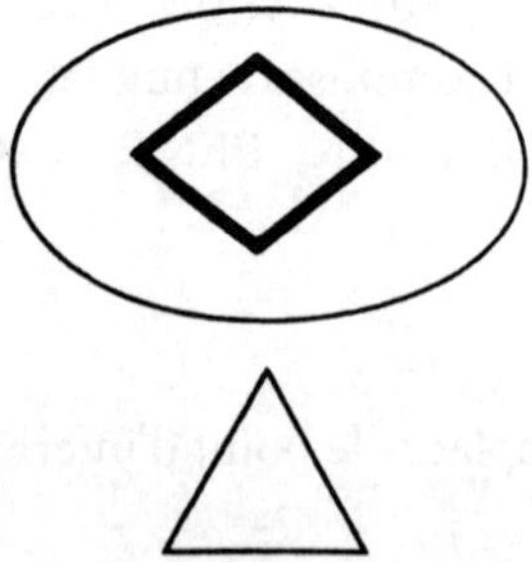

est à :

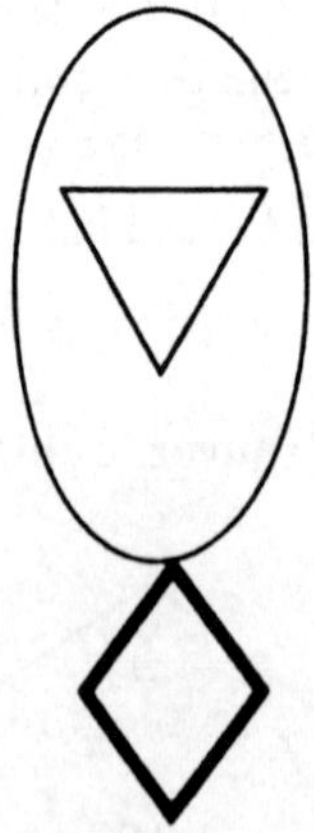

ce que

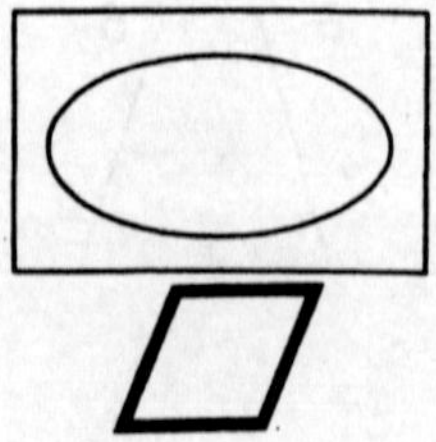

est à :

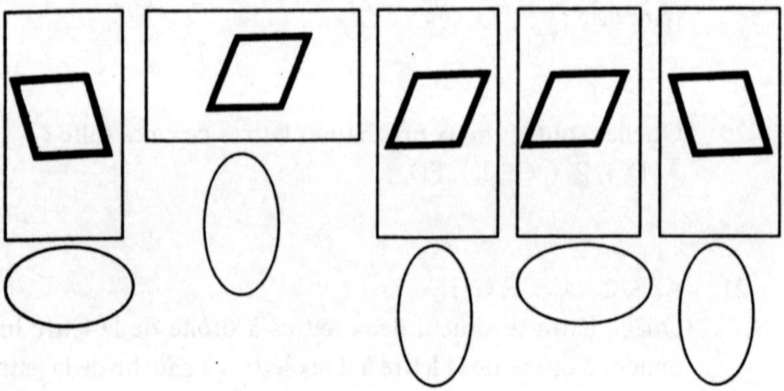

A B C D E

23. Trouvez le chiffre qui doit remplacer le point d'interrogation.

4	7	3	8	9	2
?	9	0	2	5	1
5	1	6	3	5	9

24.

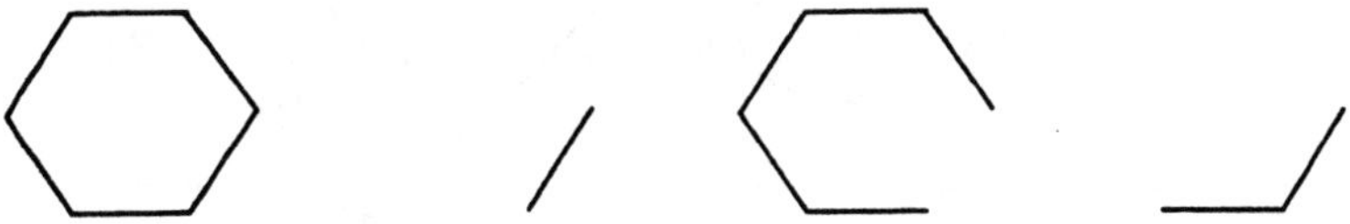

Quelle est la suite de cette séquence ?

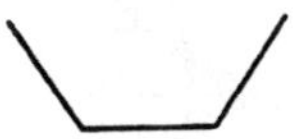

A

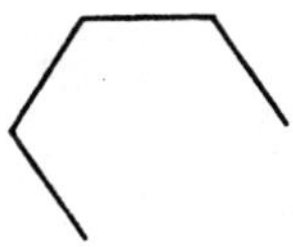

B

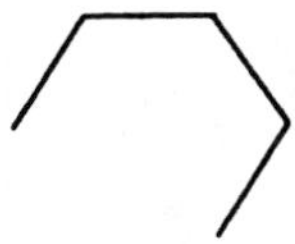

C

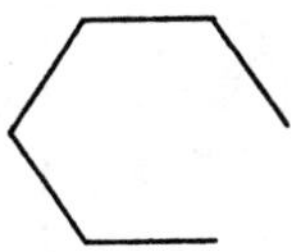

D

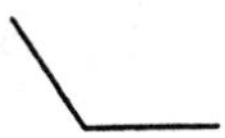

E

25. Dans la grille ci-dessous, chacun des neuf carrés, de 14 à 3C, doit inclure toutes les lignes et tous les symboles des carrés qui comportent la même lettre et le même numéro dans la colonne de gauche et la rangée du dessus. Par exemple, le carré 2B doit comporter les mêmes lignes et les mêmes symboles que le carré 2 et le carré B.
Un des carrés est incorrect. Lequel ?

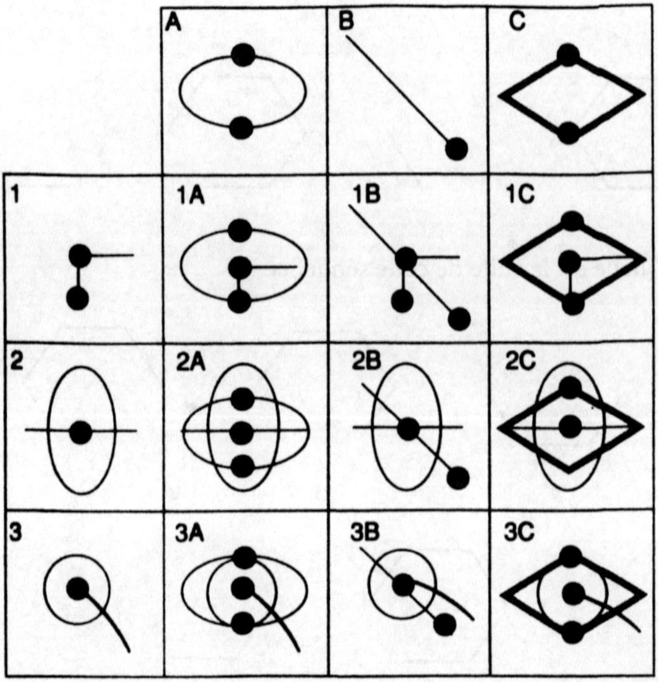

TEST 5 - Réponses

1. La figure E : elle ne contient que quatre petits cercles blancs, tandis que les autres figures en contiennent cinq.

2. Rein.

3. 28.

4. 16

5. 871. 65 ÷ 50 x 670.

6. 10. La différence entre les chiffres d'une ligne sur deux et d'une colonne sur deux est la même. Ainsi : 16 – 10 = 10 – 4.

7. C. Le contenu du troisième cercle de chaque rangée et de chaque colonne est déterminé par le contenu des deux précédents cercles. Lorsque les points noirs et blancs sont agencés de façon identique dans chacun de ces deux cercles, ils sont reproduits dans le troisième cercle. Mais ils changent de couleur : de noirs, ils deviennent blancs, et inversement.

8. C. La partie gauche se rabat sur la partie droite.

9. Ouïe-dire, rumeur.

10. 8612. Tous les autres nombres ont des chiffres en nombre décroissant.

11. Une catiche.

12. Un pas de danse classique.

13. Y, Z. Les lettres qui comportent trois barres.

14. 7. Dans les deux premiers cercles, additionnez les chiffres des mêmes segments pour obtenir le chiffre dans le même segment du troisième cercle. Donc, 3 + 5 = 8, 2 + 7 = 9, 4 + 3 = 7.

15. E. On ajoute X et Y pour obtenir Z et 1 à 2 pour obtenir 3, mais les symboles identiques s'annulent.

16. E.

17. Macaroni.

18. 8. (9 + 7 + 1 = 17) – (4 + 3 = 7) = 10 ; (8 + 5 + 6 = 19) – (7 + 2 = 9) = 10 ; (5 + 8 + 2=15) – (6 + 1 = 7) = 8.

19. Le nombre de voix comptabilisées pour le candidat vainqueur était de (93 648 + 25 627 + 10 681 + 5 924) divisé par 4 = 33 970.

Le candidat en deuxième position a reçu	33 970 - 5 924 = 28 046 voix
Le candidat en troisième position a reçu	33 970 - 10 681 = 23 289 voix
Le candidat en quatrième position a reçu	33 970 - 25 627 = 8 343 voix
Total :	93 648 voix

20. HA. Prenez le classement de chaque lettre dans l'alphabet afin de découvrir la suite de nombres carrés consécutifs : 1, 4, 9, 16, 25, 36, 49, 64, 81.

21. H.

22. E. Le rectangle pivote de 90°, le parallélogramme se retourne et va à l'intérieur du rectangle et l'ellipse pivote de 90° et se place en dessous du rectangle.

23. 9. Additionnez la ligne du haut et la ligne du bas pour obtenir la ligne du milieu, donc : 473892 + 516359 = 990251.

24. B. Il y a deux séquences qui alternent : dans la première séquence, l'hexagone perd un côté à chaque étape, dans la deuxième, il se construit ligne par ligne.

25. 2C.

TEST 6 - Questions

1. Quelle figure, parmi celles ci-dessous, formera un carré si on la glisse sur la figure ci-contre ?

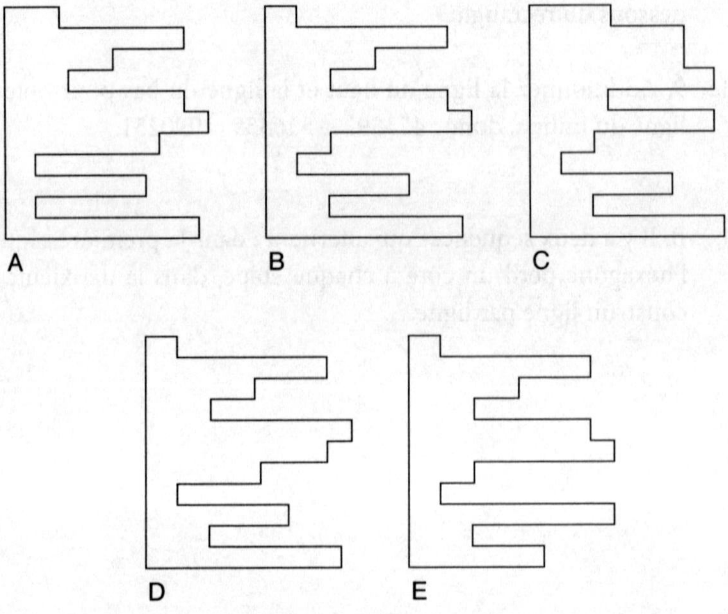

2. Quel mot entre parenthèses est l'antonyme du mot en lettres capitales ?

PROSCRIRE (autoriser, réprimer, promouvoir, vérifier, accuser)

3. 0, 1, 2, 4, 6, 9, 12, 16, ?
Trouvez le nombre qui doit remplacer le point d'interrogation.

4. Quel est l'intrus parmi les nombres ci-dessous ?
4572 5261 5133 3527 6895 7768

5. « Isotherme » est à la température, ce qu'« isobare » est à : l'atmosphère, le vent, la pression, la latitude, le courant.

6. Dans la pyramide ci-dessous, on obtient chaque nombre en additionnant les deux nombres placés immédiatement en dessous de lui. Complétez la pyramide.

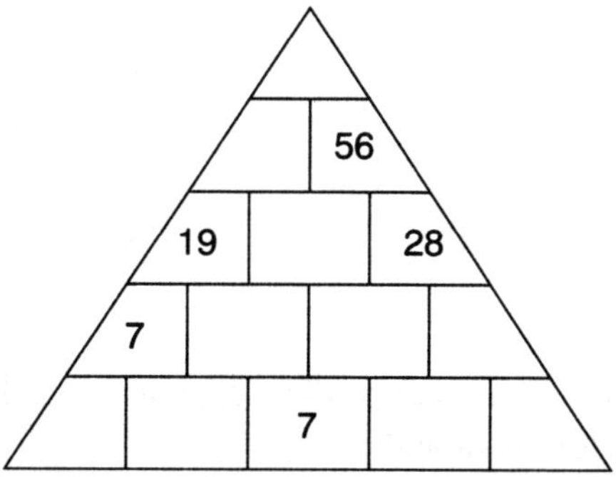

7.

1	2	4	7
4	?	7	10
6	?	?	12
7	8	10	?

Quelle est la partie manquante ?

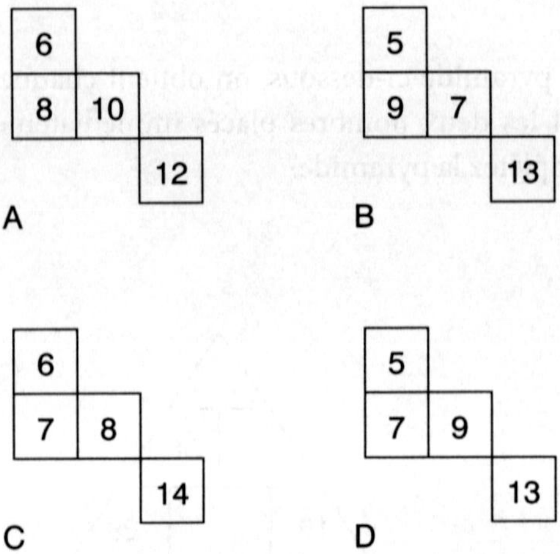

8. Trouvez les deux mots (un dans chaque parenthèse) en relation avec les mots en lettres capitales.

GRAMME (énergie, poids, balance)

NŒUD (eau, corde, vitesse)

9. Ouel est l'intrus ?

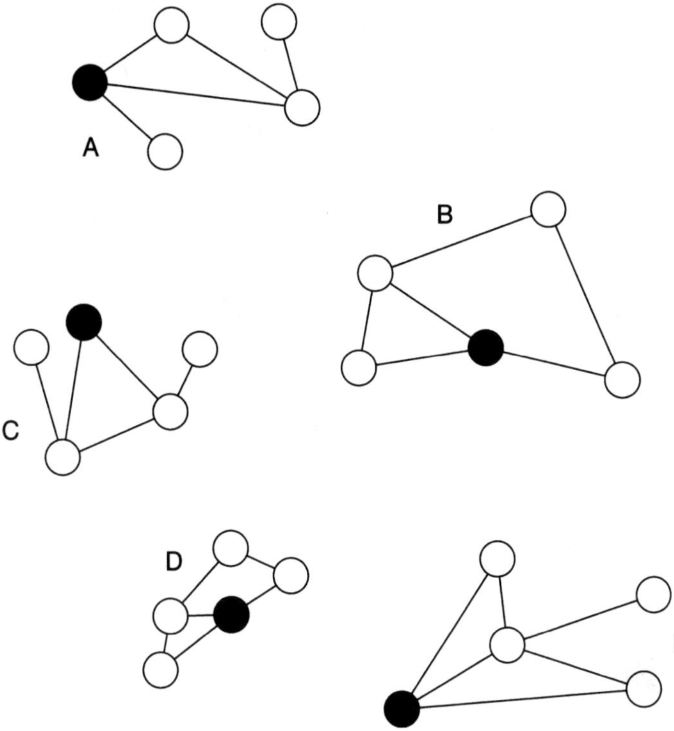

10. À combien de minutes sommes-nous de midi, si quarante-huit minutes plus tôt, l'heure équivalait à deux fois plus de minutes passées de 9 h ?

11. Trouvez l'intrus :
heptagone, triangle, hexagone, cube, pentagone.

12. Quel est l'intrus ?

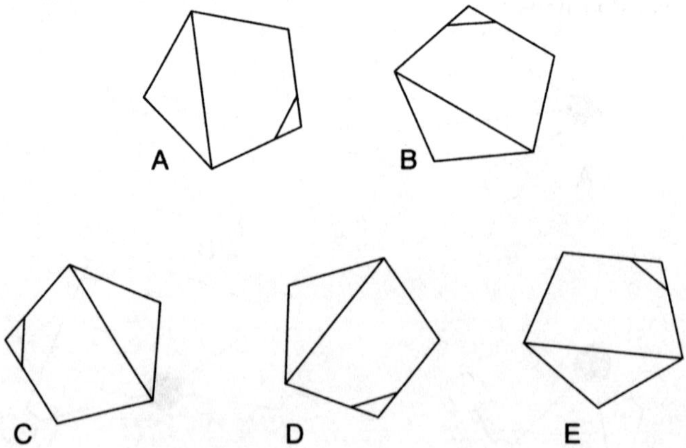

13. Le bouton A commande les lumières 1 et 2 on/off ou off/on ;
Le bouton B commande les lumières 2 et 4 on/off ou off/on ;
Le bouton C commande les lumières 1 et 3 on/off ou off/on.

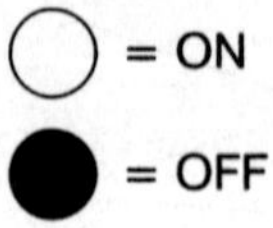

Les boutons C, A et B sont actionnés à tour de rôle, de sorte qu'on passe de la figure 1 à la figure 2. Quel bouton ne fonctionne pas du tout ?

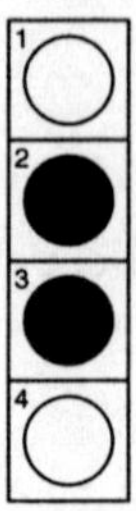

Figure 1

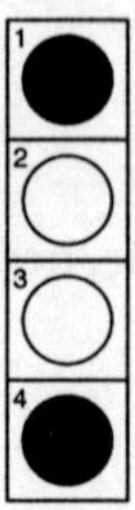

Figure 2

14.

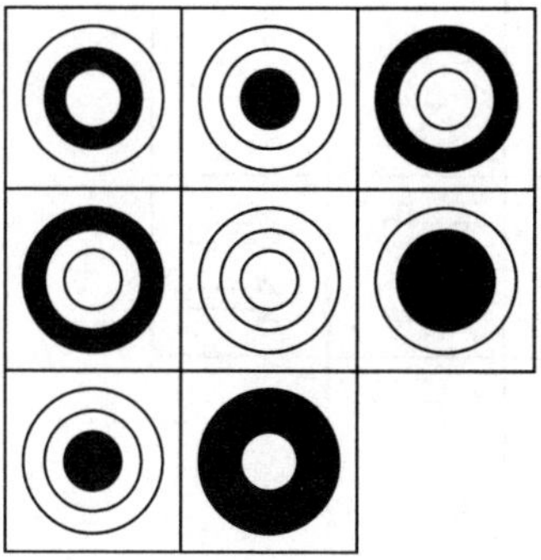

Quelle est la case manquante ?

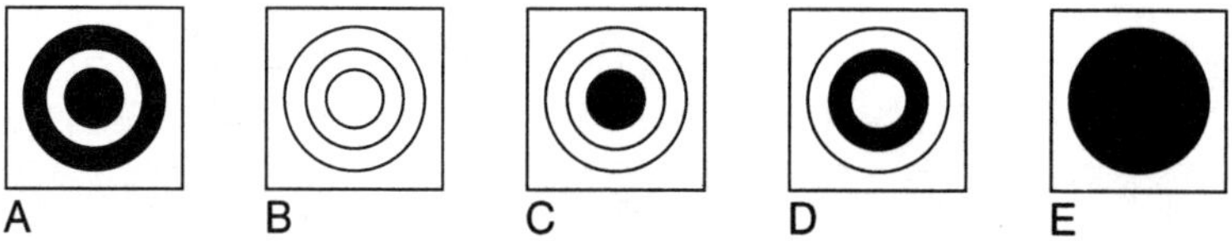

15. Quel mot entre parenthèses est le synonyme du mot en lettres capitales ?
IMPACT (morne, édifice, pression, mordoré, ineptie)

16. Trouvez le chiffre qui doit remplacer le point d'interrogation.

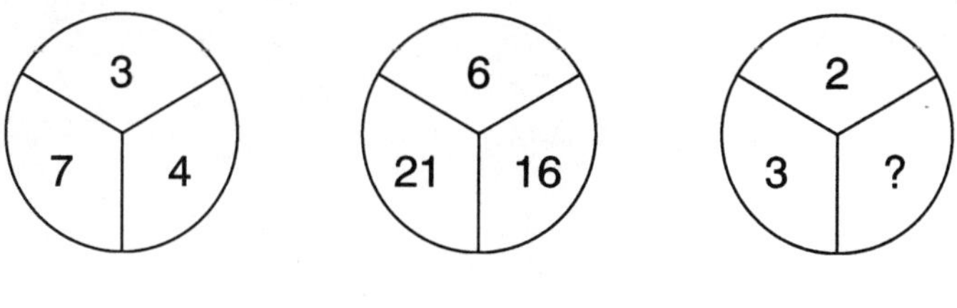

17.

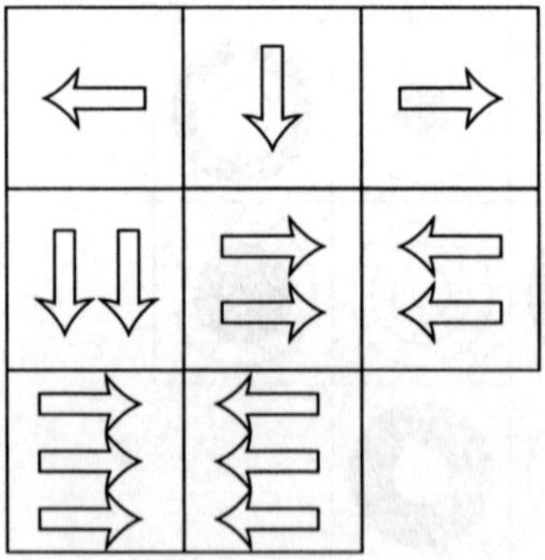

Quelle est la case manquante ?

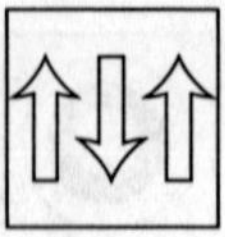

A

B

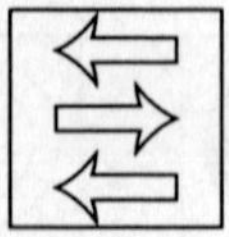

C

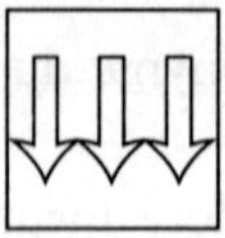

D

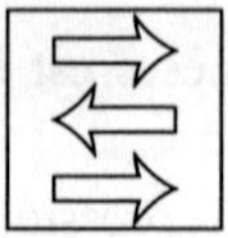

E

F

18. $6^{7/8}$, $2^{9/16}$, $5^{5/8}$, $3^{13/16}$, $4^{3/8}$, ?
Quel est le nombre qui doit remplacer le point d'interrogation ?

19. 10, 30, 32, 96, 98, 294, 296, ?, ?

Trouvez les nombres qui doivent remplacer les deux points d'interrogation.

20. Trouvez les deux mots (un dans chaque parenthèse) en relation avec les mots en lettres capitales et qui s'y rapportent de la même façon.

MER (mouillé, nageur, bateau)

NEIGE (montagne, glace, skieur)

21. Alf a quatre fois plus que Jim, et Jim a trois fois plus que Sid. Ensemble, ils ont 192. Combien ont-ils chacun ?

22. Un homme a 53 chaussettes dans son placard : 21 chaussettes identiques de couleur bleue, 15 chaussettes identiques de couleur noire et 17 identiques de couleur rouge. Chez lui, les plombs ont sauté, il n'a plus de lumière. Il se retrouve dans l'obscurité totale. Combien de chaussettes doit-il sortir de son placard pour être sûr à 100 % d'avoir une paire de chaussettes noires ?

23. Dessinez la figure manquante dans la suite ci-dessous.

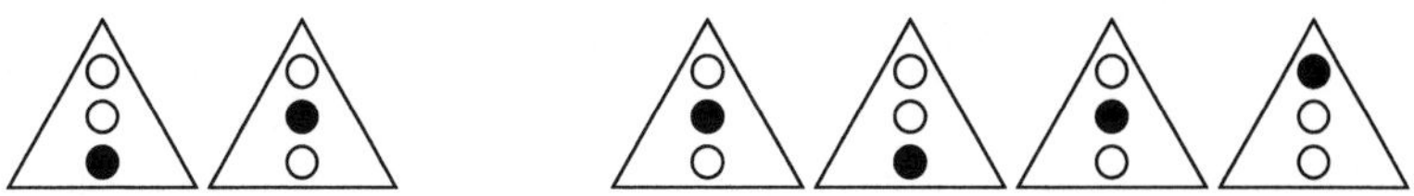

24. À combien de minutes sommes-nous de midi, si neuf minutes plus tôt, l'heure équivalait à deux fois plus de minutes passées de 10 h ?

25. Trouvez cinq chiffres consécutifs dans la liste ci-dessous dont la somme est égale à 22 :
7 3 9 6 4 1 3 7 9 3 5 4 1 7 6 5

TEST 6 - Réponses

1. B

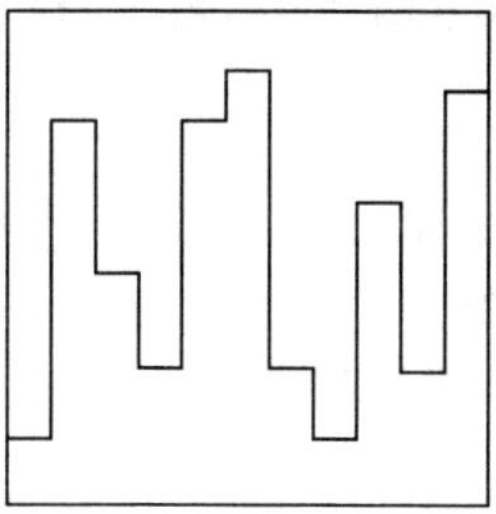

2. Autoriser.

3. 20. Ajoutez successivement 1, puis 1, puis 2, 2, 3, 3, 4, 4.

4. 3527. Dans les autres nombres, la somme des deux premiers chiffres est égale à la somme des deux derniers chiffres, par exemple : 5 + 2 = 6 + 1.

5. La pression

6.

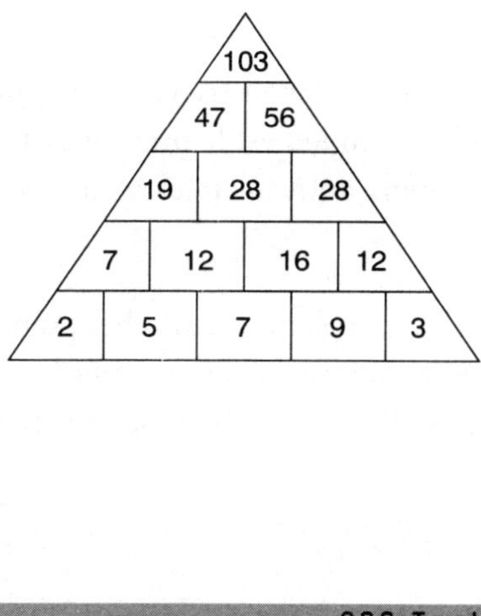

7. D. Horizontalement, il faut ajouter + 1, puis + 2, puis +3. Verticalement, +3, + 2, + 1.

8. Poids, vitesse.

9. C. Dans les autres figures, le cercle noir est relié à trois cercles blancs. Dans la figure C, il n'est relié qu'à deux cercles blancs.

10. 44 minutes.
12 heures moins 44 minutes = 11 h 16
11 h 16 moins 48 minutes = 10 h 28
9 heures plus 88 minutes (44x2) = 10 h 28

11. Le cube est une figure géométrique tridimensionnelle. Les autres sont toutes bidimensionnelles.

12. B. Les autres sont la même figure, pivotée.

13. Le bouton A est défectueux.

14. B. Sur chaque ligne et dans chaque colonne, chacun des trois anneaux est coloré en noir au moins une fois.

15. Pression.

16. 4. En observant les trois cercles de façon transversale, on remarque que le nombre du cercle du milieu est le produit des nombres du même segment dans les deux autres cercles. Ainsi, 3 x 2 = 6 ; 7 x 3 = 21 et 4 x 4 = 16.

17. D. Sur chaque ligne et dans chaque colonne, les flèches pointent dans les trois directions – à gauche, à droite et en bas. De rangée en rangée, le nombre de flèches augmente : il y en a une par case, puis deux, puis trois.

18. $5^{1/6}$. Il y a deux suites qui alternent : - 1 ¼ et + 1 ¼.

19. 888, 890. La suite progresse ainsi : x 3, + 2.

20. Nageur, skieur.

21. Alf 144, Jim 36 et Sid 12.

22. 40 chaussettes. S'il sort 38 chaussettes, il y a des chances – bien que cela soit très peu probable – pour qu'elles soient toutes bleues ou rouges. S'il veut être sûr à 100 % d'avoir également une paire de chaussettes noires, il doit en sortir deux de plus.

23. Le point noir se déplace à chaque fois d'un rond vers le haut (puis vers le bas).

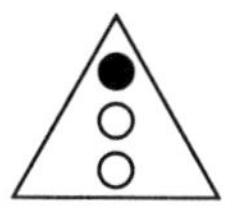

24. 37 minutes. 12 heures moins 37 minutes = 11 h 23. 11 h 23 moins neuf minutes = 11 h 14. 10 heures plus 74 minutes (2x37) = 11 h 14.

25. 93541.

TEST 7 - Questions

1.

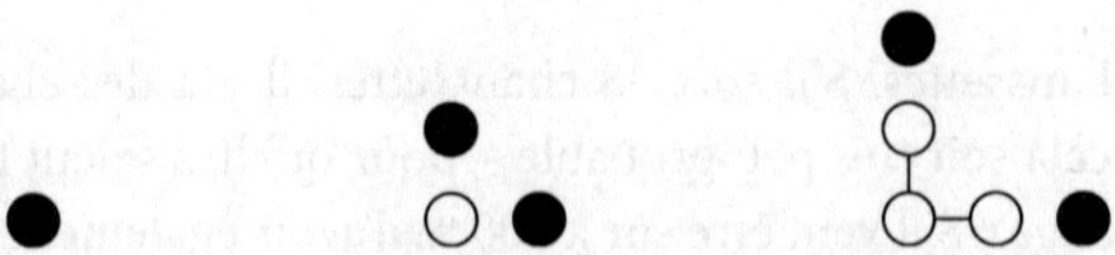

Quelle est la suite logique de la ligne ci-dessus ?

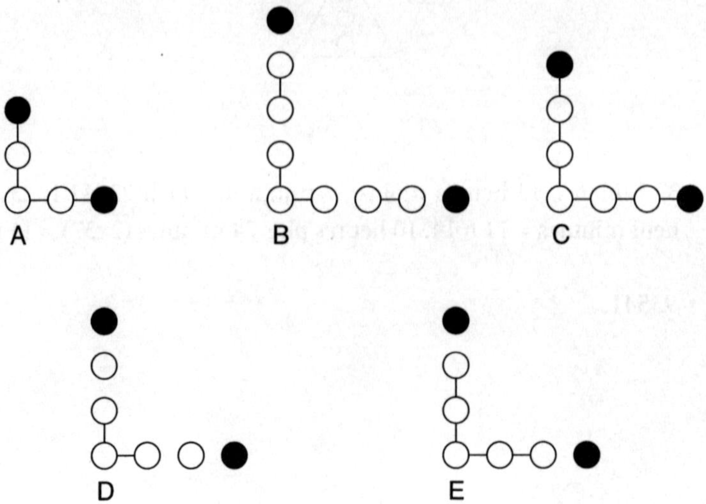

20	22	19	21
17	19	16	?
19	21	?	20
16	18	15	?

Quelle est la partie manquante ?

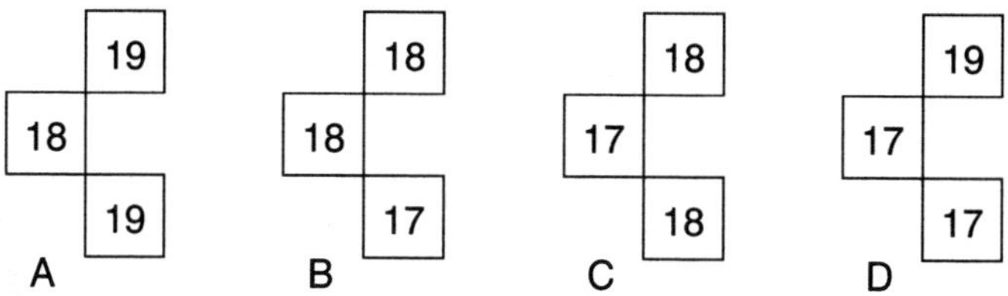

3. « Ligneux » est au bois ce que « vitreux » est à : la laine, au verre, la pierre, l'eau, le papier ?

4. Trouvez le chiffre qui doit remplacer le point d'interrogation.

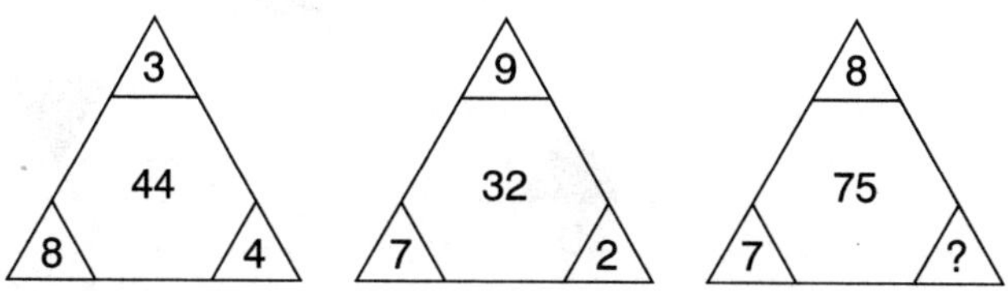

5. 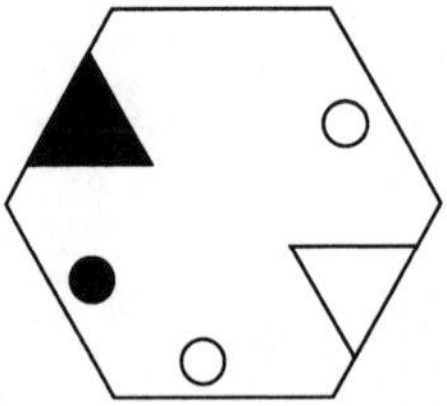 est à : 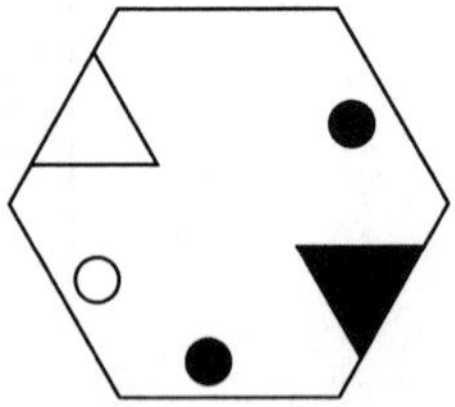

ce que 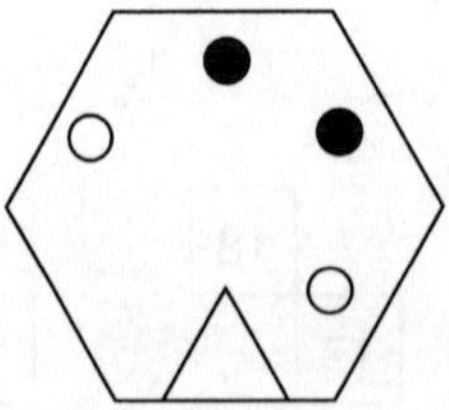

est à :

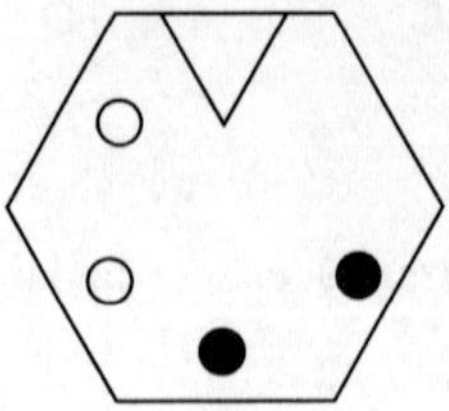

A

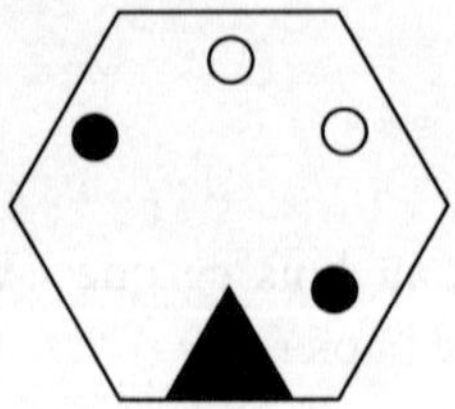

B

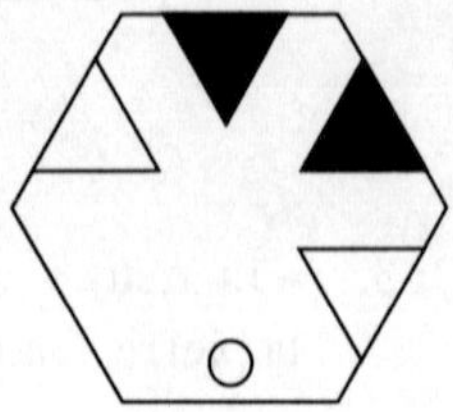

C

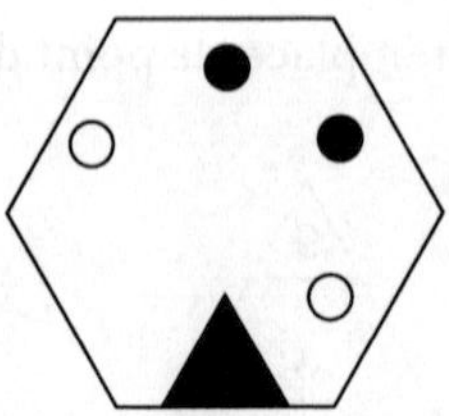

D

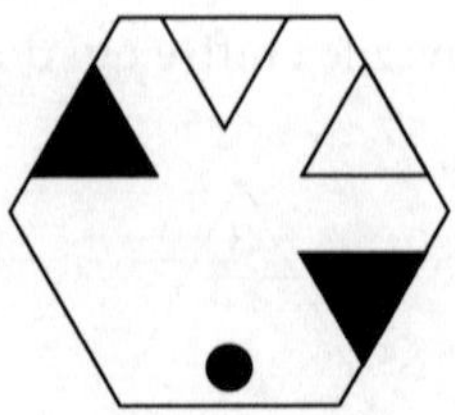

E

6. 0 ; 4 ; 2 ; 6 ; 3 ; 7 ; 3,5 ; ?
Trouvez le nombre qui doit remplacer le point d'interrogation.

7. Trouvez les deux mots (un dans chaque parenthèse) en relation avec les mots en lettres capitales.

LONGITUDE (degré, tropique, méridien)

LATITUDE (parallèle, ligne, équinoxe)

8.

5	2	3	10
6	4	1	11
1	9	?	12
12	?	6	?

Quelle est la partie manquante ?

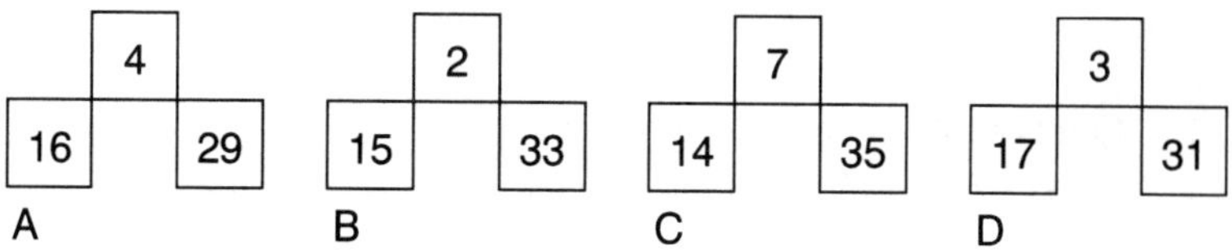

9. Quel mot entre parenthèses est synonyme du mot en lettres capitales ? CONTRÔLER (observer, ordonner, s'ingérer, s'imposer, conclure)

10.

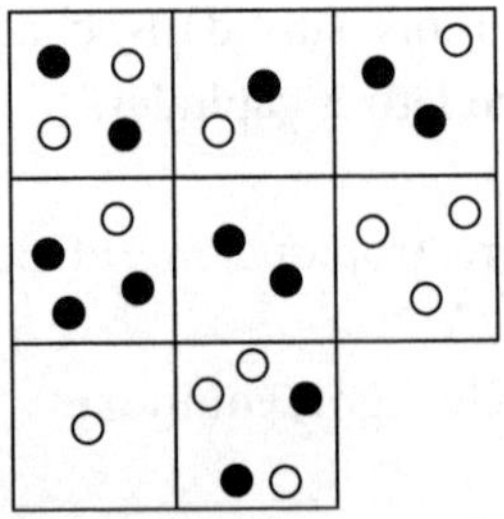

En lisant les lignes à la fois horizontalement et verticalement, nous constatons que les deux premières cases fusionnent pour former la troisième, sauf lorsque les symboles sont identiques – dans ce cas, ils s'annulent. Dès lors, quelle case parmi le schéma ci-dessus est incorrecte, et par quelle case ci-dessous doit-elle être remplacée ?

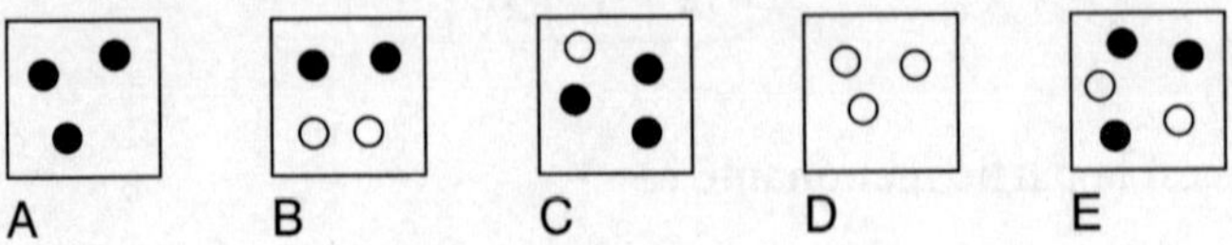

11. Quels sont les deux antonymes ?
liberté, frivolité, chasteté, sobriété, irrationalité, polarité

12. Quel est l'intrus ?
Fémur, mandibule, péroné, tibia, rotule

13.

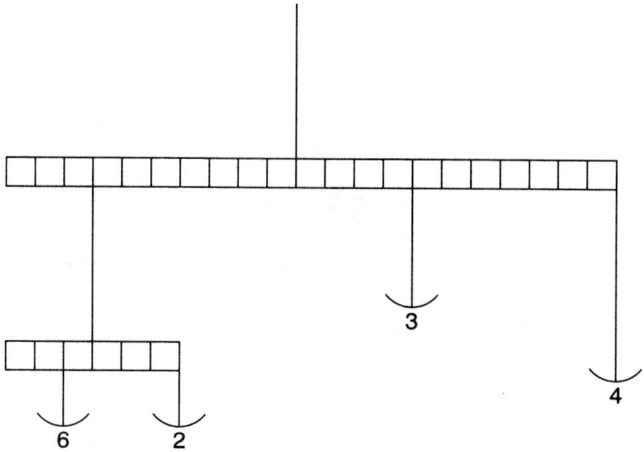

Insérez 4 poids respectivement de 2, 3, 4 et 6 unités, de façon à ce que les balances s'équilibrent parfaitement.

14. Ma montre indiquait l'heure exacte jusqu'à midi. Après, elle a commencé à perdre dix-sept minutes par heure jusqu'à il y a 6 heures, heure à laquelle elle s'est arrêtée de façon définitive. Elle indique à présent 14 h 52. Quelle heure est-il ?

15.

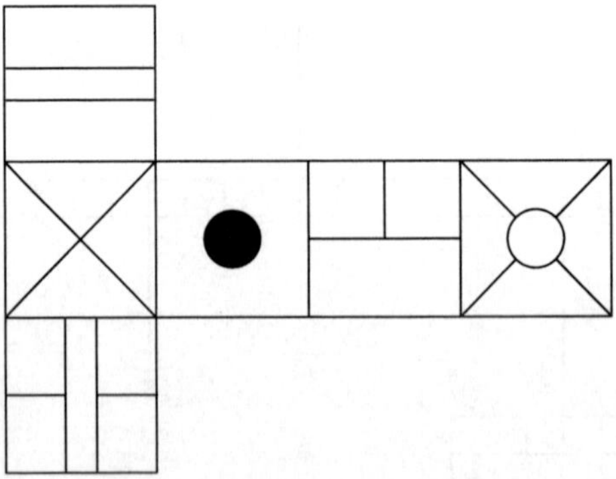

Lorsqu'on plie la figure ci-dessus pour former un cube, lequel parmi les cubes ci-dessous obtient-on ?

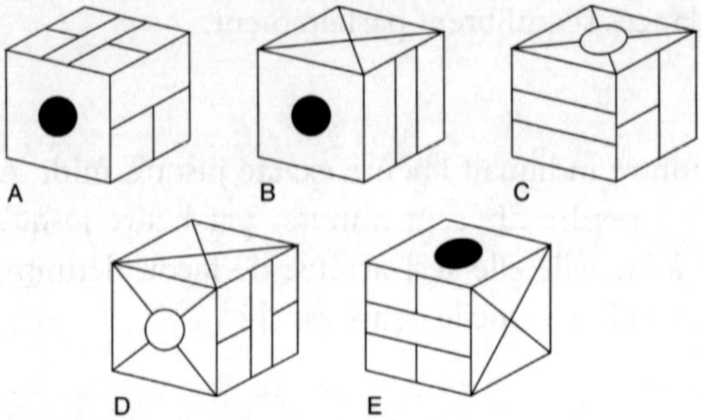

16. 1, 101, 15, 4, 29, -93, -190, ?
Quel est le nombre qui doit remplacer le point d'interrogation ?

17.

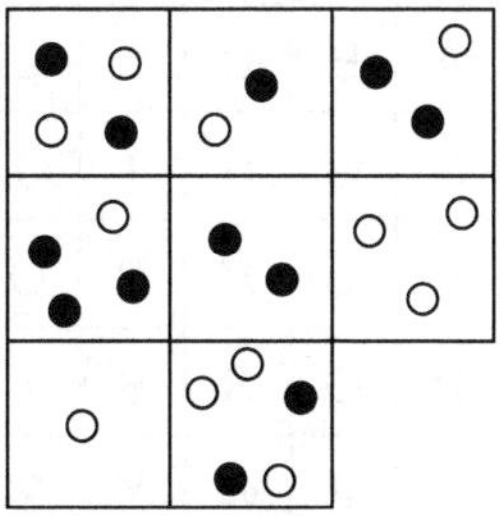

Quelle est la case manquante ?

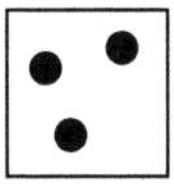
A

B

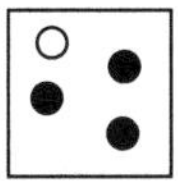
C

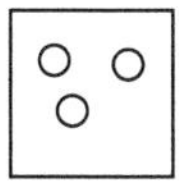
D

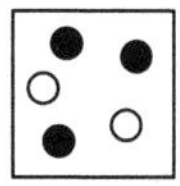
E

18.

Quelle est la suite logique de la série ci-dessus ?

A

B

C

D

E

F

G

H

19.

A	B	C	D	E	
F	G	H	I	J	
K	L	M	N	O	
P	Q	R	S	T	
U	V	W	X	Y	Z

Quelle lettre se trouve deux lettres au-dessus de la lettre deux lettres à gauche de la lettre immédiatement au-dessus de la lettre trois lettres à droite de la lettre Q ?

20.

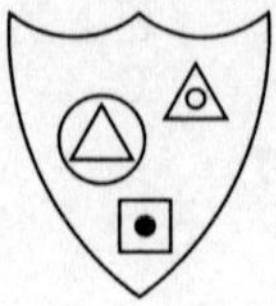

Parmi les figures ci-dessous, laquelle a le plus d'éléments en commun avec la figure ci-dessus ?

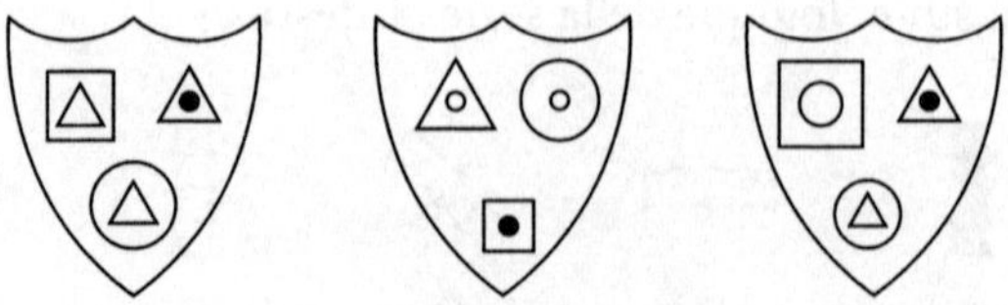

A B C

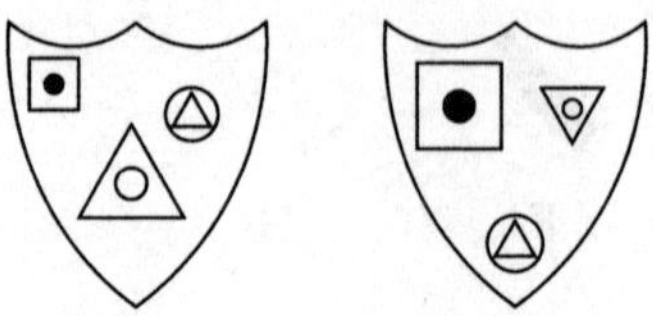

D E

21. 15, 5, 8, 24, 21, 7, 10, 30, ?, ?, ?, 36, 33

Quels sont les trois nombres manquants ?

22. Trouvez le chiffre qui doit remplacer le point d'interrogation.

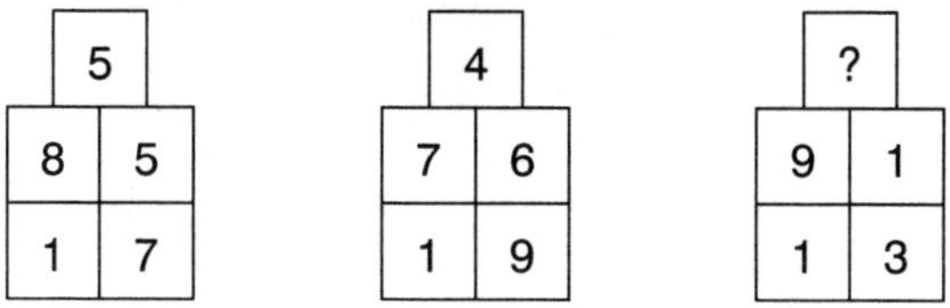

23. Le bouton A commande les lumières 1 et 2 on/off ou off/on ;
Le bouton B commande les lumières 2 et 4 on/off ou off/on ;
Le bouton C commande les lumières 1 et 3 on/off ou off/on ;
Le bouton D commande les lumières 3 et 4 on/off ou off/on.

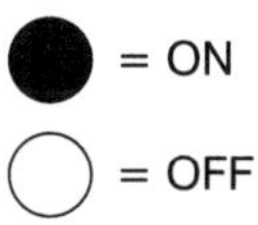

Les boutons D, C, A et B sont actionnés à tour de rôle, de sorte qu'on passe de la figure 1 à la figure 2. Quel bouton ne fonctionne pas du tout ?

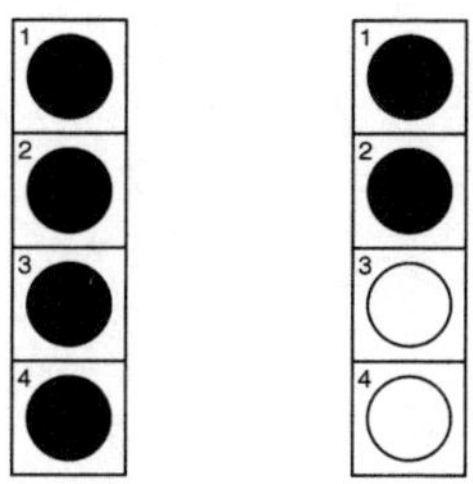

Figure 1 Figure 2

24. Trouvez le nombre qui doit remplacer le point d'interrogation.

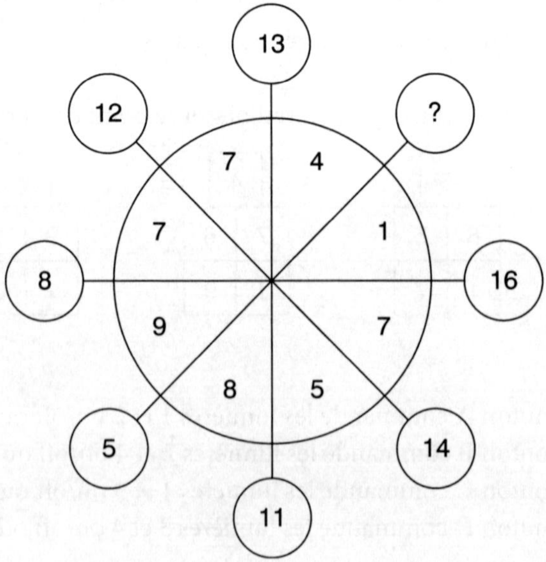

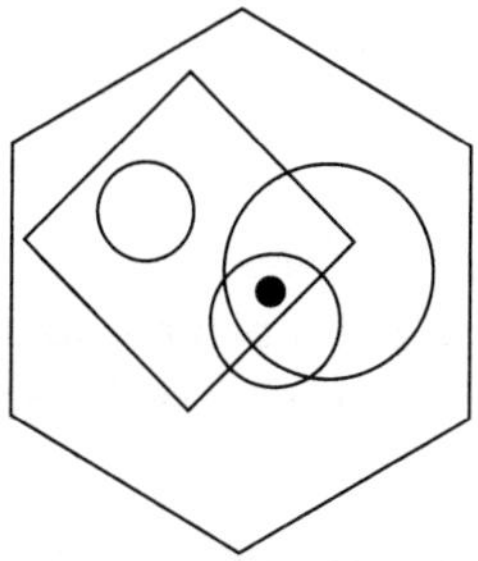

25. À quel hexagone ci-dessous peut-on ajouter un point afin qu'il soit dans le même agencement que celui de l'hexagone ci-dessus ?

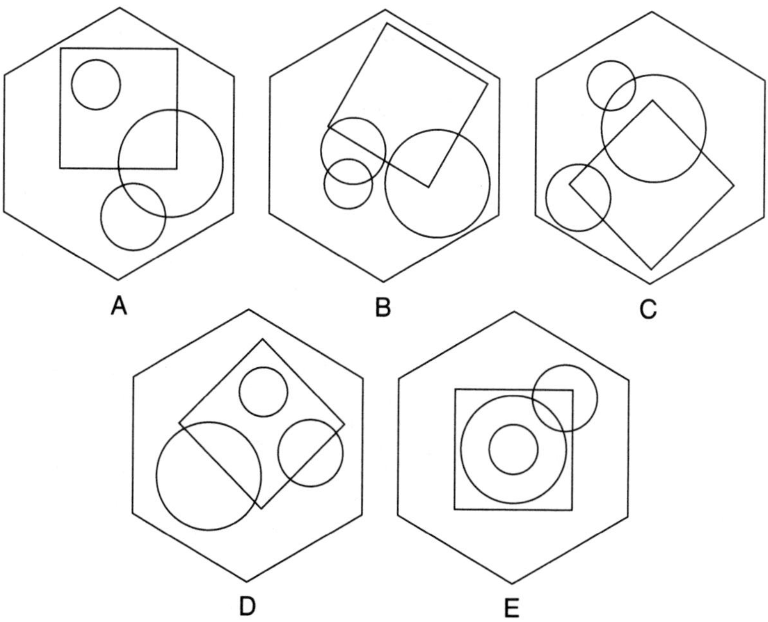

TEST 7 - Réponses

1. E. À chaque étape, un point blanc s'ajoute, à la fois verticalement et horizontalement, et tous les points blancs sont reliés entre eux.

2. B. Pour les lignes horizontales, la logique est la suivante : +2, -3, +2. Pour les lignes verticales : -3, +2, -3.

3. Le verre.

4. 5. (8+7) x 5 = 75.

5. B. Les symboles noirs deviennent blancs, et inversement.

6. 7,5. Suivant la logique de la suite : + 4 ; ÷ 2 ; + 4, etc.

7. Méridien, parallèle.

8. B. Ligne par ligne, et colonne par colonne, il faut additionner les trois premiers nombres pour obtenir le quatrième.

9. Observer.

10. La case 7 est incorrecte et doit être remplacée par la case B.

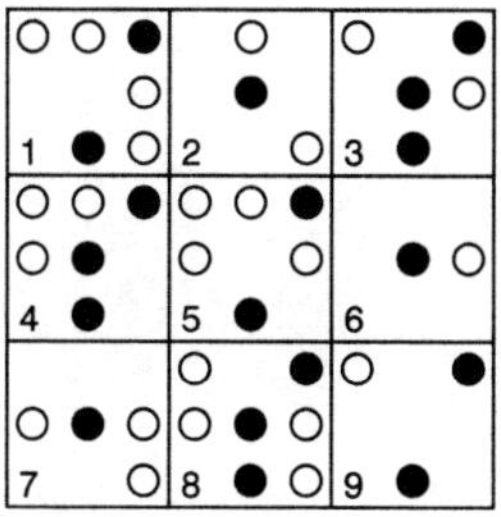

11. Frivolité, sobriété.

12. Mandibule. C'est un os de la mâchoire, les autres sont des os de la jambe.

13.

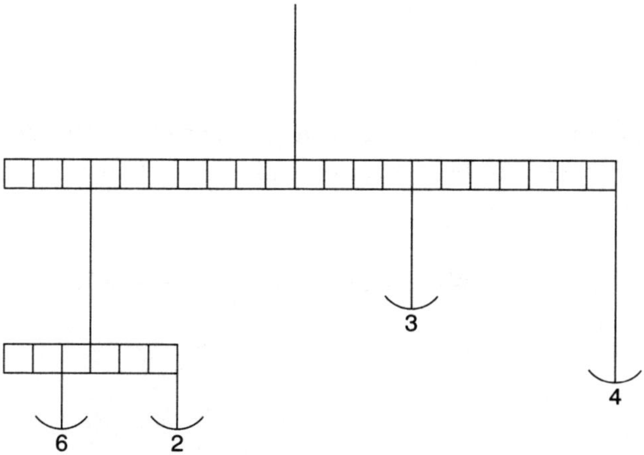

6 x 1 = 2 x 3 : 7 x 8 (6+2) = 56
11 x 4 = 44
4 x 3 = 12
44 + 12 = 56

14. 22 h.
12 h = 12 h
13 h = 12 h 43
14 h = 13 h 26
15 h = 14 h 09
16 h = 14 h 52
+ 6 heures = 22 h

15. D.

16. 57. Il y a deux suites qui alternent : + 14, - 97.

17. A. Chaque ligne horizontale et verticale contient cinq points noirs et quatre points blancs.

18. A. La figure bascule de 45° à chaque étape et passe du blanc au noir aux rayures.

19. C.

20. D. Car il y a un triangle dans un cercle, un cercle dans un triangle (le triangle est orienté dans la même direction) et un point noir dans un carré.

21. 27, 9, 12. Suivant la logique de la suite : ÷ 3, + 3, x 3, - 3, et ainsi de suite.

22. 7. 91 ÷ 13.

23. Le bouton D est défectueux.

24. 17. C'est la somme des deux chiffres (9 + 8) du quart de cercle diamétralement opposé.

25. E. Ainsi, le point apparaît dans deux cercles et un carré.

TEST 8 - Questions

1.

Parmi les figures, A, B, C, D, E, laquelle vient dans le prolongement de la séquence ci-dessus ?

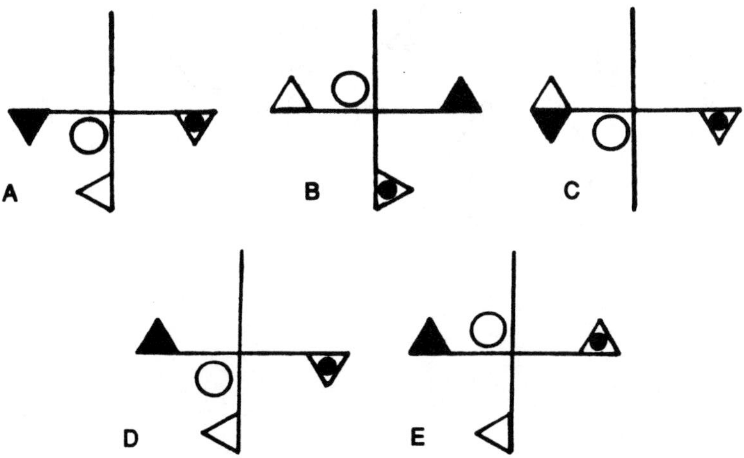

2. Un sac de pommes de terre pèse 16 kg divisés par le quart de son poids. Quel est le poids du sac ?

3. Quel est l'antonyme du mot vanter ?
applaudir, dénigrer, apaiser, exalter.

4. Quels sont les deux antonymes ?
vol, compliqué, irrégulier, chaud, simple, fertile

5. Quel est l'intrus ?

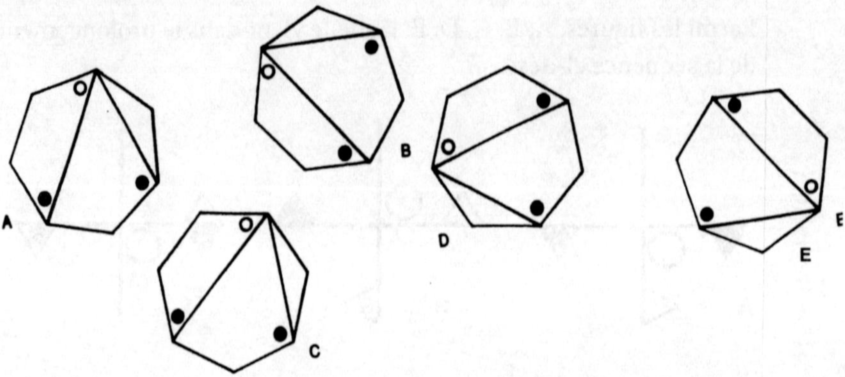

6. S'il faut deux ans à la planète A pour tourner autour du soleil, et un an à la planète B, quand seront-elles de nouveau alignées sur le soleil ?

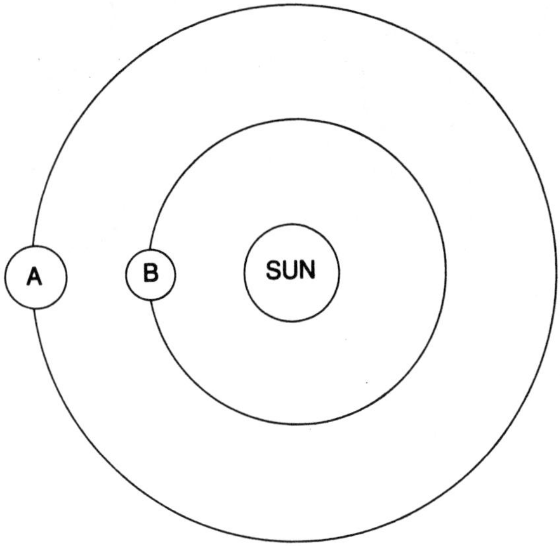

7. Quel est l'intrus ?
hexagone ;
pyramide ;
carré ;
pentagone.

8.

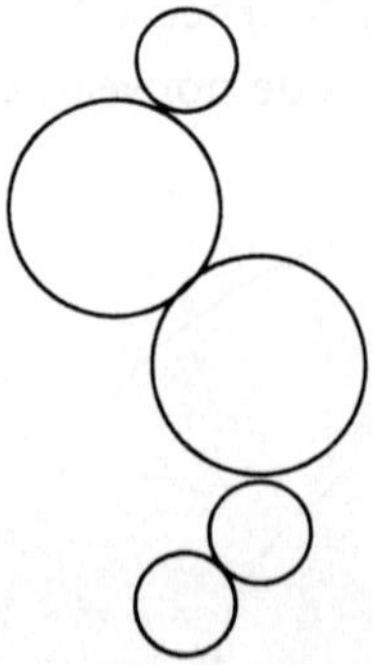

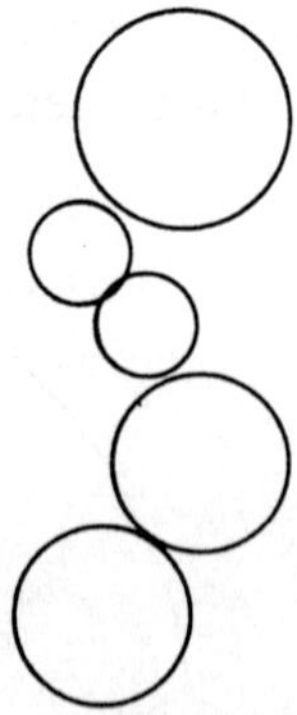

ce que

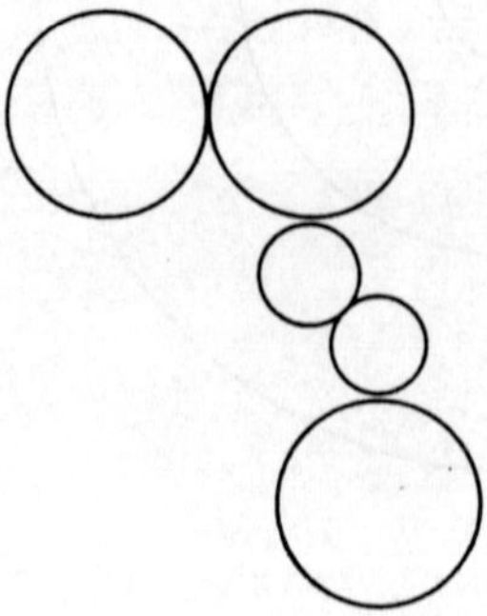

est à :

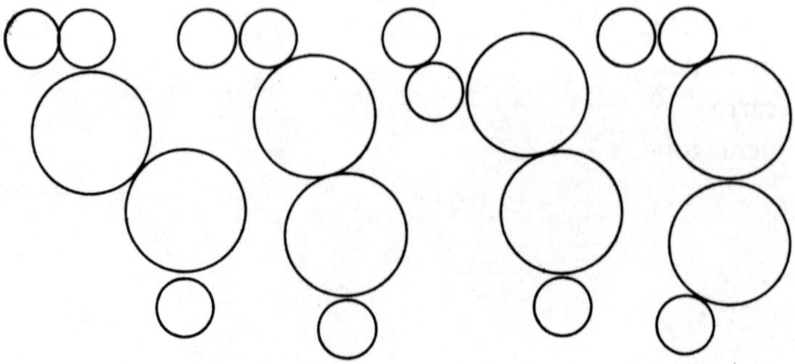

A B C D

9. Trouvez le nombre qui doit remplacer le point d'interrogation.

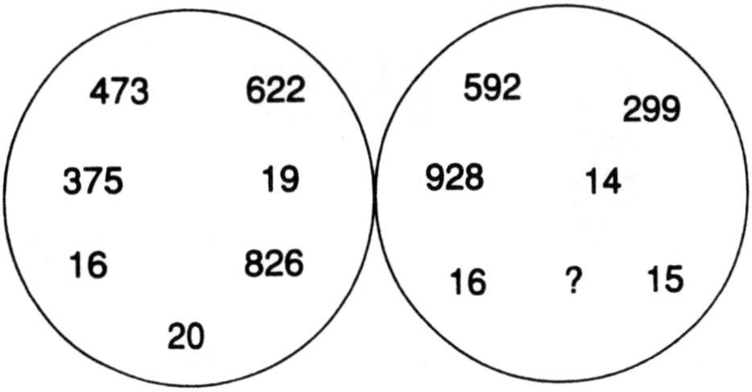

10. Trouvez le nombre qui doit remplacer le point d'interrogation.

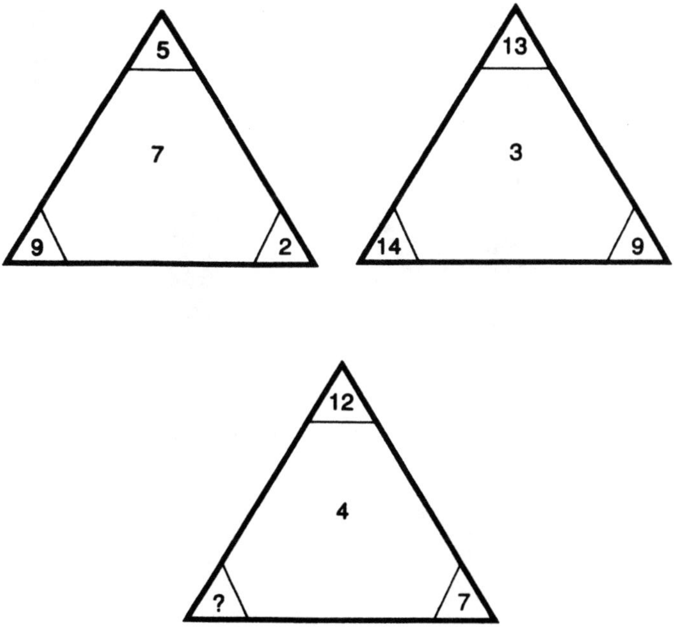

11.

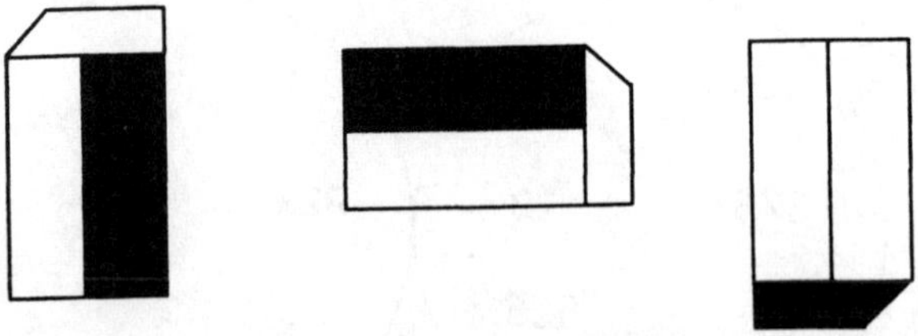

Quelle est la suite de la séquence ci-dessus ?

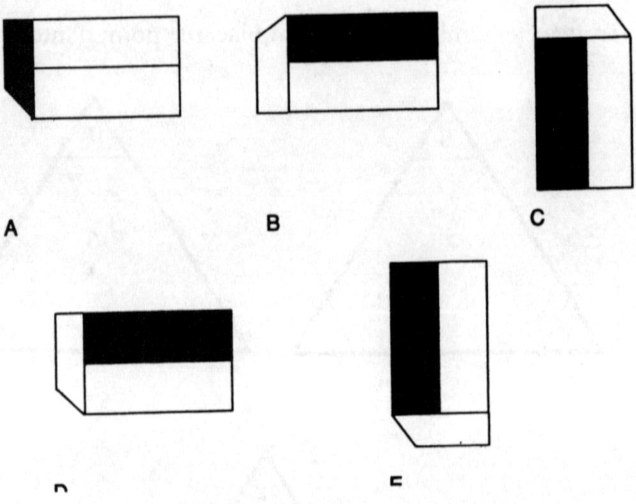

12.

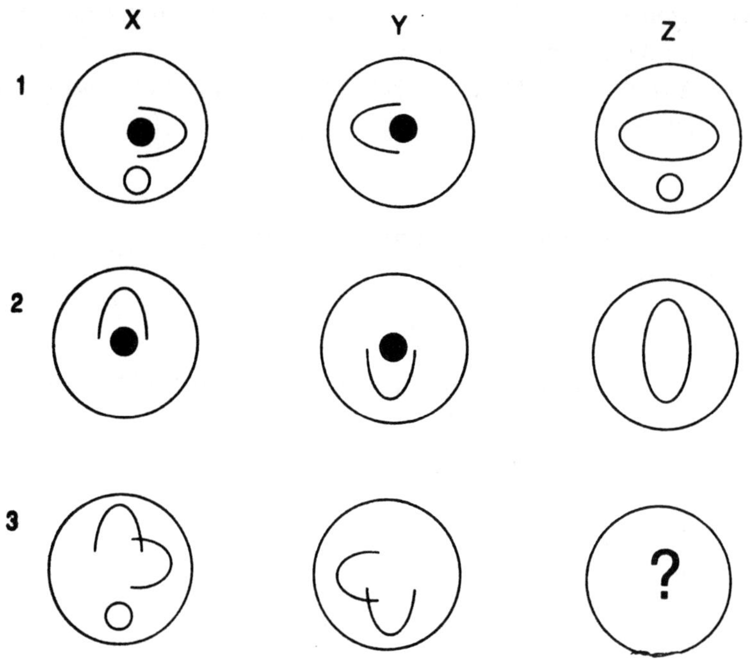

Trouvez le cercle qui doit remplacer le point d'interrogation.

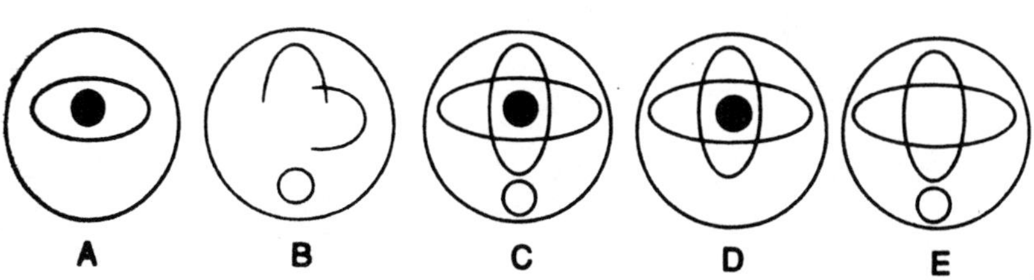

13. Trouvez les deux groupes de quatre lettres qui, réunis, forment un mot de huit lettres :
AMOP ALIS LURE DENT TANT GREN SELE DEVO IRRI DINE

14. Quel est le prochain nombre de cette suite ?
-3, +6, +2, -3, +7, -12, ?

15. Quel ingrédient inclut-on obligatoirement dans la recette de la dragée ?
des grains de poivre ;
du lard ;
du jambon ;
du sucre.

16. Trouvez le nombre qui doit remplacer le point d'interrogation.
0,67 ; 0,69 ; 0,48 ; 0,88 ; 0,29 ; 1,07, ?

17.

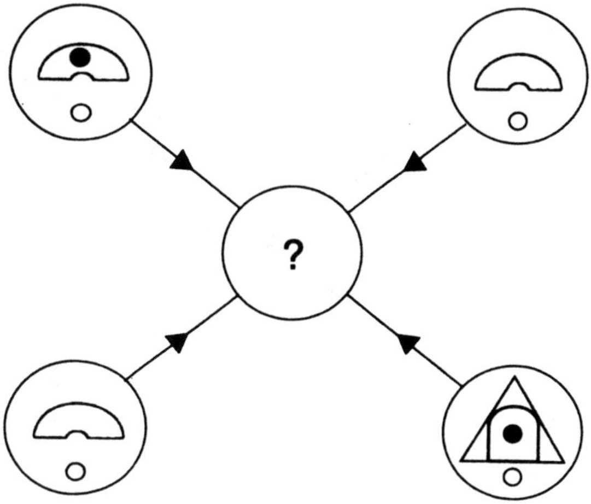

Chaque ligne et chaque symbole des quatre cercles extérieurs ci-dessus sont reportés dans le cercle du milieu suivant les règles suivantes : si un symbole ou une ligne apparaît dans les cercles extérieurs :

1 fois : il ou elle est reporté(e) dans le cercle au centre ;

2 fois : il ou elle n'est pas obligatoirement reporté(e) ;

3 fois : il ou elle est reporté(e) ;

4 fois : il ou elle n'est pas reporté(e).

Lequel de ces cercles, A, B, C, D ou E, devrait-on placer au centre du diagramme montré ci-dessus ?

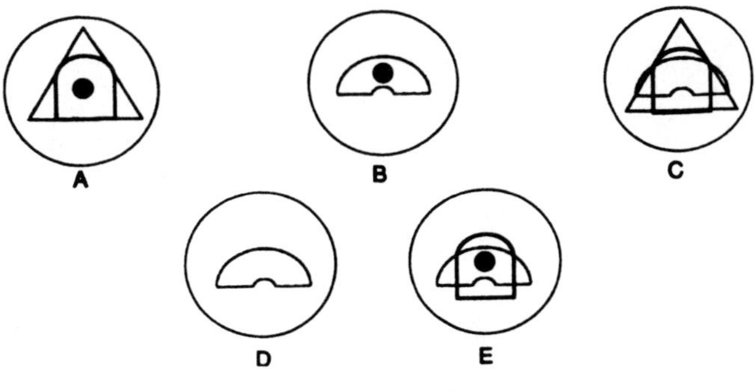

18.

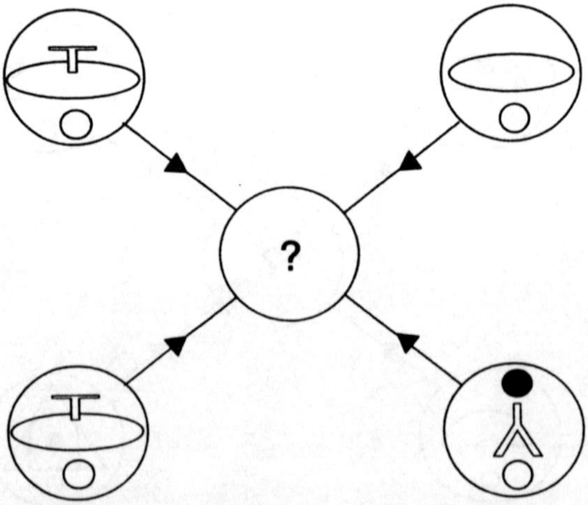

Chaque ligne et chaque symbole des quatre cercles extérieurs ci-dessus sont reportés dans le cercle du milieu suivant les règles suivantes : si un symbole ou une ligne apparaît dans les cercles extérieurs :

1 fois : il ou elle est reporté(e) dans le cercle au centre ;
2 fois : il ou elle n'est pas obligatoirement reporté(e) ;
3 fois : il ou elle est reporté(e) ;
4 fois : il ou elle n'est pas reporté(e).

Lequel de ces cercles, A, B, C, D ou E, devrait-on placer au centre du diagramme montré ci-dessus ?

19. Trouvez le nombre qui doit remplacer le point d'interrogation.

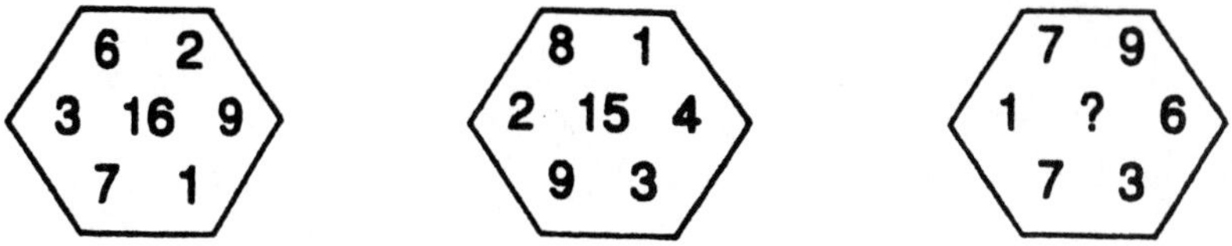

20.

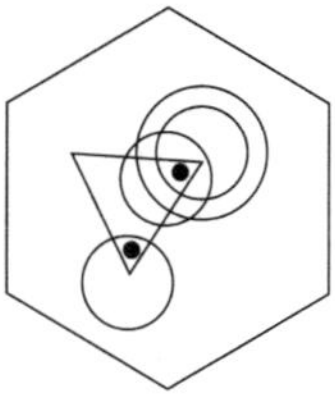

À quel hexagone ci-dessous peut-on ajouter un point, afin que les deux points soient dans le même agencement que ceux de l'hexagone ci-dessus ?

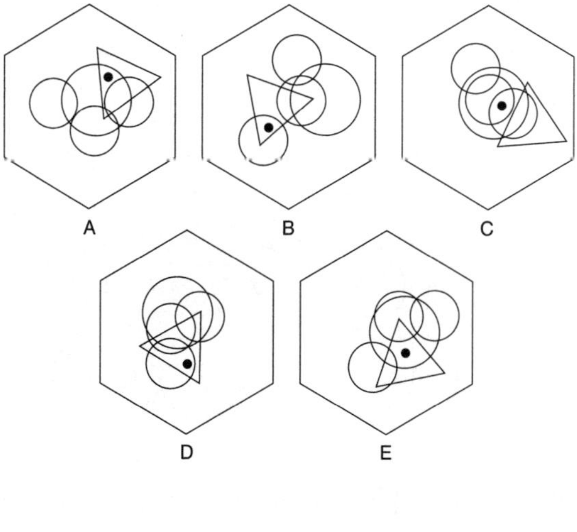

21. Quelle lettre se trouve directement en face de la lettre à deux lettres dans le sens des aiguilles d'une montre de la lettre directement en face de la lettre E ?

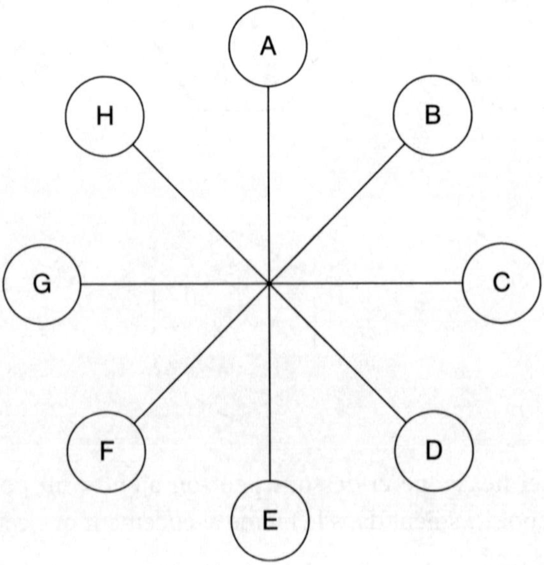

22.

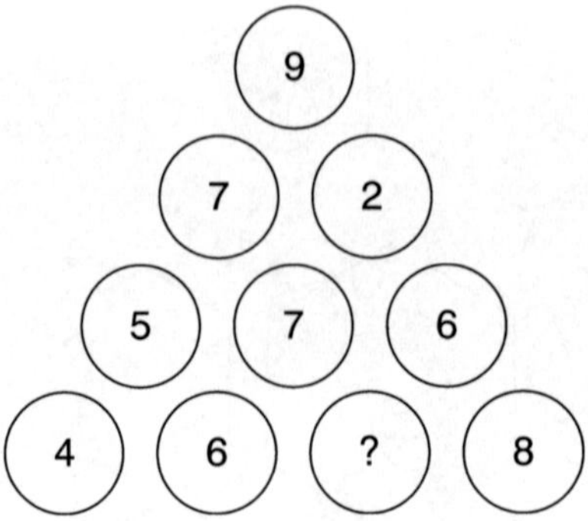

Trouvez le nombre qui doit remplacer le point d'interrogation.

23.

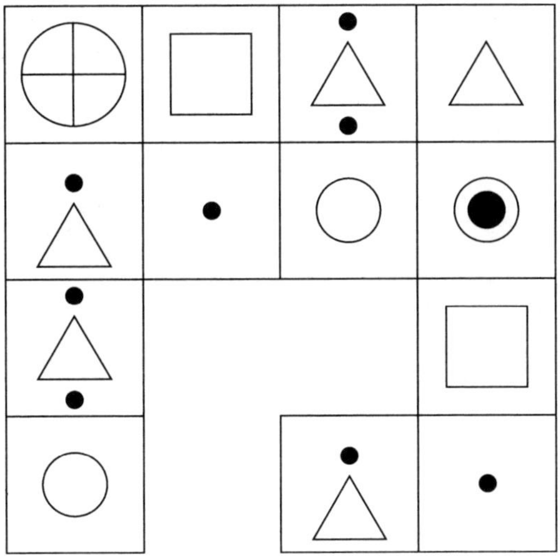

Quelle est la partie manquante ?

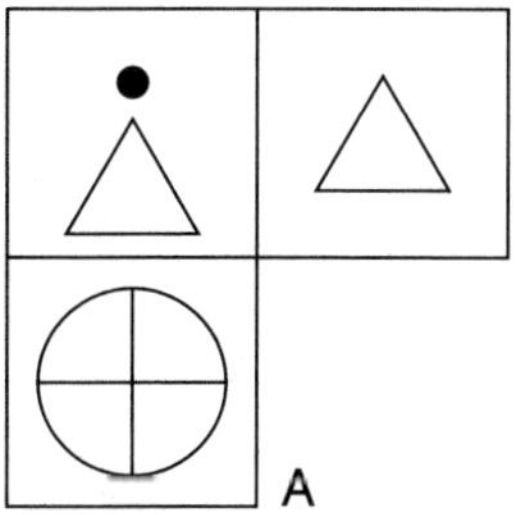

A

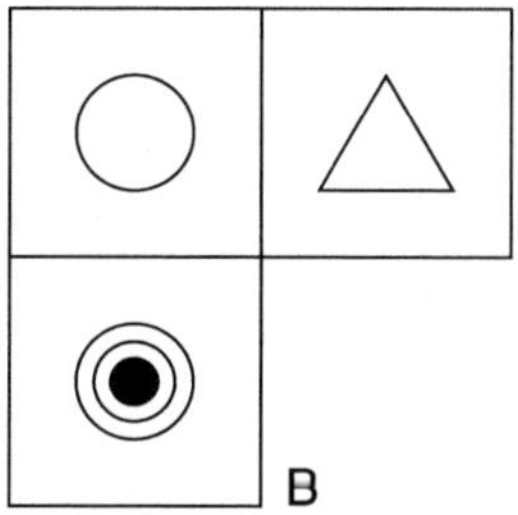

B

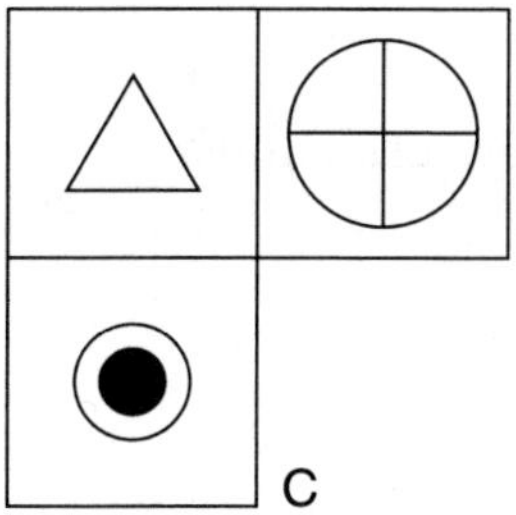

C

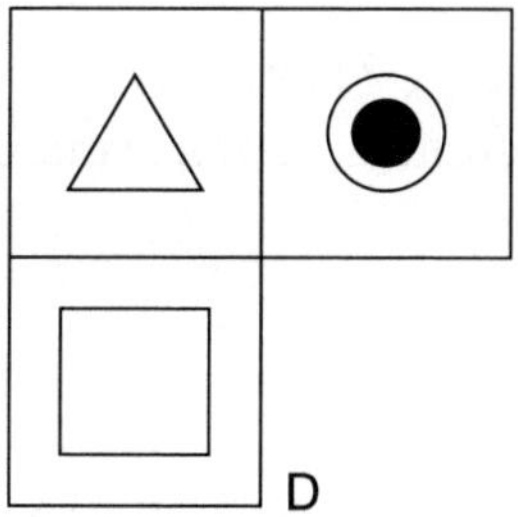

D

24. 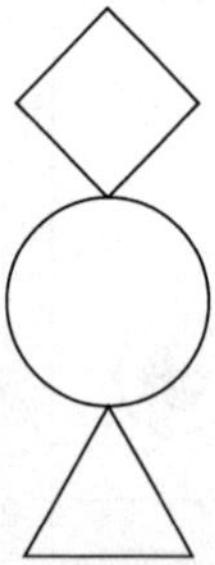 est à : 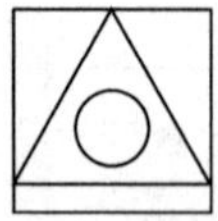

ce que 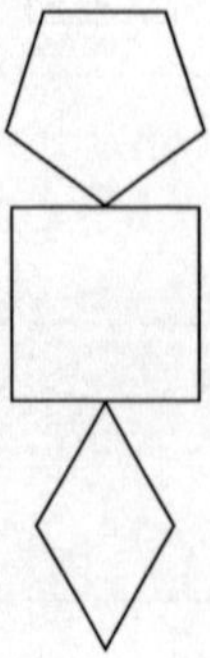

est à : 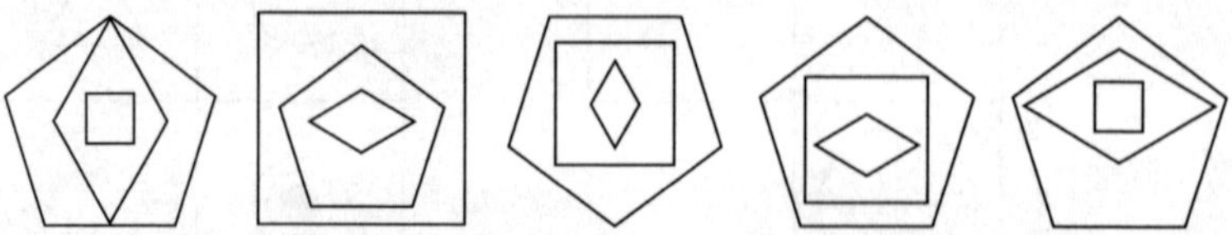

A B C D E

25. Quel est l'intrus ?
bannière, hampe, fanion, banderole, oriflamme

TEST 8 - Réponses

1. D. Le triangle noir se pose sur chaque segment à tour de rôle, le triangle blanc passe d'un côté à l'autre du segment, le triangle comportant un cercle se déplace d'une extrémité à l'autre du segment horizontal (alternativement au-dessus puis en dessous du segment) et le cercle se déplace dans le sens des aiguilles d'une montre au centre de la figure, angle par angle.

2. 8 kg. $16 \div 2 = 8$

3. Dénigrer.

4. Compliqué, simple.

5. D. Les autres sont tous la même figure, pivotée.

6. Douze mois plus tard.

7. b. pyramide. (celle-ci est pleine alors que les autres sont des polygones)

8. A. Les grands cercles deviennent des petits cercles et vice-versa.

9. 10. Chaque nombre à deux chiffres est la somme des chiffres de l'un des nombres à trois chiffres du cercle opposé.

10. 16. 12 + 16 = 28 / 7 = 4

11. D. À chaque étape, la figure pivote de 90° et c'est une autre surface qui est colorée en noir.

12. E. On ajoute x à y pour obtenir z et 1 à 2 pour obtenir 3, mais les symboles identiques s'annulent.

13. IRRITANT.

14. + 12. Il y a deux suites : l'une avec + 5 et l'autre avec – 9.
- 3, + 2, + 7, + 12
+ 6, - 3, - 12

15. Du sucre.

16. 0,10. Il y a deux suites : une avec - 0,19 et une avec + 0,19 :
(- 0,19) 0,67 ; 0, 48 ; 0,29 ; 0,10
(+ 0,19) 0,69 ; 0,88 ; 1,07 ; 1,26.

17. C.

18. E.

19. 11. Les nombres diamétralement opposés sont soustraits puis additionnés :

6 – 1 = 5	8 – 3 = 5	7 – 3 = 4
7 – 2 = 5	4 – 2 = 2	9 – 7 = 2
9 – 3 = 6 +	9 – 1 = 8 +	6 – 1 = 5 +
16	15	11

20. D. Un point apparaît dans le triangle et dans un cercle ; et l'autre point apparaît dans le triangle et dans trois cercles.

21. G.

22. 0. Partez du haut, et lisez ligne par ligne : 9 x 8 = 72 ; 72 x 8 = 576 ; 576 x 8 = 4608.

23. C. Chaque bloc de quatre carrés (composant l'angle de la figure) est identique au bloc opposé.

24. A. Le carré va à l'intérieur du losange et le losange va à l'intérieur du pentagone, qui se retourne sur sa base.

25. La hampe. C'est le support pour un drapeau. Les autres sont tous des types de drapeaux.

Du même auteur au Groupe Express Éditions :

Comment trouver une situation… tous les conseils pour décrocher le job de vos rêves,
coll. Méthode Daniel Porot.

101 questions pièges de l'entretien d'embauche… et les réponses pour décrocher le job
coll. Carrément emploi, Méthode Daniel Porot.

101 secrets pour bien négocier son salaire… ou une augmentation.
coll. Carrément emploi, Méthode Daniel Porot.

Réussir sa lettre de motivation,
coll. 100 conseils de pros.

Réussir ses entretiens d'embauche,
coll. 100 conseils de pros.

Trouver un emploi après 50 ans,
coll. 100 conseils de pros.

12 règles d'or pour se mettre à son compte,
coll. Guides Réussite L'Entreprise

Recherche d'emploi : Tout foire, que faire ?
coll. Guides Réussite L'Entreprise

Également disponibles de Daniel Porot :

101 préjugés contre les demandeurs d'emploi… et les façons de réagir, Porot et Partenaire.

3 premiers mois dans votre nouvel emploi, Porot et Partenaire.

77 conseils pour (re)trouver un emploi, Porot et Partenaire.

Candidature spontanée : mode d'emploi, Porot et Partenaire.

Chasseurs de têtes : mode d'emploi, Porot et Partenaire.

Formation : mode d'emploi, Porot et Partenaire.

La P.I.E Une méthode nouvelle de recherche d'emploi, Porot et Partenaire.

Outplacement : Mode d'emploi, Porot et Partenaire.

Savoir répondre aux objections en recherche d'emploi, Porot et Partenaire.

Savoir vivre en affaires, Porot et Partenaire.

Stage en entreprise : Clés de la réussite, Porot et Partenaire.

Tout savoir sur votre future fonction, Porot et Partenaire.

Un emploi au bout du fil, Porot et Partenaire.

Visibilité : Comment vous faire remarquer par un employeur, Porot et Partenaire.

Votre entretien d'embauche : Le réussir en 107 conseils, Porot et Partenaire.

Ces ouvrages sont disponibles à l'adresse porot@compuserve.com.

Livres en anglais

The PIE Method for Career Success, JIST, http://www.jist.com.

101 Salary Secrets how to Negotiate like a Pro, TEN SPEED PRESS, www.tenspeed.com.

The 101 Toughest Interview Questions… and the Answers that Win the Job, TEN SPEED PRESS, www.tenspeed.com.

Winning Letters That Overcome Barriers to Employment, IMPACT PUBLICATIONS, www.impactpublications.com.

GROUPE EXPRESS editions
29, rue de Châteaudun
75308 Paris cedex 09

Collection dirigée par
Stéphane Chabenat

Suivi d'édition
Nathalie Riché

Secrétaire de rédaction
Pascale Kristy

Mise en pages
Nord Compo

Graphisme couverture
Philippe Marchand/OLO

Fabrication
Michel Geoffroy
Jean Dufour

Achevé d'imprimer en octobre 2007
par l'Imprimerie Darantiere
à Dijon-Quetigny
France
Dépôt légal : mai 2007
N° d'impression : 27-1497

ISBN : 978-2-84343-473-0